Mario M. Weidner

Technical Diving
Tauchen am Limit

ISBN 3-275-01263-0

1. Auflage 1998

Herstellung: Hermann Lambrecht
Satz: Vaihinger Satz und Druck, D-71665 Vaihingen an der Enz
Druck und Bindung: Fotolito Longo, I-39010 Frangart
Printed in Italy

Mario M. Weidner

Technical Diving
Tauchen am Limit

Müller
Rüschlikon

Einbandgestaltung: IMAGO, CH-6302 Zug

Titelbild:
Thomas Behrend (beide Fotos)

Inhaltsfotos:

Andreas Wagenknecht:
Seite 54, 66, 69, 70, 96, 97, 99, 100, 101, 102, 126, 131, 132, 139, 141, 142, 144, 145, 148, 149, 150, 151, 155, 156, 159 (oben), 161, 163, 165, 167, 172, 173, 184, 185, 187, 188, 191, 192, 194, 195, 196, 201, 202

Northern Diver:
Seite 13, 67, 81, 84, 138, 159 (unten)

UK-Diver:
Seite 68, 88, 158

Dietmar Reimer:
Seite 11, 53, 58, 61, 79, 119, 121

Thomas Behrend:
Seite 29, 49, 72, 91, 104, 108, 112, 123, 136, 164, 169

Richard Hell:
Seite 59, 64, 73

WZ-Bilddienst:
Seite 18, 20, 24

Axel Wiegner:
Seite 15, 45

Manfred Vohsel:
Seite 85

Jürgen Frisch:
Seite 36, 124

Tommy Cecil:
Seite 39, 48, 56

Privatkollektion des Verfassers:
Seite 17, 22, 31, 34, 44, 114, 117, 118, 130, 147, 153, 154, 203

Danksagungen

Auch bei meinem zweiten Buch hatte ich das Glück, daß viele Personen, Freunde und Bekannte mir mit Rat und Tat zur Seite standen. Insbesondere möchte ich mich bei Christine Kronshage für ihre wertvolle Mithilfe bei der Überarbeitung und Korrektur meines Manuskriptes sowie bei Andreas Wagenknecht für seine technische Beratung und seine Mitarbeit bei der Herstellung des verwendeten Bildmaterials bedanken. Mit weiterem Bildmaterial unterstützten mich Thomas Behrend, Richard Hell, Dietmar Reimer sowie Jürgen Frisch und Manfred Vohsel. In diesem Zusammenhang möchte ich auch den Schiffahrtsverlag Peter Fuchs, Hamburg, den WZ-Bilddienst, Wilhelmshaven, sowie die University of Liverpool nicht vergessen, die mir freundlicherweise einige historische Bilder zur Verfügung gestellt haben.

Ein besonderes Wort des Dankes geht an meine langjährigen Freunde und Tauchpartner Tommy Cecil, Norman Woods und Oliver Mc Elroy, die mir durch intensiven Erfahrungsaustausch dabei geholfen haben, meine taucherischen Fähigkeiten zu entwickeln. Durch die Firma JWL-AQUALUNG Tauchsport GmbH, Rielasingen, wurde mir kostenlos die für meine tiefen Mischgastauchgänge sehr umfangreiche und teure Spezialausrüstung fast vollständig zur Verfügung gestellt. Für diese großzügige und freundliche Unterstützung möchte ich daher Werner Thomaier, Uwe Lehmann und Norbert Nickel, meinen ganz besonderen Dank aussprechen. Ebenfalls eine große Hilfe waren mein Freund und Sponsor Michael Armitage, leitender Direktor der Firma Northern Diver, sowie Bernhard Daniel von der Firma Euwasport, die mich ebenfalls kostenlos mit verschiedenen Ausrüstungsgegenständen ausgestattet haben. Herr Dr. Delfs von der Firma AGA, München, stellte einen Teil der benötigten Atemgase zur Verfügung. Allen hier genannten Personen, Firmen und Organisationen meinen herzlichen Dank.

Während der Fertigstellung dieses Buches mußte ich leider von meinem guten Freund Tommy Cecil Abschied nehmen, der am 21. September diesen Jahres bei einem tiefen Mischgastauchgang ums Leben kam. Die Jahre der Freundschaft und die vielen gemeinsamen Wrackexpeditionen werde ich nie vergessen.

Dieses Buch widme ich meinem Vater,
der mir sowohl in guten als auch in schlechten Zeiten
stets zur Seite stand.

Inhalt

Vorwort

Es ist nicht meine Absicht, mit diesem Buch Taucher dazu zu ermutigen, unter Mißachtung ihrer persönlichen taucherischen Qualifikationen sowie der Empfehlungen und der Richtlinien der internationalen Tauchsportverbände und Ausbildungsorganisationen zu tauchen. Vielmehr möchte ich dem »normalen« Hobby- und Sporttaucher einen Einblick in eine faszinierende Welt bieten, die jedem ohne umfangreiche technische und taucherische Spezialausbildung und ohne jahrelange Erfahrung mit Tieftauchgängen verborgen bleibt.

Weder der Autor noch der Verlag übernehmen die Verantwortung für Unfälle und Verletzungen, welche durch Anwendung der in diesem Buch beschriebenen Ausrüstung und Techniken sowie durch Tauchen mit Nitrox, Trimix, Heliox oder anderen Gasgemischen verursacht werden. Das Tauchen mit Preßluft oder sonstigen Gasgemischen ist eine Tätigkeit, die einige Gefahren birgt. Es können Unfälle auftreten, die nicht unerhebliche gesundheitliche Risiken, Behinderung oder gar den Tod zur Folge haben können. Jeder, der den Tauchsport ausüben möchte, muß von einem lizenzierten Tauchlehrer ausgebildet werden und seine Fähigkeiten in einer Prüfung unter Beweis stellen. Der Gebrauch von Atemgasen wie Nitrox oder Trimix erfordert noch eine zusätzliche Ausbildung, die über die Grenzen des Sporttauchens hinausgeht. Ausgebildete EANx- und Trimixtaucher sind über die Risiken des Tauchens und Atmens mit Gasgemischen informiert und tragen die alleinige Verantwortung für ihr Handeln.

Technical Diving – was ist das?

Only those who risk going too far,
can possibly find out, how far one can go.
(T.S. Eliot)

Das Sport- oder Hobbytauchen ist eine Freizeitbeschäftigung, die immer mehr begeisterte Anhänger findet. Verständlicherweise – ist es doch eine unterhaltsame, oftmals spannende Freizeitbeschäftigung, die aufgrund der heutigen Sicherheitsstandards der Tauchgeräteindustrie als ungefährlich einzustufen ist. Gerade in der letzten Zeit hat der Tauchsport eine enorme Entwicklung vollzogen. Dem Taucher stehen immer bessere und sicherere Tauchtechniken und Ausrüstungen zur Verfügung. Für die ersten Tauchgänge bedarf es nur einer intakten Gesundheit und einiger Tage Zeit, um einen Tauchkurs zu absolvieren.

Der fertig ausgebildete Taucher kann dann auf eigene Faust seine Unterwasser-Entdeckungsreise beginnen. Heute ist die Tauchsport-

Sporttauchen – ein faszinierendes Hobby. Ohne spezielle Ausbildung im Höhlentauchen sollte man jedoch an Höhlen lediglich vorbeischwimmen.

industrie ein stark florierendes Geschäft. Stets wird der Sporttaucher aber durch die Ausbildungsorganisationen und Tauchsportverbände daran erinnert, nicht tiefer als 40 Meter zu tauchen. Einige der amerikanischen Tauchverbände, wie z.B. PADI, siedeln die maximale Tiefenbegrenzung für den Sporttaucher bereits bei 30 Meter an. Diese Regel wird auch von den meisten Tauchern wie ein »eisernes Gesetz« befolgt, und das hat seine Berechtigung.

Tieftauchen mit normalem Tauchgerät und Preßluft birgt ein hohes Risiko und sollte nur von sehr erfahrenen Tauchern mit der richtigen Ausrüstung ausgeübt werden. Für viele Taucher gibt es daher keine Welt unterhalb der vom betreffenden Tauchverband vorgeschriebenen Tiefenbegrenzung. Jedoch ist die Behauptung, bis zu einer Tiefe von 30-40 Meter könne man sicher tauchen, unter Umständen genauso falsch wie die Aussage, jedem Taucher wäre dies möglich. Im Tauchsport gilt wie überall im Leben, daß die Menschen verschieden sind und jeder seine individuelle Belastungsgrenze hat.

Auch höhere Sicherheitsstandards und qualitativ hochwertige Tauchausrüstung können nichts daran ändern, daß der Mensch der Hauptrisikofaktor bleibt. Erfahrungsgemäß ist es nämlich der Taucher selbst, der aufgrund seiner teuren, professionellen Ausrüstung oder einfach aus Selbstüberschätzung über seine Verhältnisse taucht. Die beste und teuerste Ausrüstung ist nur so gut wie der Taucher, der sie benutzt. Ziel der Ausbildungsorganisationen und Tauchsportverbände war es immer, eine Ausbildung zu vermitteln, die sowohl den Schüler als auch den fortgeschrittenen Taucher in die Lage versetzt, sicher und verantwortungsbewußt seinem Hobby nachzugehen, ohne sich dabei unnötigen Risiken auszusetzen. Trotz der von den Ausbildungsorganisationen ausgesprochenen Tiefenbegrenzung für Tauchgänge mit normaler Preßluft gab es aber schon immer Taucher, die diese Grenzen überschritten und sogar das Bedürfnis haben, stets noch größere Tiefen sicher zu betauchen. In vielen dieser Taucher wird durch Unterwasserprojekte, an denen sie arbeiten, – wie z.B. Wracksuche oder Höhlenforschung – der Wunsch geweckt, in größere Tiefen vorzudringen. Hierdurch heben sie sich von der breiten Masse der Sport- und Hobbytaucher ab. Wenn die Art der durchgeführten Tauchgänge aufgrund der risikoreicheren Tauchbedingungen allerdings Probleme mit sich bringt, dann ist es an der Zeit, neue Lösungen zu finden und verbesserte Tauchtechniken anzuwenden.

Technisches Tauchen beinhaltet auch ein hohes Maß an zusätzlicher Ausrüstung. Hier ein Taucher mit modernem Helmtauchgerät.

Dies ist die Welt des sogenannten »*Technical Diving*«, das man auch als »*Tauchen im erweiterten Umfang*« bezeichnen könnte, denn es basiert auf dem Wunsch, weiter, tiefer, länger und oftmals unter gefährlichen Bedingungen zu tauchen. Zur Erreichung dieses Ziels müssen die notwendigen Sicherheitsvorkehrungen getroffen werden, ohne die ein solches Unternehmen zum Scheitern verurteilt wäre.

Technical Diving ist auch als »*Profi-Amateur-Einstellung*« zu bezeichnen. Professionell in der Ausführung und mit der hohen Motivation eines Amateurs werden die selbst gestellten Aufgaben gelöst.

Technisches Tauchen – Spezialtechniken für besondere Anwendungsbereiche

Das Konzept des Technischen Tauchens entstand vor etwa zehn Jahren in Amerika. Doch schon vorher gab es überall auf der Welt Taucher, die diese spezielle Art des Tauchens in Höhlen, unter Eis oder an tiefen Wracks erfolgreich praktizierten. Von den großen Tauchsport- und Ausbildungsverbänden meist unbeachtet, wurden von diesen Tauchpionieren viele Techniken und Ausrüstungsgegenstände entwickelt, die heute im Bereich des Sporttauchens nicht mehr wegzudenken sind. Die Verwendung eines zweiten Lungenautomaten (Oktopus), von Seilrollen oder unabhängiger Atemgas-Flaschensysteme sind nur einige Beispiele der von Technischen Tauchern entwickelten Praktiken, ihre Extremtauchgänge sicherer zu gestalten. Heute werden diese Techniken von allen Sporttauchorganisationen adaptiert und in ihre Ausbildung integriert. Dennoch sind die Tauchaktivitäten dieser fortgeschrittenen Technischen Taucher auch heute noch in den Kreisen vieler Ausbildungsorganisationen und Tauchsportverbände verpönt, da sie den Rahmen des Sporttauchens sprengen. Berichte über Tieftauchrekorde oder die Erforschung von schwer zugänglichen Höhlen oder Wracks finden daher meist mehr Kritiker als Bewunderer. Und doch sind die verschiedenen Beweggründe jener, die sich mit dem Spezialgebiet befassen, durchaus nachvollziehbar. Es sind Wracktaucher, die den Wunsch haben, versunkene Schiffe in größeren Tiefen zu erforschen, Höhlentaucher, die noch weiter und tiefer in ein Höhlensystem vordringen wollen, oder einfach auch normale Sporttaucher, die sich einer neuen Herausforderung stellen und ihre Tauchfähigkeiten sowie ihre persönlichen Grenzen erweitern möchten.

Aus diesen und anderen Kreisen, wie beispielsweise der Berufstaucher, entwickelte sich die Gruppe der Technischen Taucher. Es sind »professionelle Amateure«, denen es nicht darum geht, anderen zu imponieren. Sie sind ernstzunehmende Taucher, die den Wunsch haben, ihre Fähigkeiten kontinuierlich zu verbessern, neue Techniken zu erlernen, Herausforderungen zu meistern und sicherer und verantwortungsbewußter zu tauchen. Das Technical Diving schließt eine Reihe von speziellen Tauchtechniken und Gerätschaften ein, die dazu beitragen sollen, den sicheren Operationsbereich des Tauchers zu erweitern. Diese Techniken und Geräte ermöglichen dem Spezialisten, in größere Tiefen und in besondere Unterwasserbereiche wie Wracks oder Höhlen vorzudringen, die ihm ansonsten verschlossen bleiben würden. Über den erweiterten Sicherheitsaspekt läßt sich sicherlich streiten, denn viele der technischen Tauchgänge implizieren ein weitaus höheres Maß an Risiko und Gefahren, als dies beim Sporttauchen der Fall ist. Ein Merkmal des Technischen Tauchens ist die Verwendung von anderen Atemgemischen als des herkömmlichen Atemgases Preßluft. Hierdurch lassen sich die Probleme, die beim Tauchen mit normaler Luft in großen Tiefen infolge des hohen Stickstoffanteiles auftreten können, z.B. Tiefenrausch oder die Gefahr einer Stickstoffnarkose, deutlich reduzieren.

Tiefe unberührte Wracks locken viele Sporttaucher und ermutigen sie dazu, neue Techniken zu erlernen, um in noch größere Tiefen vorzudringen. Das Bild zeigt den Verfasser zusammen mit seinem Tauchpartner Norman Woods nach der erfolgreichen Erstbetauchung des englischen Frachters »Lugano« in einer Tiefe von 92 Metern.

Die Geschichte des Mischgastauchens

Das Tauchen mit Mischgas ist keineswegs eine neue Entwicklung oder, wie manche Kritiker behaupten, eine kurzlebige Modeerscheinung. Vielmehr werden Gasgemische bereits seit vielen Jahren erfolgreich von Militär- und Berufstauchern eingesetzt. Lediglich im Bereich des Sport- und Hobbytauchens steckt das Mischgastauchen noch in den Kinderschuhen. Hierfür dürfte es mehrere Gründe geben. Zum einen ist die Ausbildung für das Mischgastauchen sehr umfangreich und letztendlich auch sehr teuer. Außerdem sprengt das erforderliche Budget für die benötigte Ausrüstung und Spezialgerätschaften schnell den finanziellen Rahmen eines Hobbytauchers. Zum anderen ist gerade in Deutschland die Tauchsportgeräteindustrie überhaupt nicht auf dieses Spezialgebiet vorbereitet, und die Hersteller übertreffen sich förmlich gegenseitig mit Pseudo-Ausrüstungsgegenständen für das Technische Tauchen, über deren Sinn und Zweck sich streiten läßt. Ein paar zusätzlich angebrachte D-Ringe an einem normalen Tarierjacket in der Trendfarbe Schwarz machen jedenfalls nur auf unerfahrene Taucher Eindruck! Ein weiteres Problem ist die Herstellung der Atemgemische. Da noch keine einheitlichen Industrienormen für den Einsatz von Mischgas im Tauchbereich erlassen wurden, gibt es auch nur sehr wenige Adressen in Deutschland, wo man seine Gemische erwerben kann.

Tauchpioniere

Die Anfänge des Mischgastauchens gehen zurück bis in das 18. Jahrhundert. Schon damals, als das Tauchen noch ausschließlich mit einer Oberflächenversorgung über Luftschläuche erfolgte, strebten Erfinder nach längeren Grundzeiten und größerer Reichweite. Das Tauchen mit reinem Sauerstoff wurde erfunden. Obwohl reiner Sauerstoff kein Mischgas im herkömmlichen Sinne ist, wurde durch diese Experimente der Grundstein für die späteren Entwicklungen gelegt. Im Jahre 1876 entwickelte Henry Fleuss ein Tauchsystem,

Helmtaucher beim Einsatz im Hafen. Zeitgenössisches Gemälde von 1902.

bei dem der Taucher aus einer Art Luftsack vor seiner Brust atmete. Dieser Sack bestand aus einem Hanfgewebe, das mit Chemikalien getränkt war, um den Stickstoff aus der Ausatemluft zu absorbieren. Als Atemgas verwendete der Taucher reinen Sauerstoff, den er in einem Kupfertank auf seinem Rücken mit sich trug. Dieses System war damals sehr erfolgreich und wurde sogar in Serie hergestellt.

Dieses Gerät, bei dem der Taucher eine konstante Menge an Atemgas immer wieder einatmet und nur der verbrauchte Sauerstoff durch frischen ersetzt wird, war der Vorläufer der heutigen Sauerstoffkreislaufgeräte. Solche Geräte werden auch als geschlossene Kreislaufgeräte bezeichnet, da keinerlei Gas das Gerät verläßt. Es gibt daher auch keine Ausatemblasen, wie sie bei Verwendung heute üblicher Tauchgeräte entstehen. Ein Problem dieser Geräte ist jedoch, daß sich Sauerstoff unter gewissen Bedingungen und ab einem bestimmten Umgebungsdruck (Sauerstoffpartialdruck) giftig auf unseren Körper auswirkt. Die toxische Wirkung des Sauerstoffes wurde im Jahre 1878 durch Paul Bert entdeckt, doch Fleuss verfügte noch nicht über diese Erkenntnis, als er seine ersten Sauerstoffkreislaufgeräte entwickelte.

Während des Zweiten Weltkrieges spielten diese, zwischenzeitlich wesentlich verbesserten Sauerstoffkreislaufgeräte bereits eine große Rolle. Kampftaucher konnten ohne die übliche Blasenbildung ein feindliches Schiff antauchen, dieses mittels Sprengladungen

Helmtaucher aus dem Jahre 1911 mit seiner Oberflächenmannschaft, die für das Bedienen der Atemluftpumpe (siehe Bildvordergrund) verantwortlich ist.

versenken und sich anschließend wieder ungesehen von der Angriffsstelle entfernen. Infolge von Sauerstofftoxikation kam es während dieser Einsätze zu vielen Todesfällen. Als dieses Problem erkannt wurde, zog die Marine ihre Kreislaufgeräte zurück, um nach neuen, sicheren Lösungen zu forschen.

Bereits im Jahre 1919 erkannte der amerikanische Ingenieur und Erfinder Professor Elihu Thompson, daß das Tieftauchen mit normaler Luft infolge der eintretenden Stickstoffnarkose große Risiken birgt. Er vertrat die Theorie, daß bei einer Reduzierung des Stickstoffes in der Atemluft, durch Mischen des Sauerstoffes mit einem anderen Gas als Stickstoff, der Narkosiseffekt verhindert werden kann. Nach umfangreichen Experimenten kam Thompson zum Schluß, daß Helium aufgrund seiner neutralen Narkoseeigenschaften als ein geeigneter Ersatz für Stickstoff anzusehen ist. Bei den damaligen Kosten von etwa 2500 US-Dollar pro Kubikmeter Helium wurde seine Theorie jedoch aus wirtschaftlichen Erwägungen schnell als unrealistisch abgetan. Unbeeindruckt von diesen Überlegungen beantragte ein anderer Amerikaner, C.J. Cooke, bereits zu dieser Zeit ein Patent für den Einsatz von Helium als Atemgas. Kurze Zeit später wurden von einigen amerikanischen Forschungstauchern Versuchstauchgänge mit Heliumgemischen bis zu einer

Tiefe von etwa 46 Metern durchgeführt. Die Entdeckung großer unterirdischer Gasvorräte im US-Bundesstaat Texas führte wenige Monate später dazu, daß die Vereinigten Staaten von Amerika eine Monopolstellung als Heliumlieferant auf dem internationalen Weltmarkt einnehmen konnten. Dies trug schließlich dazu bei, daß der Preis für Helium deutlich sank.

Thompson unternahm in den darauf folgenden Jahren intensive Experimente mit Heliumgemischen in unterschiedlichsten Konzentrationen. Im Jahre 1925 gelang es ihm schließlich, die US-Navy davon zu überzeugen, daß die Verwendung von Sauerstoff und Heliumgemischen bei Tieftauchgängen eine erhebliche Verbesserung darstellt. Von der amerikanischen Marine wurde in Pittsburgh ein Testlabor eingerichtet, in dem an Tieren verschiedene simulierte Druckkammertauchgänge mit Mischgas erprobt wurden. Das Ergebnis dieser Versuche war, daß Tiere, die ein Gemisch aus 80% Helium und 20% Sauerstoff (Heliox) atmeten, lediglich ein Sechstel der Dekompressionszeit benötigten im Vergleich zu Tieren der Kontrollgruppe, die während des gleichen Versuchs normale Atemluft eingeatmet hatten. Auch eine später durchgeführte Versuchsreihe mit Testpersonen, die dem gleichen Gasgemisch ausgesetzt und mit Heliox-Dekompressionstabellen dekomprimiert wurden, konnte erfolgreich abgeschlossen werden. Wesentlich wichtiger als die durch Heliox verkürzten Dekompressionszeiten war jedoch die Erkenntnis, daß die Testtaucher auch in größerer Tiefe klar denken konnten und nicht durch die bekannten Stickstoff-Narkoseerscheinungen bei Tauchgängen mit Preßluft beeinträchtigt wurden. Trotz dieser offensichtlichen Vorteile dieses Gasgemisches, zeigte sich auch eine Reihe von Nachteilen. Taucher, die unter Einsatz von Heliox tiefe Tauchgänge durchführten, klagten darüber, daß sie bereits nach kürzester Zeit ein wesentlich größeres Kältegefühl empfanden als mit Preßluft. Auch die durch das Helium veränderte Stimmencharakteristik (scherzhaft auch Donald-Duck-Effekt genannt) erschwerte die Unterwasserkommunikation mit den Tauchern erheblich. Es war nicht von der Hand zu weisen, daß sich das Tauchen mit Gasgemischen zu dieser Zeit noch in einem Anfangs- und Experimentierstadium befand und noch viel Forschungsarbeit notwendig war, um eine ausgereifte Technik zu entwickeln.

Tieftauchversuche waren zu diesem Zeitpunkt durch den bevorstehenden Ausbruch des Ersten Weltkrieges stark reduziert. Dennoch gelang es dem Trainingstauchcenter der amerikanischen Marine, einige Taucher erfolgreich für große Tauchtiefen auszubilden. Diesen gelang es im Jahre 1915, das vor der Küste Honolulus gesunkene U-Boot »F-4« in einer Tiefe von 93 Metern zu bergen.

Deutscher Helmtaucher der Kaiserlichen Marine im Jahre 1915. Der Taucher trägt einen 3-Bolzenhelm der Fa. Flohr, Kiel.

Bereits vor Beginn des Ersten Weltkrieges waren von diesen Tauchern weit über 300 Testtauchgänge mit Preßluft zu einer Tiefe von 79 Metern erfolgreich durchgeführt worden. Die in diesem Trainingscenter gewonnenen Erfahrungen trugen wesentlich dazu bei, daß von der US-Navy im Jahre 1925 das erste Ausbildungshandbuch für Taucher herausgegeben werden konnte.

Am 25. September 1925 sank das amerikanische U-Boot S-51 nach einer Kollision mit dem Dampfer »City of Rome« in der Nähe von Block Island. Zu diesem Zeitpunkt war das Tieftauchprogramm der Marine noch nicht sonderlich ausgereift. Es gab nicht genügend Taucher, die für größere Tiefen ausgebildet waren, so daß es mehrere Monate dauerte, bis man das Boot schließlich aus einer Tiefe von nur 40 Metern bergen konnte. Aufgrund dieses Vorfalls wuchs das Interesse der Bevölkerung an Tieftauchprojekten. Peinliche Fragen wurden gestellt, warum die Marine nicht in der Lage sei, U-Boote aus größeren Tiefen zu bergen. Nur zwei Jahre später sank ein weiteres U-Boot auf eine Tiefe von etwa 31 Metern. Obwohl die Besatzung noch einige Stunden im Inneren des Bootes überlebte und Taucher zu dem gesunkenen Boot vordrangen, gelang es nicht, die U-Bootbesatzung zu retten. Durch den tragischen Verlust der gesamten Bootsmannschaft, der in der Bevölkerung große Anteilnahme hervorrief, war die Marine nun endgültig gefordert, geeignete Tiefsee-Rettungssysteme für U-Bootbesatzungen zu entwickeln.

Ein erster Erfolg wurde wenige Monate später durch die Entwicklung der McCann-Rettungsglocke verzeichnet. Diese Glocke, oder besser gesagt Rettungskammer, konnte an einem Stahlseil zu einem gesunkenen U-Boot herabgelassen und über das Turmluk des Bootes gestülpt werden. Nach Befestigen der Glocke am Turmluk wurde das Wasser zwischen Luke und Glocke mittels Preßluft ausgeblasen, so daß die U-Bootbesatzung ihre Luke öffnen und in die Rettungskammer einsteigen konnte. Viele Männer wurden durch den Einsatz dieses Systems gerettet.

In den späten dreißiger Jahren erforschte der amerikanische Arzt Edgar End den Gebrauch von Helium und Sauerstoffgemischen als Atemgas weiter. Sein Freund Max Nohl, ein Medizinstudent, entwickelte zur gleichen Zeit in Zusammenarbeit mit dem Physiker John Craig eine neue Generation eines Taucherhelms. Dieser Helm wurde erstmalig nicht von der Wasseroberfläche aus versorgt. Der

Atemgasvorrat befand sich in Flaschen, die der Taucher bei sich führte. Ziel dieser Forschungsarbeiten war die Erforschung und fotografische Untersuchung des vor der Küste Irlands gesunkenen Luxusliners »Lusitania«, der im Ersten Weltkrieg durch ein deutsches U-Boot versenkt worden war und auf einer Tiefe von etwa 92 Metern liegt. Während verschiedener Testtauchgänge mit diesem neuen Taucherhelm gelang es den Tauchern, zwei Stunden in einer Tiefe von 95 Metern zu verbringen. Der Aufstieg zur Wasseroberfläche betrug nach diesem Tauchgang nur etwa dreißig Minuten und erforderte verhältnismäßig kurze Dekompressionsstops. Nach erfolgreicher Erforschung des Wracks der »Lusitania« beschloß Max Nohl, den Versuch zu wagen, einen neuen Tiefenrekord aufzustellen.

Im Dezember 1937 wurden mit seinem Helioxhelm am Lake Michigan weitere Versuchstauchgänge unternommen. Hierbei gelang es Nohl, den damaligen Tiefenrekord von 128 Metern aufzustellen. Bei diesem Tauchgang trug Nohl einen selbstgefertigten Taucheran-

Der englische Passagierdampfer LUSITANIA

zug aus Gummi sowie ein Tragegestell für die beiden von ihm auf dem Rücken mitgeführten Heliox-Flaschen.

Etwa zur gleichen Zeit machte auch das Forschungsprogramm der amerikanischen Marine einen entscheidenden Fortschritt. Unter der Leitung der Wissenschaftler Behnke und Yarbrough gelang es der Marine, einen simulierten Druckkammertauchgang mit Heliox auf eine Tiefe von 169 Metern erfolgreich abzuschließen. Während dieses Tauchganges hatte der Testtaucher in der Druckkammer keinerlei Kenntnis über seine tatsächliche Tauchtiefe. Als er nach seinem Wohlbefinden befragt wurde, antwortete er, es käme ihm so vor, als würde er sich auf einer Tiefe von 30 Metern befinden. Während der Dekompressionsphase erfuhr der Taucher dann die tatsächliche Tiefe, auf der er sich während der Druckkammerfahrt befand. Sein Erstaunen war groß.

Der Erfolg dieses simulierten Tauchganges auf eine bis dahin nie erreichte Tiefe führte dazu, daß die US-Marine ihre Forschungsarbeiten im Bereich des Mischgastauchens intensivierte. Im Jahre 1939 konnte auf diese theoretischen Forschungsergebnisse zurückgegriffen werden, als das Unterseeboot USS »Squalus« im Nordatlantik sank. Bereits wenige Stunden nach dem Untergang wurde das U-Boot in der Nähe der Shoals Inseln in einer Tiefe von 75 Metern geortet. Eine bis dahin noch nie dagewesene Rettungsaktion folgte, um die Besatzung, die im Inneren der »Squalus« eingeschlossen war, zu bergen. Zunächst wurde versucht, an einer Stahltrosse die McCann-Rettungsglocke am U-Boot anzudocken, doch das Stahlseil verfing sich am Turm des U-Bootes, und die Aktion mißlang. Der Versuch eines Preßluft-Tauchers, das Stahlseil freizubekommen, scheiterte ebenfalls, da er aufgrund der hohen Stickstoffnarkose und eines einsetzenden Tiefenrausches nicht in der Lage war, in dieser Tiefe zu arbeiten. Als die Zeit knapp wurde, entschloß man sich, einen Taucher mit dem neuen Helium/Sauerstoffgemisch zum Wrack zu schicken, um das Stahlseil der Rettungsglocke zu befreien. Dieser Helioxtauchgang gelang, und innerhalb von zwölf Stunden konnten alle Besatzungsmitglieder mit der McCann-Glocke geborgen werden. Das U-Boot wurde später gehoben. Während dieser Bergungsaktion führten Taucher der Marine über 100 Helioxtauchgänge durch. Alle verliefen ohne Zwischenfälle. Das Unterseeboot USS »Squalus« wurde nach der Bergung in »Sailfish« umbenannt und diente später im Zweiten Weltkrieg.

Tiefseetauchgang während des Zweiten Weltkrieges, von Bord eines deutschen Kriegsschiffes. Im Bild ein Panzertauchgerät von Neufeld und Kuhnke (ca. 1945). Der Einstieg erfolgte bei diesem Tauchgerät im Kopfteil. Vor dem Bauch und am Rücken befindet sich der Wasserballastbehälter.

Die erfolgreich durchgeführte Rettung aller Besatzungsmitglieder war sowohl für die Marine als auch für die Öffentlichkeit ein weiterer Beweis dafür, daß Helioxgemische ein wirksames und effektives Atemmedium für Tieftauchoperationen sind. Während der nächsten zwanzig Jahre blieb die US Navy der wichtigste Anwender und Entwickler auf dem Gebiet der Mischgasforschung, nicht zuletzt auch aufgrund der Tatsache, daß die Vereinigten Staaten von Amerika zu diesem Zeitpunkt immer noch die Monopolstellung als Anbieter für Helium auf dem Weltmarkt hatten.

Englische Taucher unternahmen erstmals nach Beendigung des Zweiten Weltkrieges Tauchexperimente mit Heliumgemischen, die sie mit Genehmigung des amerikanischen Präsidenten vom US-Verteidigungsministerium zur Höhlenforschung erhielten. Obwohl während der ersten Tauchgänge bei einigen Tauchern starke Klaustrophobie-Symptome auftraten, wurden die Tauchexperimente fortgesetzt. Natürlich bestand zwischen den amerikanischen und den englischen Tauchern eine gewisse Rivalität, so daß jeder für sich versuchte, einen neuen Tiefenrekord aufzustellen. Im Jahre 1947 gelang es dem Briten Wilfred Bollard, in siebeneinhalb Minuten zu der neuen Rekordtiefe von 166 Metern zu tauchen.

1962 begannen Meeresforscher erstmalig, sich mit dem Gedanken zu befassen, für längere Zeit unter Wasser zu leben. Die Idee der Unterwasserwohnanlagen, sogenannten Habitaten, war geboren. Der Tiefseeforscher und Habitatpionier Ed Link unternahm wenig später im August 1962 zwei kurze, aber wichtige Forschungsprojekte. Es gelang ihm, eingezwängt in eine kleine Stahlröhre acht Stunden in einer Tiefe von 18 Metern auf dem Grund des Mittelmeers auszuharren. Doch schon im nächsten Monat wurde diese Leistung vom Franzosen Robert Stenuit überboten, der in der gleichen engen Stahlröhre ganze 24 Stunden in einer Tiefe von 60 Metern verbrachte, wobei er Heliox als Atemgas einsetzte. Fast unmittelbar nach diesem Erfolg unternahm der berühmte französische Meeresforscher Jacques Cousteau sein erstes Habitatprojekt. In der Nähe von Marseille verbrachten zwei seiner Forschungstaucher gleich eine ganze Woche in einem Unterwasserhaus auf einer Tiefe von 10 Metern. Ein regelrechter Wettlauf war entfacht. Jede Nation wollte, daß ihre Taucher länger unter Wasser leben als die anderer Staaten. Die unterschiedlichsten Rekordmeldungen überschlugen sich während dieser Zeit förmlich. 1963 folgte Cousteaus zweites Habitatprojekt. Sieben seiner Taucher, die er selbst Aquanauten nannte, verbrachten einen vollen Monat in einem Unterwasserhaus am Roten Meer in einer Tiefe von 11 Metern. Während des gleichen Forschungsprojektes lebten die Franzosen Raymond Kientzy und André Portelatine für eine Woche in einem speziell angefertigten Mini-Habitat auf einer Tiefe von 28 Metern.

Aber auch die amerikanische Marine setzte ihre Tiefsee-Experimente erfolgreich fort. Unter der Leitung von Captain George Bond, begleitet von einem großen Presse- und Fernsehaufgebot, wurden 1964 die bis dahin größten Forschungsexperimente im Bereich des

Sättigungstauchens durchgeführt. Im Forschungslabor Sealab I. verbrachten vier Männer elf Tage auf einer durchschnittlichen Tiefe von 60 Metern. Ein Jahr später war die Besatzung des neuen Unterwasserlabors Sealab II. noch erfolgreicher. Drei Teams mit je zehn Aquanauten lebten 15 Tage auf einer Tiefe von 63 Metern. Ein besonders ehrgeiziger Teilnehmer dieser Expedition verbrachte sogar einen ganzen Monat im Innern von Sealab II. Für das in der Folge geplante Meeresprojekt Sealab III. war sogar eine Tiefe von 185 Metern vorgesehen. Dieses gewaltige Unternehmen erforderte nicht nur eine intensive Entwicklung auf dem Bereich der Druckfestigkeit der für den Bau des Labors verwendeten Materialien, sondern auch Druckverträglichkeitsversuche hinsichtlich der menschlichen Fähigkeit, in einer solchen Hochdruckumgebung zu überleben. In den Jahren 1965 bis 1968 wurden durch die Forschungstauchgruppe der US-Navy 28 Helium/Sauerstoff-Sättigungstauchgänge bis zu einer Tiefe von 253 Metern durchgeführt, die alle erfolgreich verliefen. Im Jahre 1968 wurde von den gleichen Forschungstauchern ein neuer Tieftauchrekord von 325 Metern aufgestellt. Diesem neuen Rekord folgte kurze Zeit später ein Langzeit-Tauchprojekt in einer Tiefe von 307 Metern mit einer anschließenden Sättigungszeit von drei Tagen!

Die Forschungsexperimente von Sealab III. konnten eindeutig beweisen, daß Menschen selbst unter einem Umgebungsdruck von bis zu 32 bar leben und arbeiten und anschließend problemlos und ohne Gesundheitsschäden auf den atmosphärischen Druck von 1 bar zurückgeführt werden können. Bereits im Februar des folgenden Jahres sollten die erfolgreichen Sealab III.-Expeditionen fortgesetzt werden. Dieses Mal jedoch stand die Aktion unter keinem günstigen Stern: Wenige Sekunden nach Erreichen der Testtiefe von 185 Metern wurde der Aquanaut Barry Cannon von heftigen Krämpfen geschüttelt, die innerhalb kürzester Zeit zu seinem Tod führten. Nach diesem tragischen Unfall wurden die Tiefsee-Experimente der US-Navy eingestellt.

Mischgastauchen in der Geburtsstunde des Technischen Tauchens

In der Anfangsphase des Technischen Tauchens war echte Pionierarbeit gefordert. Nicht selten war damals die »Ausrüstung« selbstgebaut und schwierig zu handhaben. Dennoch wurden die Vorteile des Tauchens mit Mischgas schon bald von einigen privaten Tauchern erkannt, die nun in größere Tauchtiefen vordringen konnten. Zu dieser Zeit war die Mischgastechnologie im privaten Anwendungsbereich noch nahezu unbekannt, so daß es immer wieder zu Unglücksfällen kam. Im Jahre 1970 starben zwei Taucher in dem heute erforschten Höhlensystem »Mystery Sinks« in Florida bei dem Versuch, bis zu einer Tiefe von etwa 120 Meter vorzudringen. Hal Watts, einer der erfolgreichsten amerikanischen Höhlentaucher, sollte die Bergung der beiden toten Taucher aus dieser Tiefe durchführen. Obwohl Watts zu dieser Zeit einer der erfahrensten Preßlufttaucher war – er hält noch immer den Tieftauchrekord mit Preßluft von 127 Metern in Höhlen – war er der Auffassung, daß Helium/Sauerstoff-Gemische für diese Aufgabe besser geeignet sind als normale Preßluft. Zwar gelang es ihm, die beiden Leichen aus einer Tiefe von 115 Metern zu bergen, doch bezahlte er diesen Taucheinsatz mit einem schweren Dekompressionsunfall.

Etwa ein Jahr später, zur Zeit des Vietnamkrieges, war der Amerikaner Bret Gilliam in ein Forschungsprojekt der US-Navy eingebunden. Ziel dieses Unternehmens war es, geeignete Abwehrmaßnahmen für schnelle feindliche Angriffs-U-Boote zu entwickeln, die möglicherweise unbemerkt in amerikanische Hoheitsgewässer vordringen könnten. Um dies zu verhindern, führte man Experimente durch, bei denen mehrere mit hochempfindlichen Mikrofonen ausgestattete Unterwasserbojen auf dem Meeresgrund verankert wurden. Teil des Experimentes war es unter anderem, diese Bojen sowie die angebrachten Hydrophone im Einsatz unter Wasser zu beobachten und zu dokumentieren. Zunächst wurden die dafür notwendigen Tauchgänge bis zu einer Tiefe von etwa 85 Metern mit normaler Preßluft durchgeführt. Als die Tauchtiefen jedoch ausgedehnt wurden, kam man zur Auffassung, daß es sicherer sei, durch den Einsatz von Heliox die Tiefenrauschsymptome, hervorgerufen durch Stickstoff, sowie die Sauerstofftoxikation zu verringern.

Während der langen Dekompressions-Stops kam es immer wieder vor, daß die Taucher von Hairudeln umkreist wurden. Glücklicherweise gab es keinerlei Haiattacken, doch die Tatsache, den Haien im freien Wasser schutzlos ausgeliefert zu sein, bereitete den Tauchern verständlicherweise Unbehagen. Aus diesem Grund begann Gilliam damit, mit Nitrox sowie reinem Sauerstoff zu experimentieren, um die Dekompressionszeiten und dadurch die Zeit im Wasser zu verkürzen. Im Jahre 1990 gelang es Bret Gilliam, den Weltrekord für Preßlufttauchen mit einer Tiefe von 139 Metern aufzustellen.

Etwa zur gleichen Zeit, als Gilliam noch seine ersten Nitrox-Experimente durchführte, trat der ehemalige US-Navy Taucher Tom Mount das Amt des Tauchausbilders an der Marineuniversität von Miami/Florida an. Neben seinen Tätigkeiten in der Ausbildung und Unterweisung von Tauchschülern übernahm Mount auch die Leitung eines Tieftauch-Ausbildungsprogramms mit unterschiedlichen Schwierigkeitsstufen. Sein anfänglicher Erfolg mit diesem Ausbildungsversuch, zunächst noch mit tiefen Tauchgängen mit Preßluft, ermutigte ihn dazu, im Jahre 1970 Heliox für seine Tiefenausbildung einzusetzen. In den darauf folgenden vier Jahren wurden unzählige Forscher und Technische Taucher von der Universität anhand seines neuartigen Mischgas-Ausbildungsprogramms unterrichtet.

Im Jahre 1975 wurde Heliox erneut im Höhlentauchbereich eingesetzt. Während dieses Tauchgangs bis zu einer Tiefe von 81 Meter kam es jedoch zu einem tödlichen Zwischenfall: Der erfahrene amerikanische Höhlentaucher Lewis Holtzin wurde während seiner Dekompressionsphase in 12 Meter Tiefe, als er reinen Sauerstoff atmete, ohnmächtig, verlor seinen Atemregler und ertrank. Bei einem weiteren Tauchgang in der gleichen Höhle im Jahre 1980 erreichte der Amerikaner Dale Sweet, ebenfalls unter Einsatz von Heliox, eine Tiefe von 110 Metern. Obwohl es sechs Monate später dem Amerikaner Sheck Exley gelang, den gleichen Tauchgang mit Preßluft durchzuführen, wurden im Kreise der Höhlentaucher die Vorteile von Heliox schnell erkannt. Drei Jahre später, 1981, gelang dem deutschen Höhlentaucher Jochen Hasenmayer im französischen Höhlensystem Vancluse mit Heliox der Vorstoß bis zu einer Tiefe von 146 Metern – ein neuer Weltrekord für einen freitauchenden Menschen. Zwei Jahre später verbesserte Hasenmayer, wiederum mit Heliox, bei einen weiteren Tauchgang in Vancluse seinen eigenen Weltrekord, als er die neue Rekordtiefe von 210 Meter erreichte.

Bald wurde offenbar, daß Helioxgemische auch eine Reihe von Nachteilen und Risiken mit sich bringen. Umfangreiche Testversuche mit Tauchern und Tieren zeigten, daß bei Verwendung von Heliox ab einer Tiefe von etwa 150 Metern ein gefährliches Ner-

Das Passieren einer Engstelle bei der Erforschung des Höhlensystems »Heiliger Brunnen« in Österreich.

venzucken auftritt, das zu Lähmungen und sogar zum Tod führen kann. Man nennt dieses Zucken High Pressure Nervous Syndrome (HPNS). Weitere Forschungsversuche unter der Leitung des Amerikaners Peter Bennett ergaben, daß durch Zugabe von kleinen Stickstoffmengen zum Heliox das Problem des Nervenzuckens gelöst werden konnte. Das so entstandene Gemisch aus Sauerstoff, Helium und Stickstoff wurde als »Trimix« bezeichnet. Das Hinzufügen von Stickstoff hatte zudem den positiven Nebeneffekt, daß die Herstellungskosten des Atemgases sich etwas verringerten und sich die eigentliche Mischprozedur vereinfachte. Mittlerweile hat sich Trimix zu einem der weitverbreitetsten Mischgase für hochtechnische Tieftauchexpeditionen entwickelt. Zum damaligen Zeitpunkt sah man jedoch in erster Linie den finanziellen Vorteil durch den Zusatz von Stickstoff, der in der Umgebungsluft kostenlos zur Verfügung stand. So entstand schnell der scherzhaft gemeinte Ausdruck *»poor man's mix«* – Gemisch des armen Mannes –, denn ein Trimixgemisch konnte leicht hergestellt werden, indem Helium als Niederdruckgas in eine Tauchflasche gefüllt und diese dann mit normaler Preßluft auf Betriebsdruck hochgepreßt wurde.

Schon seit 1978 machte sich die National Ozeanic and Atmospheric Administration (NOAA) Gedanken über eine Vereinheitlichung von Nitrox-Gemischen. Schließlich einigte man sich innerhalb der NOAA auf zwei Standardgemische, die von nun an unter dem Namen NOAA Nitrox I. (32% O_2/68% N_2) sowie NOAA Nitrox II. (36% O_2/64% N_2) zum Einsatz kamen. Seit dieser Zeit wurden diese Standard-Nitroxgemische durch eine Reihe von verschiedenen Anwendern, unter anderem auch von der US-Navy und Berufstauchern, für Tauchgänge unterhalb von 40 Metern erfolgreich eingesetzt. Unter der Leitung von Dr. Morgan Wells und seinem Mitarbeiter Dick Rutkowski wurden ein komplettes Nitroxprogramm sowie die entsprechenden Nitrox-Dekompressionstabellen entwickelt.

Im Jahre 1980 wurden die besonderen Vorzüge der Mischgastechnologie erstmalig auch in den Kreisen der Wracktaucher genutzt. Billy Deans, einer der amerikanischen Wracktauchpioniere, richtete die erste kommerzielle Mischgas-Füllstation an der Ostküste Amerikas in Key West ein. Er rief ein Ausbildungsprogramm speziell für das Tauchen mit Nitrox und Trimix ins Leben, das auch auf die Belange der Sporttaucher ausgerichtet war. Ihm folgten andere Mischgasausbildungs- und Füllstationen in verschiedenen amerikanischen Städten, um den wachsenden Bedarf an Mischgas abzudecken. Hauptkriterium für den Einsatz von Mischgas war für Deans jedoch die Möglichkeit, sicher und ohne Gefahr eines Tiefenrausches, Wracks in großen Tiefen zu betauchen. Eines seiner ersten tiefen Wrackprojekte mit Mischgas war die Erforschung des schweren amerikanischen Kreuzers »Wilkes Barres« auf einer Tiefe von etwa 70 Metern. Der Erfolg der von Deans mit Trimix und Heliox durchgeführten Tauchgänge trug dazu bei, daß andere Wracktaucher ebenfalls den Schritt von Preßluft zu Mischgas vollzogen und Tieftauchprojekte nun vorzugsweise mit Trimix durchführten. Einer der ersten Taucher, die sich in diese »neue Welt« vorwagten, war Gary Gentile, der sich bereits seit 1970 durch die Erforschung vieler amerikanischer Schiffswracks einen Namen gemacht hatte. Sein erster Einsatz von Trimix erfolgte schließlich bei der Betauchung des italienischen Luxusdampfers »Andrea Doria«, der vor der amerikanischen Küste gesunken war und auf einer Tiefe von 73 Metern liegt.

Der an der amerikanischen Küste vor New York nach Kollision gesunkene italienische Luxusliner »Andrea Doria«, in den siebziger Jahren einer der begehrtesten Tauchplätze für amerikanische Wracktaucher.

Es folgten weitere Tauchgänge, unter anderem unter Einsatz von Heliox, an dem im Jahre 1921 gesunkenen deutschen Schlachtschiff »Ostfriesland« in einer Tiefe von 116 Metern.

Nach seinem Ausscheiden aus der NOAA stellte Rutkowski im Jahre 1987 erstmalig ein Nitroxprogramm auf der Basis der NOAA-Richtlinien für Sporttaucher vor. Parallel dazu gründete er den ersten Verband für das Nitrox-Tauchen, die International Association for Nitrox Diving (IAND).

Ebenfalls im Jahre 1987 wurde das größte und bekannteste Mischgas-Höhlentauchprojekt durchgeführt: Die Erforschung des Wakulla Springs Höhlensystems in Florida. Zwölf Taucher drangen fast 1230 Meter weit in die Höhle ein. Der Tauchgang wurde in einer durchschnittlichen Tauchtiefe von 90 Metern absolviert. Die für diese Tauchexpedition notwendigen Dekompressionsprofile wurden mit einem neuen Computerprogramm, das von den Amerikanern Bill Hamilton und Dave Kenyon entwickelt wurde, überwacht. Dieses Programm war aufgrund seiner neuartigen Mischgasanwendungen sowie der daraus resultierenden Dekompressionsprofile maßgeblich am Erfolg dieser Höhlenexpedition beteiligt. Diese Erfindung ermöglichte es nun erstmals, unterschiedlichste Gasmischungen für Tauchgänge zu planen und die erforderlichen Dekompressions-Stops exakt zu berechnen. Schnell erreichten die damaligen Tieftauchpioniere daraufhin die praktischen Einsatzgrenzen für Tauchgänge im offenen Kreislauf. Sie mußten einsehen, daß die für extreme Tieftauchgänge erforderlichen Atemgasmengen von den Tauchern kaum noch am Körper mitgeführt werden konnten. Daher begann man nun, sich erneut den Kreislaufgeräten zu widmen.

Schon im Jahre 1985 führten die Amerikaner Stuart, Neil Cave und Dudley Crosson unter der Leitung von Dr. Bill Hamilton erste Experimente mit einer modifizierten Version eines Biomarine Mark XV-Kreislaufgerätes durch. Dr. Hamilton entwickelte eigene Dekompressionstabellen, die für einen konstanten Sauerstoffpartialdruck geeignet waren. Gleichzeitig experimentierte das Forscherteam erfolgreich mit Neon/Sauerstoff-Gemischen (Neox). Diese Versuche endeten schließlich im ersten praktischen Einsatz eines solchen Kreislaufgerätes im Jahre 1987 bei der Erforschung des »Blauen Loches von Andros« auf den Bahamas. Unter der Leitung des englischen Höhlenforschers Rob Palmer wurde während dieser Tauchexpedition das Gerät erstmalig erfolgreich für eine Höhlenerkundung eingesetzt. Begleitet wurde Palmer bei seinen Erkundungstauchgängen vom Engländer Rob Parker und dem amerikanischen Kreislaufgeräteerfinder Dr. Bill Stone. Heute ist Stone Inhaber der Firma Cis-Lunar, neben der deutschen Firma Dräger einer der führenden Hersteller für Kreislaufgeräte.

In den Jahren 1985 bis 1990 analysierten die NOAA und die US-Navy ungefähr 32 000 durchgeführte Nitroxtauchgänge. Bei keinem dieser Tauchgänge kam es zu gesundheitlichen Schäden – im Gegenteil – durch die Nitroxgemische war es den Tauchern möglich, sich wesentlich länger im Tiefenbereich bis zu vierzig Metern aufzuhalten, denn trotz längerer Grundzeiten waren durch Nitroxgemische wesentlich geringere Dekompressionszeiten nötig als bei den vergleichbaren Tauchgängen mit Preßluft. Es ist daher nicht zu bestreiten, daß Nitrox ein sicheres und leicht anwendbares Atemgas ist, das erfahrenen und entsprechend ausgebildeten Tauchern große Vorteile bietet.

In der Zwischenzeit haben sich zwei weitere Verbände für das Nitroxtauchen, die American Association of Nitrox Divers (ANDI) sowie Technical Diving International (TDI) gebildet, die spezielle Ausbildungsprogramme für das Sporttauchen mit Nitrox anbieten. Auch viele deutsche und internationale Ausbildungsverbände des Tauchsports befassen sich seit jüngster Zeit mit diesem Thema. Es ist daher davon auszugehen, daß das Nitroxtauchen in einigen Jahren ein fester Bestandteil des Hobby- und Freizeittauchsports werden wird.

Technical Diving – ein Hobby für jedermann?

Sicherlich nicht!! Technical Diving ist nur möglich aufgrund langjähriger Erfahrung mit Tauchgängen, die – sei es im Hinblick auf die Tauchtiefe oder aufgrund einer schwierigen Unterwasserumgebung, wie man sie beispielsweise in Höhlen oder an Wracks antrifft, – als extrem einzustufen sind. Es ist eine gefährliche Her-

Taucher mit modernem Helmtauchgerät, mit Oberflächenversorgung und Sprechfunk, bei der Vorbereitung eines Tauchganges.

ausforderung, der man sich nur mit einer gewissen Risikobereitschaft und dem Willen, ständig sein Wissen zu erweitern, stellen kann.

Ein ernstzunehmender, realistisch denkender Taucher ist sich dieser Tatsache bewußt. Er hört auf seine innere Stimme und kennt seine persönlichen Grenzen genau. Er weiß , daß noch »kein Meister vom Himmel gefallen ist« und niemand sein ganzes Können und seine ganze Erfahrung auf einmal erwerben kann. Er entwickelt seine taucherischen Fähigkeiten über Jahre hinweg und versucht nicht »zum Mond zu fliegen«, wenn er gerade erst gelernt hat, richtig zu gehen.

Technisches Tauchen ist sicherlich auch eine Frage der persönlichen Einstellung. Es erfordert von jedem Taucher ein hohes Maß an Selbstdisziplin und die Bereitschaft, mit Streßsituationen umzugehen. Ein guter Taucher kann Gefahrensituationen erkennen, bevor sie entstehen, und er hat für jede dieser Situationen die passende Lösung parat, die er in der Praxis anwenden kann. Er muß seine persönliche Tauchausrüstung (und die seines Partners) bis ins kleinste Detail kennen und über deren technische Leistungsgrenzen genauestens Bescheid wissen. Bevor man also beginnt, seine persönlichen taucherischen Fähigkeiten zu erweitern, gibt es noch eine Menge zu lernen. Vor allem muß man sich selbst kennenlernen und wissen, wann die eigenen Grenzen der mentalen und körperlichen Belastbarkeit erreicht sind.

Technisches Tauchen ist die Summe aus langjähriger Erfahrung und einem nie endenden Lernprozeß. Es setzt bei jedem Taucher ein hohes Maß an Selbstdisziplin sowie körperlicher und geistiger Kontrolle voraus. Ein guter Taucher muß lernen, sich selbst ernst zu nehmen, und darf sich nicht von anderen erfahreneren Tauchern zu Leistungen überreden lassen, die er nicht erbringen kann. Er entwickelt seine Fähigkeiten langsam und präzise, auch wenn dies Jahre dauern kann. Ein Taucher muß seine persönlichen Grenzen genauestens kennen und wissen, wann er diese Grenzen erreicht hat. Spätestens dann ist es besser, einen Tauchgang abzubrechen. Extremes Tauchen in risikoreicher Umgebung, wie beispielsweise in großer Tiefe, in Höhlen oder an Wracks, erfordert ein hohes Maß an Streßbereitschaft.

Psychologische Anforderungen an den Technischen Taucher

Werden Taucher danach gefragt, welches das größte Problem oder die gefährlichste Situation ist, mit der sie während eines Tauchgangs rechnen müssen, antworten viele: Tiefenrausch, keine Atemluft mehr zu haben, den Tauchpartner zu verlieren oder Angst vor einem Dekompressionsunfall. Nur wenige der Befragten denken bei ihren Tauchgängen an Streß. Die Unfallstatistiken beweisen jedoch: Mentaler und körperlicher Streß sind die Hauptursachen für Tauchunfälle mit tödlichem Ausgang! Der Umgang mit Streß, das Erkennen von Körpersignalen sowie die Einleitung der richtigen Gegenmaßnahmen, um den Streßfaktor abzubauen, müssen daher von jedem Taucher unbedingt erlernt werden, denn für den Technischen Taucher, der sich zusätzlichen Gefahren wie beispielsweise durch Tauchgänge in Höhlen, Wracks, unter Eis oder in großen Tiefen aussetzt, ist die Streßbewältigung eine der wichtigsten Überlebensvoraussetzungen unter Wasser.

Streßbewältigung unter Wasser – ein Taucher unter der dicken Eisschicht eines zugefrorenen Sees. Probleme jeglicher Art müssen schnell und folgerichtig gelöst werden. Ein direktes Auftauchen zur Wasseroberfläche ist unmöglich.

Sieht man einmal von technischen Defekten an der Tauchausrüstung ab, beginnt Streß zunächst einmal im Kopf. Das Gehirn verarbeitet die Gedanken des Tauchers und steuert die Körperreaktionen. So wie wir denken, verhalten wir uns auch. Sind wir davon überzeugt, einen bestimmten Tauchgang problemlos durchführen zu können, werden wir es auch schaffen. Haben wir bereits vorher Zweifel an unserem Tun, sollten wir nicht ins Wasser gehen, denn Zweifel an der Durchführbarkeit eines Tauchgangs oder Zweifel an den persönlichen Fähigkeiten führen mitunter schnell zu Angst, die sich bis zu unkontrollierten Reaktionen und Panik steigern kann. Wir setzen uns selbst unsere persönlichen Grenzen. Durch ständiges Trainieren möglicher Gefahrensituationen, durch Planspiele, in denen wir lernen, mit diesen Streßsituationen umzugehen und welche Gegenmaßnahmen zu treffen sind, bauen wir unser Selbstvertrauen auf. Erkennen wir Gefahren rechtzeitig in der Entstehungsphase, können wir geeignete Gegenmaßnahmen treffen, bevor wir ernsthaft mit einem Problem konfrontiert werden. Diese »gedankliche Streßbewältigung« wird mit der Zeit dazu führen, daß wir unter Wasser jederzeit ruhig und sicher die richtigen Maßnahmen und Entscheidungen treffen, bevor wir in eine lebensbedrohliche Situation kommen.

Grundeinstellung des Tauchers

Die mentale Einstellung eines Tauchers und die ständige Bereitschaft, dazuzulernen, sind die wichtigsten Grundlagen für alle taucherischen Aktivitäten, die über das normale Maß des Hobby- und Sporttauchens hinausgehen. Das »Fundament« für die Ausführung extremer, technischer Tauchgänge ist zunächst eine umfangreiche und gewissenhafte Tauchausbildung. Die Welt des Technischen Tauchens ist für die meisten Taucher eine neue und aufregende Herausforderung. Daher ist es unumgänglich, alle notwendigen Kenntnisse und Fähigkeiten, die für das Tauchen mit Mischgas oder unter schwierigen Bedingungen benötigt werden, bis zur Perfektion zu trainieren. Zusätzlich müssen alle möglichen Gefahrensituationen – sowohl psychologische als auch tauchtechnische – »blind« beherrscht werden. Übungstauchgänge im Schwimmbad oder im freien Wasser, bei denen der Taucher die richtigen Maßnahmen für Gefahrensituationen übt, tragen dazu bei, das notwendige Selbstvertrauen und die Sicherheit unter Wasser aufzubauen oder zu stärken. Mit einer positiven mentalen Grundeinstellung – dem Wissen, ich kann es, kombiniert mit realistischem Gefahrentraining sowie mit langsam ausgebauter Erfahrung – ist das Technische Tauchen erlernbar.

Streßmanagement

Der womöglich beste Ratschlag für den Umgang mit Streß ist der, zu versuchen, »vorausschauend« zu tauchen. Es ergeben sich nur sehr wenige Gefahrensituationen unter Wasser, die nicht vorhersehbar sind. Einige grundsätzliche Gefahren oder Risiken, wie Luftnot, Überschreitung der geplanten Grundzeit, technische Mängel an Ausrüstungsgegenständen etc., bestehen bei jedem Tauchgang. Andere potentielle Probleme wie das Verirren in einem Wrack oder in einer Höhle, starke Meeresströmungen oder der Verlust der Dekompressionsleine sind tauchgangsspezifisch. Es ist daher empfehlenswert, sich in einer ruhigen Minute Gedanken darüber zu machen, welche Probleme oder Gefahren während des Tauchganges auftreten können und welche Techniken oder Lösungen am besten zur Bewältigung dieser Gefahrsituationen geeignet sind. Bei einem technischen Problem mit der Luftlieferleistung meines Atemreglers kann ich beispielsweise auf meinen Reserveautomaten zurückgreifen. Doch wie schnell kann ich diesen Atemregler in einer Streßsituation erreichen und aus ihm atmen? Wo befindet sich meine alternative Luftversorgung? Gibt es eine (noch) bessere Befestigungsmöglichkeit für meinen Reserveautomaten, die mir bei einem Problem den Zugriff (noch) schneller ermöglicht? Habe ich mich in einem Wrack verirrt, stellt sich die Frage, ob ich eine Sicherungsleine habe, die mir den Weg ins Freie weist. Warum habe ich keine Leine? Habe ich genügend Erfahrung, eine solche Leine richtig zu verlegen? Warum nicht? Habe ich mich in einem Fischernetz verfangen, kann ich mein Messer stets erreichen? Ist es sinnvoll, ein Reservemesser mit sich zu führen? Wo würde ich dieses zweite Messer sinnvoll befestigen? Was muß ich tun, um mich in dieser Situation effektiv und schnell zu befreien? Solche und ähnliche Gedanken führen meist sehr schnell zu tauchgangsgerechten Ausrüstungslösungen und zur Konfliktbewältigung im Ernstfall.

Grundsätzlich ist es das höchste Gebot in einer Gefahrensituation, Ruhe zu bewahren. Panik kann schnell tödlich enden! Daher muß der Taucher zunächst versuchen, sich in einer Streßsituation soweit zu beruhigen, daß er klar und folgerichtig denken und seine Situation einschätzen kann. Es ist lebenswichtig, in einer solchen Situation die Atemfrequenz zu normalisieren, da dies die erste Voraussetzung zur inneren Beruhigung des Tauchers ist. Kann ich wieder einigermaßen klar und logisch denken und ist meine Atemfrequenz in einem annehmbaren Rahmen, ist es an der Zeit, über die Lösung meines Problems nachzudenken. In was für einer Situation befinde ich mich? Wo bin ich? Wie sieht meine Umgebung aus? Was kann ich tun, um mich aus dieser Streßsituation herauszubringen?

Sicherlich ist es einfach zu empfehlen, Ruhe zu bewahren, wenn das Herz vor Angst wild schlägt. Sind jedoch keine lebensrettenden Sofortmaßnahmen, die instinktiv vorgenommen werden sollten, notwendig – beispielsweise Automatenwechsel oder das Schließen eines Flaschenventils –, ist es in jedem Fall ratsam, in aller Ruhe sein Problem zu analysieren, bevor man sich in eine unter Umstän-

Kein Grund zur Panik. Ein Taucher mit einem Conger-Aal, wie sie häufig an Wracks im Atlantik anzutreffen sind.

den noch schwierigere und ausweglosere Situation hineinmanövriert. Es ist erstaunlich, wie schnell eine gerade noch aufkommende Panik verhindert werden kann, wenn man Ruhe bewahrt und über die Situation nachdenkt. Genauso erstaunlich können allerdings die Reaktionen eines Taucher werden, wenn er diesen Rat nicht befolgt und in wilder Panik Dinge tut, die er bei ruhiger Überlegung niemals als sinnvoll erachten würde. Schnell kann eine Panikreaktion eine gefährliche Kettenreaktion auslösen, die bereits von vielen Tauchern mit dem Leben bezahlt wurde.

Der beste Rat, solche Streßsituationen zu vermeiden, ist, sich erst überhaupt nicht in eine solche Gefahr zu bringen. Mit der richtigen und ausreichenden Ausrüstung, einer sorgfältigen Tauchgangsplanung sowie durch Tauchgänge, die der persönlichen Erfahrung und den eigenen Leistungsgrenzen angepaßt sind, lassen sich viele Streßsituationen bereits vor ihrem Entstehen vermeiden. Auch sind die Leistungsgrenzen eines Tauchers nicht immer als feste Konstante einkalkulierbar. Vielmehr sind die persönliche Tagesform und der Trainingszustand, in denen sich ein Taucher befindet, ausschlaggebend. Nur weil man einen bestimmten Tauchgang schon einmal absolviert hat, muß dies nicht bedeuten, daß der gleiche Tauchgang an einem anderen Tag und unter anderen Umständen ebenfalls durchführbar ist! Möglicherweise ist mein Trainingszustand, meine gesundheitliche Verfassung oder mein Fitneßgrad ein anderer. Vielleicht tauche ich mit einem anderen Tauchpartner oder mit einem neuen Ausrüstungsteil. Möglicherweise haben sich auch das Wetter oder die Tauchgangsbedingungen zu meinen Ungunsten verändert. Kein Tauchgang ist so wie der andere, und jeder neue Tauchgang erfordert andere Überlegungen. Wichtig ist nur, daß man ehrlich zu sich selbst ist, seine persönlichen Schwächen kennt und seine Tauchgangsplanung nach diesen Gesichtspunkten vornimmt. Ähnliche Überlegungen gelten selbstverständlich für jeden Tauchpartner, mit dem man tauchen möchte. Nicht selten lassen sich Streßsituationen bei anderen Gruppenmitgliedern leichter feststellen als am eigenen Körper, denn leider neigen viele Menschen aus Gründen der Gruppendynamik zu einer gefährlichen Selbstüberschätzung.

Einen streßgeplagten Tauchpartner kann man bereits vor dem Tauchgang während der Vorbereitungsphase leicht erkennen. Fühlt sich ein Taucher mit dem geplanten Tauchgang überfordert oder hat er sogar eine unterschwellige Angst, diesen Tauchgang durchzuführen, so wird er bereits beim Zusammenstellen und Anlegen seiner Ausrüstung durch Nervosität oder ungeschickte Vorgehensweise auffallen. Werden bei einem Teammitglied solche Warnzeichen festgestellt, so sollte es unbedingt darauf angesprochen werden, um die seelische und körperliche Verfassung des Partners oder des Gruppenmitglieds zu erfragen. Bei Zweifeln oder Unwohlsein sollte dieser Taucher davon überzeugt werden, den Tauchgang nicht durchzuführen, oder die Tauchgangsplanung wird den neuen Gesichtspunkten und Bedingungen angepaßt.

Streßsituationen unter Wasser lassen sich ebenfalls leicht erkennen. Meist sind es sehr langsame und unkoordinierte Reaktionen auf bestimmte Situationen, wie beispielsweise beim Austausch von Unterwasserzeichen, starrer Blick, geweitete Pupillen, Orientierungslosigkeit und Apathie. Werden solche oder ähnliche Symptome bei sich selbst oder dem Tauchpartner festgestellt, ist es an der Zeit, den Tauchgang schleunigst abzubrechen, bevor eine Paniksituation entsteht. Ist der persönliche Stellenwert eines bestimmten Tauchganges so hoch, kann er an einem anderen Tag wiederholt oder fortgesetzt werden. Ist dies nicht möglich, war er es mit Sicherheit nicht wert, sein Leben dafür zu lassen!

Angstauslösende Faktoren

Jeder Tauchgang konfrontiert uns mit einer fremden, ungewohnten, potentiell gefährlichen und damit auch Angst auslösenden Welt. Gerade im Bereich des Technischen Tauchens liegt das Risiko aufgrund extremer Tauchbedingungen deutlich höher als beim Sporttauchen. Aus diesem Grund kommen wir zwangsläufig auch irgendwann einmal mit unseren Ängsten in Kontakt und müssen uns Gedanken machen, wie wir mit diesen umgehen können. Ein Taucher, der von sich behauptet, keine Angst zu kennen, ist ein schlechter Taucher, denn seine Arglosigkeit kann ihn in Situationen bringen, die er nicht mehr bewältigen kann. Ein guter Taucher hört auf seine innere Stimme, er weiß, wie weit er gehen kann, und bricht einen Tauchgang ab, wenn er für sich die Entscheidung getroffen hat, daß das Risiko zu groß wird und seine Ängste überwiegen. Diese Überlegungen sind ein natürlicher Schutzprozeß, der an unser

Gehirn deutliche Warnmeldungen leitet. Erste Anzeichen von Unsicherheit oder Unwohlsein sollten niemals ignoriert werden. Hört der Taucher auf seine innere Stimme und läßt sich nicht von Gruppenzwang, Selbstüberschätzung oder sonstigen Faktoren in seiner Entscheidung beeinflussen, besitzt er eine unbezahlbare »Lebensversicherung«, die ihn davor bewahren kann, über seine Verhältnisse zu tauchen. Jeder Tauchgang ist nur so lange ein leichter Tauchgang, bis Gefahrensituationen oder Streßfaktoren den Taucher über das normale Maß fordern. Die entscheidende Frage ist in diesem Zusammenhang, ob der Taucher auf diese Probleme vorbereitet ist und ob er die geeigneten Gegenmaßnahmen zur Bewältigung der Streß- und Gefahrensituationen kennt und anwenden kann.

Während eines Tauchganges gibt es aus technischer Sicht nur wenige Streßfaktoren, die sich nicht vorhersehen lassen. Tauchen wir in Wracks oder Höhlen, müssen wir mit schlechter Sicht, Dunkelheit und räumlicher Enge rechnen. Tauchen wir in strömungsreichen Gewässern, müssen wir damit rechnen, daß wir unter Umständen nicht zum Ankerseil zurückkehren können und einen freien Aufstieg zur Wasseroberfläche einleiten müssen. Denken wir über jede individuelle Tauchgangs-Charakteristik nach, werden wir für jeden Tauchgang besondere Bedingungen und Risiken vorfinden, auf die man sich einstellen muß. Dennoch sind Situationen, wo äußere Einflüsse Angst auslösen können, nie auszuschließen. Auch durch unbekannte, unvorhersehbare Situationen können wir mit den in unserem Unterbewußtsein latent vorhandenen Ängsten konfrontiert werden. Jeder Mensch hat im Laufe seines Lebens seine ganz spezielle Art entwickelt, mit Ängsten umzugehen. Von Geburt an lernen wir, mit fremden unbekannten Situationen fertig zu werden.

Die Art und Weise, wie wir solche Situationen angehen, ist oft auch geprägt von unseren angeborenen Urinstinkten. Die ureigenste Reaktion auf unbekannte und angstauslösende Situationen ist, der Gefahr mit Rückzug und Ausweichen zu begegnen. Eine andere Möglichkeit ist, die Tatsache zu ignorieren, daß es sich um etwas Unbekanntes handelt. Man verleugnet sozusagen die innere Angst und verhält sich so, als gäbe es überhaupt keinen Grund, besorgt zu sein. Am günstigsten ist es sicherlich, wenn der Taucher die Angst in sich erkennt und sie für eine gewisse Zeit akzeptiert, um sie in aller Ruhe untersuchen zu können. Unsere innere Stimme kann als Frühwarnsystem dienen und uns bereits lange vor dem Eintreten einer Gefahrensituation dafür sensibilisieren. Wichtig ist, daß man diese Stimme in sich wahrnimmt und auf sie hört.

Die potentiell angstauslösenden Faktoren, die uns während eines Tauchganges begegnen können, wirken sich bei jedem Taucher anders aus und führen zu individuellen Reaktionen. Die Art der Reaktion hängt stark von der Persönlichkeit des Tauchers und von seiner Angstbereitschaft ab. Hauptkriterium dafür, wie ein Mensch auf angsteinflößende Faktoren reagiert, ist die Bedeutung, die ein angstauslösender Faktor in der inneren Welt eines Menschen einnimmt. Ein Berufsboxer wird auf eine potentielle Gefahr durch einen Angreifer sicherlich gelassener reagieren, als ein Mensch, der noch nie in seinem Leben eine körperliche Auseinandersetzung ausgefochten hat.

Im Bereich des Technischen Tauchens werden viele Tauchgänge in großer Tiefe oder in nach oben hin abgeschlossenen Umgebungen unternommen. Diese Tatsache birgt bereits zwei der wesentlichen angstauslösenden Faktoren, mit denen der Taucher umgehen muß.

Dunkelheit

Gerade bei tiefen Tauchgängen begibt man sich je nach Tauchrevier spätestens nach Überschreitung der 80-Meter-Marke in absolute Dunkelheit. Kein Sonnenstrahl kann in diese Tiefe vordringen. Der Taucher wird in seiner Wahrnehmungsfähigkeit ausschließlich auf den Lampenkegel seiner Unterwasserscheinwerfer begrenzt. Diese erschwerte Orientierungsmöglichkeit unter Wasser setzt bereits unsere Angstbereitschaft herauf. Tauchen in völliger Dunkelheit in großer Tiefe oder auch bei Nachttauchgängen oder in Höhlen stellt unsere Angstbereitschaft auf eine harte Probe. Psychoanalytisch gesehen, erscheint die Dunkelheit als Abwesenheit einer wahrnehmbaren Welt. Ihre Leere schafft Raum für uneingeschränkte Phantasien. Wenn wir nichts wahrnehmen können, neigen wir dazu, innere Bilder zu projizieren. Die wildesten Phantasien kreisen durch unseren Kopf. Vom herannahenden Hai bis zu gähnenden Abgründen, in die man hineinstürzen kann: Es gibt kaum eine Vorstellung, die nicht durch unsere Gedankengänge heraufbeschworen werden kann.

Schlechte Sichtverhältnisse bewirken eine Verstärkung des Faktors Dunkelheit. Wassertrübung oder die Tatsache, bei Tauchgängen in Wracks oder Höhlen beengte räumliche Verhältnisse vorzufinden,

Auch bei absoluter Dunkelheit sollte der Taucher stets die Ruhe bewahren.

empfinden viele Taucher zusätzlich beängstigend, aus Furcht eingeschlossen und gefangen zu sein. Es wird uns bewußt, daß wir bei plötzlich auftretenden Problemen nicht unmittelbar den Aufstieg einleiten können. Manche Menschen befällt schon bei dem Versuch, unter Wasser die Maske abzusetzen, ein unheimlich beklemmendes Gefühl. Vergeht dies nicht, wird die betreffende Person sicherlich nie tauchen können. Ein ähnliches Gefühl beschleicht manche Taucher, wenn sie unter Wasser in eine Höhle oder ein Wrack hineintauchen. Das Gefühl, in der Falle zu sitzen, begünstigt das Auftreten einer Panikreaktion.

Strömung

Das Auftreten von Strömungen birgt nicht nur das Gefahrenmoment, den Tauchgang nicht dort beenden zu können, wo man möchte. Es konfrontiert uns auch mit der Tatsache, daß wir uns als Taucher auf ein Spiel mit Naturelementen einlassen, denen wir nicht gewachsen, sondern mehr oder minder hilflos ausgesetzt sind. Dies kann ein Gefühl von Hilflosigkeit oder von Ausgeliefertsein hervorrufen und zu erheblichen Angstzuständen führen, die der Situation eigentlich nicht angemessen sind. Die Unfähigkeit, sich einer Situation, die man nicht kontrollieren kann, zu überlassen, mag manchen Taucher dazu verleiten, erfolglos gegen die Strömung anzukämpfen. So kann erhöhter Luft- und Kräfteverbrauch aus einer zunächst relativ harmlosen Situation eine lebensgefährliche Angelegenheit machen.

Kälte

Eine niedrige Wassertemperatur senkt nicht nur die periphere Körpertemperatur und führt zu einer Zentralisierung des Blutkreislaufes (was vermehrten Harndrang auslöst). Sie raubt Energie und Kraft, erzeugt Schmerzen und läßt uns innerlich langsam erstarren. Dies gilt nicht nur in bezug auf die körperlichen Fähigkeiten, sondern auch auf die Aufmerksamkeit des Tauchers sowie seine seelischen Reaktionen.

Tauchen bei kalter Witterung sollte nur mit spezieller, wärmender Bekleidung und Ausrüstung vorgenommen werden, um Gesundheitsschädigungen zu vermeiden.

Zusätzliche Angstfaktoren

Je größer die Aufgabe ist, die wir uns für einen bestimmten Tauchgang stellen, desto größer ist auch die Gefahr, sich in einer psychischen Belastungssituation wiederzufinden. Die innere Einstellung ist eine andere, wenn ich einen reinen Spaßtauchgang auf den Malediven mache, als wenn ich im kalten, dunklen Wasser des Bodensees in großer Tiefe meine Tauchfähigkeiten trainiere und mir ein Lungenautomat vereist. Das Wesentliche an all diesen streßbegünstigenden Faktoren ist jedoch, daß zum einen eine tatsächlich gefährliche oder schwierige Situation vorliegt, der ich beim Tauchgang durch Vorbereitung, Training und Erfahrung Rechnung tragen muß. In jedem Menschen steckt aber andererseits eine bestimmte Persönlichkeit, die ganz individuell auf diese äußeren Bedingungen reagiert. Das Ausmaß einer Bedrohung hängt somit nicht nur von den äußeren Faktoren ab, sondern auch von den inneren Faktoren, die wesentlich entscheiden, wie sehr wir uns von einer bestimmten Situation bedroht fühlen.

Angst-Typen

Es gibt Menschen, denen es nicht im Traum einfallen würde, sich auf das Abenteuer eines Extremtauchgangs in großer Tiefe in Höhlen oder an Wracks einzulassen, weil sie schlicht und ergreifend Angst davor haben. Die aus Schilderungen oder durch Unfallstatistiken bekannten Risiken reichen diesen Menschen völlig aus, um die Finger davon zu lassen. Möglicherweise handelt es sich jedoch insgeheim um eher ängstliche Zeitgenossen, die in sich die Befürchtung tragen, mit etwas Unbekanntem konfrontiert zu werden, und die nur über wenig Selbstvertrauen oder eine geringe Angsttoleranz verfügen. Es kann aber auch sein, daß sich solche Menschen das Technische Tauchen als Sportart auswählen, gerade weil es beängstigend und riskant ist und sie in Situationen geraten, in denen sie starke Angstgefühle erleben. Diese Menschen sehen dann im Extremtauchen ein Betätigungsfeld für ihre Angstbereitschaft. Sie erhoffen sich davon, daß sie im Leben weniger Angst haben, wenn es ihnen gelingt, beim Tauchen extreme Tiefen, Umgebungen oder Situationen zu meistern. Wenn ein Taucher sich seiner persönlichen Ängste und Probleme wie Platzangst, Klaustrophobie etc. bewußt ist und versucht, diese durch das Tauchen zu überwinden, ist die Problematik nicht allzu groß, da meist die Vernunft die persönlichen Leistungsgrenzen vorgibt. Versucht jedoch ein Taucher, seine Angst aus Gründen des Selbstwertgefühls oder aufgrund von gesteigertem Imponiergehabe zu unterdrücken, sind Probleme und Gefahrensituationen während des Tauchgangs vorprogrammiert.

Durch das Verdrängen der Angst ergibt sich die große Gefahr, daß sich der Taucher so tief in eine angstauslösende Situation hineinmanövriert, daß es ihm erst gelingt, seine Angst wieder wahrzunehmen, wenn sie bereits zur Panik geworden ist. Dann aber ist es längst zu spät für eine angemessene, wohlüberlegte Reaktion. Leider ist oft beobachten, daß sich Taucher äußerlich völlig »cool« in problematische Tauchsituationen begeben. Es scheint ihnen überhaupt nichts auszumachen, riskante Tauchgänge durchzuführen. Spätestens wenn eine für sie selber und auch für den Beobachter nicht wahrnehmbare Grenze überschritten wird, verfallen sie jedoch in Panik und sind zu keiner vernünftigen Entscheidung mehr fähig.

Eine andere Gruppe von Tauchern findet zum Technischen Tauchen (oder zu einer der anderen sogenannten Risikosportarten), um sich und ihrer Umwelt zu beweisen, wie angstfrei sie sind. Allein das Bedürfnis, seine besondere Furchtlosigkeit unter Beweis zu stellen, kann als Indiz für in der Tiefe sitzende, aber aus dem Bewußtsein verdrängte Ängste gelten. Dadurch besteht bei diesen Menschen die Gefahr, daß sie Angst nicht als Signal in sich wahrnehmen können. So geraten sie leichter in Paniksituationen, wenn die sich selbst zugemutete Überforderung ein bestimmtes Maß übersteigt.

Die Problematik des Tieftauchens

Im Bereich des Technischen Tauchens beginnen tiefe Tauchgänge unterhalb einer Tiefe von 40 Metern. Obwohl dies die von den Tauchsportverbänden und Ausbildungsorganisationen empfohlene Maximaltiefe ist, dürfen wir die Augen nicht vor der Tatsache verschließen, daß einige fortgeschrittene und erfahrene Taucher regelmäßig diese Grenze überschreiten und wesentlich tiefer tauchen.

Leider gibt es in Deutschland nur sehr wenige gute Ausbildungsstätten, die eine vernünftige und sichere Ausbildung für tiefe Tauchgänge anbieten. Viele Taucher neigen zudem aus Selbstüberschätzung und Machogehabe dazu, in Tauchtiefen vorzudringen, für die sie nicht qualifiziert sind. Daher kommt es leider immer wie-

Vorbereitung für einen Tieftauchgang zum Wrack des englischen Passagierliners »Tuscania« auf eine Tiefe von 125 Metern.

der zu Tauchunfällen mit tödlichem Ausgang, da die verunglückten Taucher die Problematik des Tieftauchens unterschätzten.

Grundsätzlich ist es für jeden gesunden, gut ausgebildeten und verantwortungsbewußten Taucher mit einem hohen Maß an körperlicher Fitneß möglich, sicher und problemlos große Tauchtiefen aufzusuchen. Trotzdem gibt es einige Risiken und potentielle Gefahren, die der Taucher kennen muß. Die Hauptprobleme bei tiefen Tauchgängen sind

- Stickstoffnarkose
- Sauerstoffvergiftung
- Kohlendioxyd-Blackout
- Dekompression
- Atemgasverbrauch
- Tarierung
- Wärmeverlust

Zu diesen Punkten lassen sich weitere hinzufügen, wie beispielsweise körperliche Langzeitschäden des Tieftauchens. Knochen- und Gelenkschäden aufgrund von Mikroblasenbildung im Gewebe – durch falsche oder unsachgemäße Dekompression – sind bei Berufstauchern im Offshorebereich keine Seltenheit und können auch ein Problem für den Technischen Taucher werden. Bevor nun der Entschluß gefaßt wird, einen tiefen Tauchgang durchzuführen, sollte man wissen, welche Risiken und Gefahren dies beinhaltet.

Taucher im Kessel von Hallstatt/Österreich

Stickstoffnarkose (Inertgasnarkose)

Kaum ein Taucher hat nicht schon einmal von dem durch eine Stickstoffnarkose hervorgerufenen Tiefenrausch gehört. Viele haben ihn auch schon am eigenen Körper erlebt. Werden größere Tauchtiefen aufgesucht, werden durch den steigenden Partialdruck des Stickstoffes Reaktionen im Körper des Tauchers hervorgerufen, die nur sehr schwer und ab einem bestimmten Stadium überhaupt nicht mehr kontrolliert werden können. Die Palette dieser Körperreaktionen reicht von absoluter Euphorie über Unwohlsein, leichte Beklemmungen, Angstzuständen, bis hin zur unkontrollierbaren Panik. Betrachtet man sich die Gefahren des Tieftauchens, sind Gasvergiftungen und Narkoseerscheinungen, sei es durch Stickstoff, Kohlendioxyd oder durch Sauerstoff, die größte körperliche Gefahr bei tiefen Tauchgängen. Jede Gegenmaßnahme, die getroffen werden kann, um solche Gasvergiftungen zu reduzieren oder gar zu verhindern, ist daher für den Taucher von enormer Wichtigkeit.

Eine Narkose durch Inertgase geht grundsätzlich auf im Körpergewebe des Tauchers gelösten Stickstoff zurück. Der angereicherte Stickstoff wirkt sich auf unser Zentrales Nervensystem (ZNS) sehr ungünstig aus, da er ab einer bestimmten Konzentration Depressionen und Angstzustände hervorrufen kann. Diese Symptome steigern sich proportional zu der unter einem bestimmten Partialdruck (PP) im Körpergewebe gelösten Stickstoffmenge, da Stickstoff unter höheren Partialdrücken ein ungeeignetes Atemgas ist.

Das Partialdruckgesetz nach Dalton

John Dalton, ein Chemiker und Physiker, definierte den Begriff des Partialdruckes wie folgt:

Am Gesamtdruck eines Gasgemisches (z.B. Luft) beteiligen sich die Einzelgase entsprechend ihres Volumenanteils. Den Druckanteil eines jeden Einzelgases (z.B. Stickstoff, Sauerstoff) am Gesamtdruck der Gasmischung nennt man Teil- oder Partialdruck (engl. partial pressure, kurz »PP«).

Somit errechnet sich der Partialdruck eines Gases durch die Multiplikation seines Volumenanteils mit dem herrschenden Gesamtdruck. Die Summe dieser Teildrücke der in einem Gasgemisch vorhandenen Einzelgase (z.B. Sauerstoff, Stickstoff und Helium bei Trimix) ergibt den Gesamtdruck des Gasgemisches.

Beispiel:

Bei einem Luftdruck von 1 bar beträgt der Partialdruck von Sauerstoff 21% von 1 bar. Das heißt: 0,21 × 1 bar = 0,21 bar Sauerstoffpartialdruck (PPO_2)
In einer Tiefe von 20 Metern beträgt der absolute Umgebungsdruck 3 bar.
Das heißt: 21% von 3 bar = 0,21 × 3 bar = 0,63 bar PPO_2
Für Stickstoff beträgt der Partialdruck an der Oberfläche 78%.
Dies bedeutet: 0,78= × 1 bar = 0,78% PPN_2)

Die Formel zur Errechnung des Partialdruckes (PP) eines Gases lautet:

$$PP = FG \times P$$

wobei PP = Partial Pressure =Partialdruck eines Gases
P = Pressure = Gesamtdruck (absoluter Druck), oder (T/10 + 1)
FG = Fraktion of Gas = Anteil eines Gases im Gemisch oder Prozentsatz eines Gases im Gemisch, dividiert durch 100.
T = Tiefe des Tauchgangs in Meter

Bei der Errechnung des Partialdruckes eines Gases muß die Tauchtiefe (T in Meter) in den absoluten Druck (bar) umgewandelt werden.

$$P = \frac{(T+1)\ \text{bar}}{10}$$

Somit ergibt sich beispielsweise für einen Preßlufttauchgang auf eine Tiefe von 66 MSW folgende Formel zur Errechnung des Sauerstoffpartialdrucks:

$$PPO_2 = FO_2 \times P \text{ oder } PPO_2 = \frac{0{,}21 \times (T+1)}{10}$$

$$PPO_2 = 0{,}21 \times 7{,}6$$

$$PPO_2 = 1{,}6 \text{ bar}$$

Die Maximale Einsatztiefe eines Gases (MOD)

Die Maximale Einsatztiefe kurz »MOD« (Maximum Operation Depth), läßt sich durch eine zweite Formel, die ebenfalls aus dem Gesetz von Dalton abgeleitet wurde $\left(P = \frac{PP}{FG}\right)$, feststellen.

Durch diese Formel läßt sich ermitteln, wie tief jeder beliebige Sauerstoffanteil (FO_2) eines Einatemgemisches sicher verwendet werden kann, wobei der Gesamtdruck (P) in die entsprechende Tiefe umgewandelt werden muß.

Es gilt: $P = \frac{(T+1)\ bar}{10}$

Umwandlung in Tiefe: $T = (P-1) \times 10$ Meter

Das Ergebnis dieser Berechnung wird als die Maximale Einsatztiefe (MOD) bezeichnet. Wenn nun errechnet werden soll, bis zu welcher Tiefe wir Preßluft (FO_2=0,21) einatmen können, ohne dabei den empfohlenen Sauerstoffpartialdruck von 1,6 zu überschreiten, ergibt sich folgende Rechnung:

$$P = \frac{1{,}6}{0{,}21} = 7{,}6\ bar$$

$$(7{,}6 - 1) = (P - 1) \times 10 = 66\ Meter$$

$$T = (P - 1) \times 10$$

Indem die beiden Gleichungen miteinander verbunden werden, ergibt sich für die Berechnung der MOD eine einfache Formel:

$$MOD = \frac{(PPO_2 - 1)}{FO_2} \times 10$$

»Best Mix« – Optimaler Sauerstoffanteil im Gasgemisch (FO2)

Eine weitere Gleichung wird verwendet, um den Anteil eines Gases vor dem Tauchgang zu bestimmen und um diesen später in die Tauchgangsplanung miteinzubeziehen. Im Rahmen der Tauchgangsplanung mit einem Nitrox (EANX) Gemisch wird die nachfolgende Formel benutzt, um den optimalen Sauerstoffanteil im Atemgemisch zu bestimmen. Durch diese Methode des »besten Gemisches« kann eine längere Grundzeit erreicht werden.

$$FG = \frac{PP}{P} \text{ oder Best Mix } (FO_2) = \frac{PO_2}{P}$$

Je größer der Sauerstoffanteil im Einatemgemisch ist, desto weniger Inertgas (z.B. Stickstoff) wird eingeatmet. Durch diese Tatsache ergeben sich schließlich die längeren Grundzeiten. Jedes Sauerstoffgemisch, das eingesetzt wird, hat eine physiologische Grenze. Um eine Sauerstoffintoleranz bei Tauchgängen zu vermeiden, sollte möglichst der Wert von 1,6 bar Sauerstoffpartialdruck sowie eine Einatemzeit von 45 Minuten pro Tauchgang nicht überschritten werden.

Nach einem langen und tiefen Dekompressionstauchgang in Dunkelheit und Kälte ist es immer wieder ein befreiendes Gefühl, wohlbehalten zur Wasseroberfläche zurückzukehren.

Anzeichen einer Stickstoffnarkose

Das Narkosepotential eines Gases wird durch einen Zahlenwert gekennzeichnet, wobei die Gase mit dem größten Zahlenwert den geringsten Narkoseeffekt aufweisen. Argon beispielsweise besitzt den Narkosiswert von 0.43, es ist als extrem narkotisch einzustufen. Zum Vergleich wird Stickstoff mit dem Wert 1,0 und Helium als eines der narkoseärmsten Gase mit dem Wert 4,26 bewertet. Die ersten Anzeichen einer Stickstoffnarkose sind leichter Schwindel, Kopfschmerzen, Tunnelblick oder Koordinationsschwierigkeiten.

Füllstation mit Speicherflaschen für die Herstellung von Trimix- und Nitrox- (EANx) Gemischen.

Die einzig sinnvolle und effektive Gegenmaßnahme für einen durch Stickstoffnarkose hervorgerufenen Tiefenrausch ist das Aufsuchen einer geringeren Wassertiefe. Meist helfen bereits wenige Meter, die man höher taucht. Die Tiefenrauschsymptome lassen nach oder sind gänzlich verschwunden. Zur Verringerung der narkotischen Wirkung des Stickstoffes gibt es mehrere geeignete Möglichkeiten. Bis zu einer Tiefe von etwa 50 Metern kann der Taucher sauerstoffangereicherte Luftgemische (Nitrox) verwenden. Ein größerer Sauerstoffanteil in der Atemluft verringert gleichzeitig den Stickstoffanteil in unserem Atemmedium und reduziert somit wirksam den Stickstoffpartialdruck, was wiederum zur Folge hat, daß der narkotische Effekt sich ebenfalls verringert. Bei Einsatztiefen von über 40 Meter sind die Vorzüge von Nitroxgemischen eher gering. Luft hingegen ist ein brauchbares Gasgemisch, das von trainierten Tauchern, die mit einem gewissen Maß an Stickstoffnarkose umzugehen wissen, durchaus bis zu einer Tiefe von 50-66

Metern eingesetzt werden kann. Nach Überschreiten dieser Tiefenmarke ist der narkotische Effekt des Stickstoffes zu groß, und zusätzliche Sauerstoffvergiftung macht einen Lufttauchgang zu einem gefährlichen Unterfangen. Um dieser Gefährdung entgegenzuwirken, kann dem Atemgas zusätzlich Helium zugemischt werden, um so ein Trimixgemisch herzustellen.

Das Risiko einer Stickstofftoxikation wird damit ausgeschlossen, während die Gefährdung einer Sauerstoffvergiftung durch einen körperverträglichen Sauerstoffpartialdruck (dieser sollte den Grenzwert von 1,6 bar nicht überschreiten) sinkt. Das Hauptproblem für einen Trimixtaucher besteht jedoch darin, daß bis heute Dekompressionstabellen für Trimix nur für einige Standardgemische erhältlich sind. Ein Taucher, der mit einem anderen Gemisch tauchen möchte, muß sich daher für jeden Tauchgang und für jedes Gemisch seine Dekompressionstabellen anhand von Rechenprogrammen selbst zusammenstellen. Der günstigste Einsatzbereich für Trimixgemische liegt bei einer Tiefe von bis zu 100 Metern. Extremtaucher haben diese Gemische jedoch bereits bis zu Tiefen von über 250 Metern erfolgreich eingesetzt. Der Einsatz von Trimixgemischen erfordert eine wesentlich genauere Tauchgangsplanung, Koordination und einen ausgeprägten Kenntnisstand in Sachen Gasphysik, Gasmanagement, Körperphysiologie sowie spezielle Dekompressionsroutine.

Taucher, die sich mit Mischgastauchgängen befassen wollen, benötigen eine spezielle Ausbildung und eine besondere Ausrüstung, die weit in den Bereich des Technischen Tauchens vordringt. Jeder sollte sich daher überlegen, ob die hohen Kosten und die erforderlichen Spezialkenntnisse für Mischgastauchgänge nicht den Rahmen seiner persönlichen Kosten/Nutzenrechnung übersteigen. (Der reine Gaspreis für einen durchschnittlichen Trimixtauchgang, für Bottom- und Deco-Mix, für eine Tiefe von 90 Metern beträgt zur Zeit in Deutschland etwa 200 bis 250 DM!).

Für tiefe Lufttauchgänge ist eine Gewöhnung an die Tauchtiefe ebenso wichtig wie das Verständnis für physikalische Zusammenhänge. Mit zunehmender Tiefe wird der Spielraum für »Experimente« immer geringer. Die beste Methode, sich an die zunehmende Stickstoffnarkose zu gewöhnen, sind daher regelmäßige Tauchgänge in größere Tiefen. Der Taucher ist durchaus in der Lage, sich durch ständiges Tiefentraining an hohe Stickstoffpartialdrücke zu gewöhnen. Die narkotische Wirkung (und der Umgang mit ihr) kann so »erlernt« werden, so wie beispielsweise ein regelmäßiger Trinker sich an überdurchschnittlichen Alkoholkonsum gewöhnt und weniger Ausfallerscheinungen hat, als derjenige, der nur selten ein Glas trinkt.

Dennoch sollte bei einem Tiefentraining nicht vergessen werden, daß bereits nach 1-2 Wochen tauchfreier Zeit dieser Gewöhnungsprozeß an die Stickstofftoxikation verloren geht und der Taucher bei längeren Tauchpausen in der Tiefe die gleichen Narkosesymptome erfährt wie vor seiner Stickstoffadaption. Sollen mehrere tiefe Tauchgänge durchgeführt werden, beispielsweise aufgrund eines tiefen Wracktauchprojektes, ist es ratsam, sich langsam und kontinuierlich auf diese Aufgabe vorzubereiten. Während eines Zeitraumes von mehreren Tagen kann der Taucher seine Tauchtiefen maßvoll steigern und ist so auf das geplante Tieftauchprojekt vorbereitet. Der Umgang mit der Stickstoffnarkose ist außerdem von der bereits angesprochenen Tagesform abhängig. Nicht immer gelingt es, eine bereits erfolgreich aufgesuchte Tauchtiefe am nächsten Tag erneut zu meistern.

Trainingstauchgänge zu unterschiedlichen Tauchtiefen sind eine sinnvolle Methode, sich an Tieftauchgänge heranzutasten.

Ein guter 60-Meter-Tauchgang, den man an einem Tag erfolgreich bestanden hat, kann sich an einem anderen Tag unter schlechteren Bedingungen schnell zu einem Alptraum entwickeln, selbst wenn man der Auffassung ist, sich bereits an diese Tiefe gewöhnt zu haben. Wie schon geschildert, spielen hier eine große Anzahl von Faktoren wie Streß, Wetterbedingungen, Ermüdung, Strapazen etc. eine entscheidende Rolle. Es ist daher wichtig, alle diese Gesichtspunkte in die Tauchgangsplanung mit einzukalkulieren, um so das bestmögliche Resultat zu erzielen. Zu den geschilderten Erwägungen kommt noch ein ganz entscheidender Gesichtspunkt hinzu: die körperliche Fitneß. Zu viele Taucher unternehmen tiefe Tauchgänge, obwohl diese Tiefen weit von ihrer körperlichen Leistungsfähigkeit entfernt sind. Körperlicher Streß und Strapazen sind die Folge. Um tief tauchen zu können, ist eine entsprechende Fitneß und Kondition zwingende Voraussetzung!

Einer der tiefsten Preßlufttauchgänge in der Geschichte des Tauchens wurde im Jahre 1990 durch den Amerikaner Bret Gilliam bis zu einer Tiefe von 140 Metern durchgeführt. Während der wenigen Sekunden, die er auf dieser Tiefe verbrachte, gelang es ihm sogar noch, einige einfache mathematische Aufgaben zu lösen und seinen Namen auf das Schreibbrett zu schreiben. Ein solcher Extremtauchgang ist jedoch am absoluten Limit der körperlichen Leistungsfähigkeit sowie der Gewöhnungsgrenzen für Sauerstoff- und Stickstofftoxikation. In dem Jahr, in dem er diese Rekordtiefe meisterte, hatte Gilliam keine längere Tauchpause als sechs Tage eingelegt und nicht weniger als insgesamt 627 Tauchgänge absolviert, von denen 103 Tauchgänge tiefer als 90 Meter waren. Darüber hinaus befand sich Gilliam in einer körperlichen Höchstform, die ihm einen solchen Extremtauchgang ermöglichte. Die meisten von uns müßten einen solchen Tauchgang vermutlich bereits vor Erreichen der Hälfte dieser Tauchtiefe abbrechen, um nicht tödlich zu verunglücken. Einen solchen Tiefenrekord mit Preßluft anzustreben, käme dem Versuch eines betrunkenen Autofahrers gleich, einen Formel-1-Grand-Prix zu bestreiten. Es ist wesentlich vernünftiger, sich in den persönlichen Tiefenbereichen zu bewegen, als nach neuen Rekorden zu streben und dabei womöglich sein Leben zu opfern!

In einem offenen Kreislaufsystem (also beim Tauchen mit herkömmlicher Ausrüstung und Lungenautomat) bleibt der Prozentsatz

Nicht jeder Taucher eignet sich für Extremtauchgänge. Es ist daher vernünftiger sich in seinen persönlichen Grenzen zu bewegen, als sein Leben zu riskieren. Der Spaß am Tauchgang sollte stets im Vordergrund stehen und nicht durch selbst auferlegten Leistungsstreß verloren gehen.

eines Gases immer gleich. Lediglich der Partialdruck des Sauerstoffs (PPO_2) steigt mit zunehmender Tiefe. Für das Tauchen mit Preßluft bedeutet dies beispielsweise, daß unabhängig von der Luftmenge, die sich in einer Taucherflasche befindet, der prozentuale Sauerstoffanteil (FO_2) immer 0.21 bzw. 21% ist. Vor jedem Tauchgang muß daher der PPO_2 unseres Gasgemisches berechnet werden, um innerhalb der physiologischen Grenzen des Sauerstoffes zu bleiben und die Gefahr einer Sauerstoffintoleranz unseres Zentralnervensystems auszuschließen.

Sauerstoffintoleranz bei tiefen Tauchgängen

Obwohl viele Taucher die Symptome eines Tiefenrausches aufgrund einer Stickstofftoxikation kennen, wissen nur wenige, daß selbst der lebenswichtige Sauerstoff in großen Tiefen sich extrem giftig auf unseren Organismus auswirkt. Dies liegt in erster Linie daran, daß sich (wie beim Stickstoff) mit zunehmender Tiefe nicht nur der Umgebungsdruck im Wasser, sondern auch der Druck des Gases (Partialdruck) erhöht. Ein zu hoher Sauerstoffpartialdruck bringt den Taucher in die oftmals tödliche Gefahr einer Sauerstoffvergiftung. Diese Toxikation führt schnell zu krampfartigen Zuckungen, die mit einem epileptischen Anfall vergleichbar sind. Dabei können geringfügig erhöhte Sauerstoffpartialdrücke über einen langen Zeitraum und sehr hohe Sauerstoffpartialdrücke über einen kurzen Zeitraum zu gleichen Toxikationserscheinungen führen.

Bei reinem Sauerstoff haben Versuche gezeigt, daß die für den menschlichen Körper maximal tolerierbare Toxikationsgrenze bereits bei einem Partialdruck von 1,6 bar erreicht ist. Rechnet man diesen Wert auf die äquivalente Tauchtiefe um, ergibt sich für Reinsauerstoff eine maximale Einsatztiefe von 6 Metern. Ein Taucher sollte daher niemals reinen Sauerstoff in größeren Tiefen atmen, da dies fatale Folgen für ihn haben kann. Selbst bei geringeren Partialdrücken kann das Atmen von Sauerstoff bei längeren Einwirkungszeiten zu Vergiftungen führen. Der Grad der Vergiftung ist stets abhängig von der Zeitdauer, in der reiner Sauerstoff eingeatmet wird. Die Toleranzgrenze für das Atmen von Sauerstoff (unter Wasser) bei einem Partialdruck von 1,6 bar liegt bei maximal 45

Taucher am Eingang von Goul de la Tannerie, einem Höhlensystem in Frankreich.

Minuten. Bei Tauchgängen mit Preßluft ist dieser Grenzwert des Sauerstoffes (PPO_2 von 1,6 bar) in einer Tiefe von 66 Metern erreicht. Dies ist selbst für sehr erfahrene und toxikationsunempfindliche Taucher die theoretische Einsatzgrenze für Luft. Überschreitet der Taucher diese Tiefe, atmet er bei jedem Atemzug de facto vergiftete Luft! Viele erfahrene Taucher gehen deshalb dazu über, sich unabhängig von dem Gas, mit dem sie tauchen, während der Grundzeit auf Tiefe einem maximalen Sauerstoffpartial von höchstens 1,4-1,5 bar auszusetzen. Diese Unterschreitung des Grenzwertes von 1,6 bar bietet einen zusätzlichen Sicherheitsfaktor bei tiefen Tauchgängen, da der Taucher so einer geringeren Sauerstofftoxikation ausgesetzt ist.

Kohlendioxyd (CO_2) -Vergiftung

Während wir ein Atemgemisch – sei es Luft, Nitrox, Trimix oder Heliox – atmen, produziert und sättigt sich unser Körper mit einem weiteren Gas: Kohlendioxyd. Dieses Gas wird unter normalen Umgebungsbedingungen an Land über unsere Atmung von unserem Organismus (beispielsweise über die Haut) wieder ausgeschieden, denn CO_2 wird in unserem Körper nicht verarbeitet. Eine Anhäufung von Kohlendioxyd in unserem Organismus ist sehr gefährlich, da es in entsprechender Konzentration zu einer Vergiftung führen kann. CO_2 kann sich durch unterschiedliche Prozesse in unserem Körper ansammeln. Ein klassisches Beispiel ist die sogenannte Pendelatmung, wie sie beim Gebrauch einer Vollgesichtsmaske auftreten kann. Im Zwischenraum zwischen Mund und Ausatemventil der Maske sammelt sich das durch unsere Ausatemluft ausgeschiedene Kohlendioxyd an und wird beim nächsten Atemzug wieder eingeatmet. Bereits CO_2-Konzentrationen von 0,05 bar sind für unseren Organismus giftig, Konzentrationen von 0,1 bar und darüber absolut tödlich!

Auch ein leistungsschwacher Lungenautomat, der in großer Tiefe aufgrund eines hohen Atemwiderstandes Kurzatmigkeit und Atembeschwerden hervorrufen kann, führt unter Umständen zur einer Anhäufung von CO_2 in unserem Körper. Durch die erschwerte Atmung neigt der Taucher zu einer schnellen und flachen Atmung, bei der nicht ausreichend Kohlendioxyd aus unseren Lungen ausgeschieden wird. Die Anhäufung von CO_2 bewirkt bei größerer Konzentration Bewußtlosigkeit des Tauchers (Blackout). Dieser Blackout tritt ohne Vorwarnung und sehr rasch ein und hat zur Folge, daß der Taucher seinen Atemregler verlieren kann, Wasser einatmet und ertrinkt oder erstickt.

Die CO_2-Aufsättigung unseres Körpers wird durch einen höheren Sauerstoffpartialdruck (welcher sich durch das Atmen von EANx-Gemischen oder Preßluft in großen Tiefen vergrößert) noch verstärkt. Das Ansteigen der Kohlendioxyd-Konzentration bewirkt eine Beschleunigung unseres Atemreflexes. Wir atmen in einem immer kürzeren und schnelleren Rhythmus und inhalieren dabei meist tiefer als normal. Steigt die CO_2-Konzentration weiter an, verspüren wir meist starke Kopfschmerzen und erhöhen unsere Atemfrequenz noch weiter (Hyperventilation). Gleichzeitig steigt die Kohlendioxyd-Sättigung in unserem Organismus, was zu Orientierungslosigkeit, Angstzuständen, Panik und in besonders schlimmen Fällen zu

Die sichere Bewältigung großer Tauchtiefen ist nicht zuletzt von der geistigen und körperlichen Tagesverfassung des Tauchers abhängig. Treten Tiefenrausch-Symptome auf, muß er sich in flacheres Wasser begeben.

Ohnmacht (und dem Tod durch Ertrinken) führen kann. Es ist daher bei tiefen Tauchgängen von enormer Wichtigkeit, daß der Taucher die Warnsignale seines Körpers rechtzeitig erkennt und in flacheres Wasser taucht, bevor es zu spät ist!

Dekompressionstauchgänge

Die Ausbildungsverbände im Sporttauchbereich vertreten zwar die Auffassung, daß Deko-Tauchgänge möglichst vermieden werden sollen, doch sind diese im Bereich des Technischen Tauchens aufgrund der aufgesuchten Tauchtiefen an der Tagesordnung. Unter Dekompression versteht man die Summe mathematischer Algorithmen, mit der die im Körpergewebe aufgesättigten Gasmengen berechnet werden, die bei einem langen oder tiefen Tauchgang entstehen und eine langsame Entsättigung notwendig machen.

Während des Abstieges und des Aufenthaltes in der Tiefe atmen wir Gasgemische (Luft oder Mischgas) unter einem erhöhten Umgebungsdruck ein, wobei der Stickstoffanteil des Gemisches vermehrt physikalisch gelöst wird. Durch umfangreiche Testreihen, die physiologische Folgen der Einwirkung von komprimiertem Stickstoff auf den menschlichen Organismus untersuchten, wurde festgestellt, daß der Stickstoff als Ursache der Dekompressionskrankheit anzusehen ist. Mittlerweile gibt es Tauchsportorganisationen, die die Lehrmeinung vertreten, daß es eigentlich keine Nullzeittauchgänge (Nullzeit ist die Zeit, die ein Taucher unter Wasser verbringen kann, ohne daß ein Dekompressions-Stop erforderlich ist) bei Tauchgängen über zehn Meter gibt, da sich bei jedem Tauchgang das Körpergewebe mit Gasmolekülen aufsättigt. Daher gehen viele Taucher dazu über, bei jedem Tauchgang einen Sicherheitsstop von einigen Minuten auf 3-5 Meter Wassertiefe zu absolvieren.

In den Alveolen geht der Stickstoff aus dem Atemgas in unser Blut über, wo er physikalisch gelöst wird. Nach den Gesetzen von Dalton und Henry ist die Menge des in unserem Blut gelösten Stickstoffes unmittelbar abhängig vom Partialdruck des Gases. Der gelöste Stickstoff wird in einzelnen Körpergeweben entsprechend dem Druckunterschied zwischen dem Blut und dem gelösten Stickstoff abgegeben. Dieser Austauschprozeß geht zunächst sehr rasch, er verlangsamt sich aber in dem Maße, wie sich der Druckunterschied zwischen dem gelösten Stickstoff und unserem Blut verringert. Bei einem vollständig gesättigten Taucher ist der Druck des im Körpergewebe gelösten Stickstoffes gleich dem Partialdruck des eingeatmeten Gasgemisches.

Der Stickstoff wird jedoch nicht von allen Geweben gleich schnell oder in gleicher Menge aufgenommen. Je nach Durchblutungsgrad der Körpergewebe unterscheidet man zwischen schnellen und langsamen Geweben. Dekompressionstabellen bieten eine detaillierte Berechnungsgrundlage für die notwendigen Entsättigungszeiten der unterschiedlichsten Körpergewebe wie Fett, Muskeln, Blut, Knochen etc. Muskeln beispielsweise haben die Eigenschaft, das Inertgas am schnellsten zu absorbieren, doch aufgrund ihrer großen Kapillargefäße neigen sie auch dazu, das aufgenommene Gas rasch wieder abzugeben und zu entsättigen. Bei Fettgewebe ist die Entsättigungscharakteristik genau umgekehrt, denn dieses Gewebe verfügt lediglich über kleine Kapillargefäße. Dekompressionserkrankungen aufgrund fehlender, zu geringer oder falscher Dekompressionsroutine sind das Ergebnis von Gasbläschen, die sich während des Tauchgangs im Körper des Tauchers gebildet haben. Durch starken Druckabfall entstehen im Molekulargefüge des Körpergewebes kleine Löcher, in die Gasmoleküle sofort eindringen und sich zu Mikrobläschen verbinden. Je nach Art und Größe der Blasenbildung sind unterschiedliche Symptome zu beobachten.

Dekompressionskrankheiten lassen sich grundsätzlich in zwei Kategorien aufteilen: unmittelbare und langfristige Beschwerden. Bei den unmittelbaren Beschwerden handelt es sich meist um Symptome, die sich erfolgreich mittels einer Druckkammerbehandlung lindern und beseitigen lassen. Bei den langfristigen Symptomen sind die Probleme jedoch schwerwiegend: Zerstörung von Kapillargefäßen, Veränderungen im Netzhautgewebe, bis hin zu Lähmungen, Gehirnschäden oder gar zum Tod.

Die harmloseste Form der Dekompressionskrankheit ist ein Juckreiz, der an einer oder mehreren Stellen der Haut auftritt. In Taucherkreisen wird diese Krankheit auch scherzhaft als »Taucherflöhe« bezeichnet. Sie entsteht durch Stickstoffbläschen in Hautunterfettgewebe oder in den Hautkapillargefäßen. Beschwerden dieser Art verschwinden erfahrungsgemäß auch ohne eine Druckkammerbehandlung recht schnell. Sie sind jedoch nicht zu unterschätzen, da sie als ernstes Warnsignal für eine »echte« Dekompressionskrankheit anzusehen sind. Weitaus schlimmer sind Stickstoffbläschen, die sich im Bereich der Gelenkknorpel festsetzen. Solche Bläschen verursachen Muskel- und Gelenkschmerzen. In Fachkreisen spricht man von sogenannten »bends«. Dieser englische Ausdruck (bend = beugen) fand seinen Ursprung darin, daß solche Gelenkschmerzen meist bei gebeugten Gelenken Linderung finden. Gelenkerkrankungen dieser Art treten meist erst Stunden nach dem Tauchgang auf. Oftmals werden sie auch mit einem Muskelkater verwechselt. Durch Rekompression sind Gelenkschmerzen dieser Art jedoch zu heilen.

Mit der für das Technische Tauchen benötigten Zusatzausrüstung kann der Einstieg in ein Boot zur Qual werden. Geübte Taucher legen daher ihre Ausrüstung bereits im Wasser ab und reichen sie ins Boot.

Noch schlimmere Folgen können abgelagerte Mikroblasen in den Herz- oder Lungengefäßen oder im zentralen Nervensystem (ZNS) haben. Gasblasen im Lungenkreislauf eines Tauchers können zu sogenannten »chokes« führen. (choke (engl.) = würgen, ersticken). Chokes äußern sich meist recht gefährlich durch brennenden Stechschmerz im Bereich des Brustbeines, mittlere bis starke Atemnot bis hin zu Erstickungsanfällen, die sogar zum Tod führen können.

Eine Gasbläschenbildung im zentralen Nervensystem führt in fast allen Fällen zu Lähmungen. Befinden sich solche Blasen im Bereich des Rückenmarks, ist eine Querschnittslähmung die Folge. Dringen Gasbläschen ins Gehirn vor, können sie wesentliche Bereiche des Zentralnervensystems stören oder beeinträchtigen. In leichten Fällen zeigen sich Sehstörungen, Schwindelgefühl, Kopfschmerzen, Übelkeit oder Erbrechen. Bei schweren Fällen treten Symptome auf, die denen eines Schlaganfalles ähnlich sind.

Ein Dekompressionsunfall kann nicht nur, wie geschildert, schmerzhafte Gelenkschmerzen verursachen, sondern zu ernsthaften Gesundheitsschädigungen oder zum Tod führen. Daher sollte man jedes Mittel, das sich eignet, die Gefahr eines solchen Unfalls zu minimieren, für tiefe Tauchgänge in Erwägung ziehen. Hierzu eignen sich insbesondere konservative Dekompressionstabellen und Dekoplanungen, längere Dekompressions-Stops oder sichere Gasgemische.

Anzeichen einer akuten Dekompressionskrankheit können unter anderem sein:

Typ 1
- Verspannungen der Haut
- Schmerzen in den Gelenken (Ellbogen, Schulter, Knie)
- Abgespanntheit, Erschöpfung
- Irrationales Verhalten, Stimmungsschwankungen, Irritation

Typ 2
- Abgespanntheit, Erschöpfung
- Starke Kopfschmerzen
- Hörschwierigkeiten
- Lähmungserscheinungen
- Kurzatmigkeit
- Rückenschmerzen
- Schwindelgefühl
- Krämpfe, Zuckungen etc.

Gasverbrauch bei Tieftauchgängen

Durch den Anstieg des Umgebungsdruckes und des Gaspartialdruckes steigert sich auch unser Atemgasverbrauch. Der Taucher atmet sein Atemgas unter dem gleichen Partialdruck wie der Wasserdruck, der ihn umgibt. Dies bedeutet, daß er beispielsweise bei einem absoluten Umgebungsdruck von 2 bar (10 Meter) die doppelte Menge von Gas konsumiert wie an der Wasseroberfläche bei einem Luftdruck von 1 bar. Je tiefer ein Tauchgang geplant wird, desto mehr Atemgasreserven muß der Taucher bei sich führen, um den Tauchgang sicher bewältigen zu können. In einer Tiefe von 40 Metern bei einem absoluten Druck von 5 bar benötigt er bereits die fünffache Menge Atemgas wie an Land! Bei tiefen Tauchgängen mit einer hohen Atembelastung (durch Streß, Arbeit etc.) steigt der Gasverbrauch schnell in astronomische Höhen. Es ist daher sinnvoll, wenn sich der Taucher eine gleichmäßige, ruhige Atemfrequenz an-

Die für drei Taucher und insgesamt sechs Tauchgänge benötigte Atemgasmenge bei der Erstbetauchung des Passagierliners »Tuscania«. Ausreichende Atemgasmengen sind bei einem 125 Meter Tauchgang eine wichtige Lebensversicherung.

trainiert. Hierbei sollte er ganz normal atmen, so wie er es an Land gewöhnt ist, ohne die Atmung flacher werden zu lassen oder gar die Luft für eine Weile anzuhalten. Hat man diese routinierte Atmung erreicht, ist es einfach, seinen Gasvorrat in einer bestimmten Tiefe zu berechnen. Bei tiefen Tauchgängen ist es lebenswichtig, einen ausreichenden Sicherheitsvorrat an Gas mitzuführen (siehe Drittelregelung!).

Manche Taucher benutzen zusätzliche Bleistücke, die sie an den Fußgelenken anbringen, um so ihre Tarierung zu verbessern.

Tarierung

Viele der tiefenbezogenen Tauchprobleme lassen sich durch einfachste Überlegungen und Gegenmaßnahmen bewältigen. Narkoseerscheinungen reduziert man durch Streßvermeidung, was sich wiederum positiv auf den Atemgasverbrauch und die Dekompressionserfordernis auswirkt. Gleiches gilt auch für die Tarierung. Ist ein Taucher in der Lage, praktisch instinktiv während jeder Phase des Tauchgangs in einem Schwebezustand zu tauchen, wird sich sein Atemgasverbrauch reduzieren, er wird keinen Streßzustand erleben und seine Atemfrequenz wird gleichmäßiger sein. Wie im Kapitel »Ausrüstung« beschrieben, muß der Taucher für Tieftauchgänge zwei unabhängig voneinander wirkende Tariersysteme mit sich führen (Trockenanzug und Tarierjacket oder ein Double Wing). Diese Auftriebs- und Tariersysteme müssen geeignet sein, einen Taucher auch aus großer Tiefe mit seiner gesamten

Ein austarierter Taucher im Schwebezustand während seiner Dekompressionsphase.

Ausrüstung und möglicherweise mit einem gefluteten Trockenanzug an die Wasseroberfläche zu bringen. Ideal ist es, wenn dann noch genügend Auftriebsreserven vorhanden sind, um in einem Notfall einen Tauchpartner retten zu können. Je mehr Auftrieb ein Jacket bietet, um so größer sind auch die Sicherheitsreserven. Für tiefe Tauchgänge ist ein Minimum von mindestens 20-25 Kilogramm Auftriebsvolumen unerläßlich!

Temperaturverlust

Von den vielen Risikofaktoren des Tieftauchens ist der Temperaturverlust eine der Problematiken, die von Tauchern am einfachsten gelöst werden können. Vor jedem Tauchgang sollte man sich daher überlegen, welche Temperaturanforderungen bezüglich Tauchgangslänge und -tiefe notwendig sind. Aufgrund solcher Überlegungen werden der Tauchanzug (trocken oder naß) und die Unterbekleidung gewählt. Während eines langen Tauchganges können bei Verwendung eines Trockenanzuges bestimmte Körperteile durch chemische Wärmekissen gewärmt werden, die man sich in den Unterzieher steckt. Um Verbrennungen zu vermeiden, sollten diese Heizkissen jedoch auf keinen Fall auf der nackten Haut getragen werden. Ein Trockenanzug läßt sich jedoch auch relativ einfach mit einem elektrischen Heizsystem ausstatten. Die Funktion dieser Systeme ist so einfach wie wirksam: Ein im Inneren des Trockenanzuges getragenes Wärmekissen wird über eine 12-Volt-Batterieversorgung beheizt, die über eine Steckverbindung mit dem Anzug verbunden ist. Über einen Temperaturregler läßt sich diese Anzugsheizung ein- oder ausschalten und bei Bedarf stufenlos regulieren. Leider sind diese Heizsysteme auf dem deutschen Markt noch nicht erhältlich und werden daher von findigen Tüftlern meist selbst gebaut. Lediglich die englische Firma Northern Diver, die das beschriebene System für den Bereich des Offshore-Tauchens entwickelt hat, bietet einen Spezialanzug an, der werkseitig mit diesem System ausgestattet werden kann. Ein solcher Anzug ist jedoch mit einem Anschaffungsgrundpreis von etwa 6000 DM nicht gerade billig! Doch bekanntermaßen hat gute Qualität ihren Preis! Ist man erst einmal schön mollig warm und dazu noch mit der Möglichkeit ausgestattet, dank eines vorhandenen Urinierventils jederzeit seinem Blasendrang nachgeben zu können, möchte man diesen Luxus nicht mehr missen.

Handschuhsystem für Trockenanzüge mit Schnellkupplung

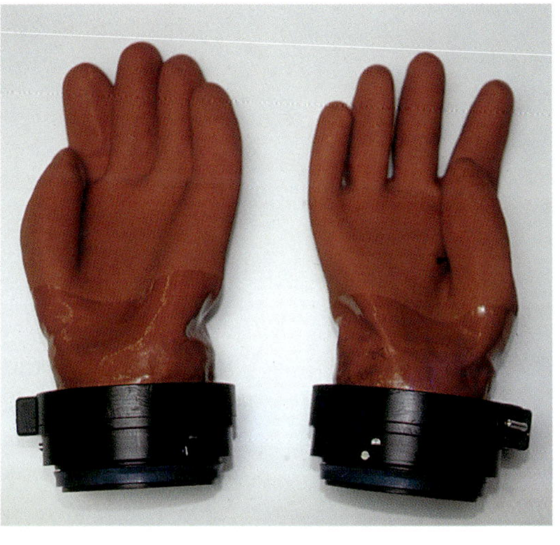

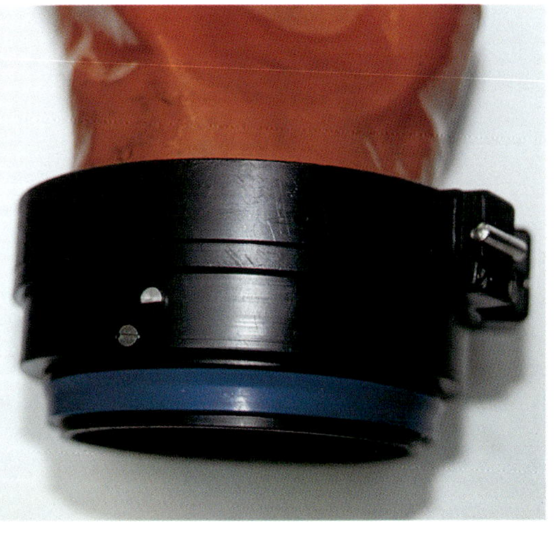

Harndrang

Um der Gefahr einer Dehydration des menschlichen Körpers bei langen Tauchgängen entgegenzuwirken, ist die Flüssigkeitszufuhr in Form von Wasser oder isotonischen Getränken vor dem Tauchgang ein wichtiger Faktor. Problematisch wird es jedoch, wenn gerade bei tiefen und langen Tauchgängen in kaltem Wasser eine gefüllte Blase zu starkem Harndrang führt. Aus diesem Grund bieten einige Hersteller von Trockenanzügen (vornehmlich Northern Diver, DUI und Swiss-Sub) sogenannte Urinier-Ventile an. Im Inneren des Anzuges wird eine Art Katheter befestigt, der mit einem Latexschlauch – in der Form ähnlich einem Kondom – verbunden ist. Der Taucher kann so über den Katheterschlauch seinen Urin über ein Auslaßventil am Anzug ins Wasser ablassen. Ähnliche Systeme gibt es auch für Frauen, wobei hier der kondomähnliche Schlauch durch eine über den Scheidenbereich gestülpte Gummischale, die mit Haftcreme befestigt ist, ersetzt wird. Dieses System wird seit vielen Jahren von männlichen und weiblichen Kampffliegerpiloten

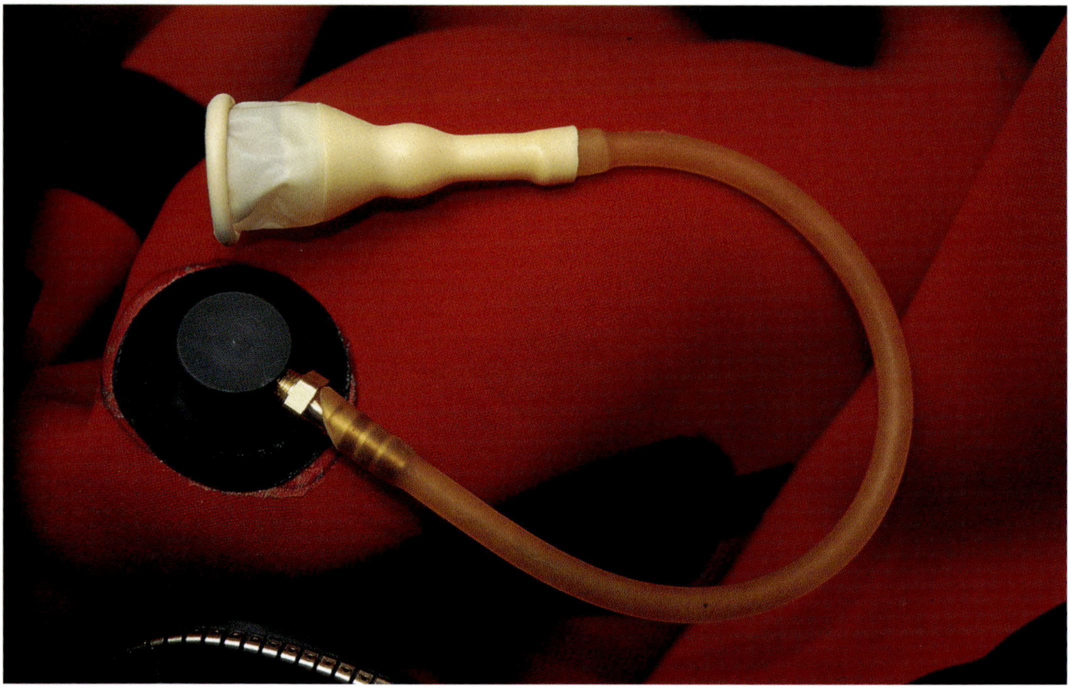

Urinier-Ventil der Firma Northern-Diver.

der US-Air Force erfolgreich eingesetzt. Leider sind solche Systeme – so wie viele andere technische Finessen aus dem Bereich des Technischen Tauchens – in Deutschland bis heute noch fast gänzlich unbekannt. Sie sind daher auf dem deutschen Markt so gut wie nicht erhältlich, und wenn man sie bekommt, sind es sündhaft teure Importe aus dem Ausland.

In früheren Jahren und auch heute noch tauchen viele Technische Taucher mit Inkontinenzwindeln für Erwachsene oder mit Inkontinenzkondomen, bei denen der Urin in einen am Oberschenkel befestigten Auffangbeutel abgelassen wird. Diese Systeme gibt es in jeder Apotheke zu kaufen. Sie sind eine wesentlich günstigere Alternative zu Trockenanzügen mit Urinierventil, die, wie gesagt, einen stolzen Preis haben.

Langzeit-Symptome durch Tieftauchen

Wie in anderen Kapiteln schon angesprochen, gibt es einige Langzeiteffekte durch tiefe Tauchgänge, die der Technische Taucher kennen muß. Einige dieser Negativeffekte sind auf Dekompressionsfehler zurückzuführen – besonders bei mittleren bis schweren Dekompressionsunfällen. Schäden wie Gehirnverletzungen, Muskel- oder Nervenschädigungen sind oftmals permanente Folgeerscheinungen. Je schlimmer ein Dekompressionsunfall war, desto schwerer sind auch die zu erwartenden Folgeschäden.

Weniger bekannt ist jedoch, daß tiefe Tauchgänge über einen Zeitraum von Jahren, selbst ohne offensichtliche Dekompressionsunfälle, Langzeitauswirkungen auf unsere Physiologie mit sich bringen. Rückenmarkuntersuchungen an Tauchern, die auf eine jahrzehntelange Berufstauchervergangenheit zurückblicken konnten und nie in ihrem Leben einen Dekompressionsunfall erlitten hatten, zeigten deutliche Nerven- und Gewebeschädigungen auf. Veränderungen im Muster der Kapillargefäße der Netzhaut waren bei den untersuchten Tauchern ebenfalls keine Seltenheit.

Langzeituntersuchungen des Dekompressionsverhaltens von Tauchern haben gezeigt, daß es einen offensichtlichen Zusammenhang zwischen Kompression (Abtauchphase) und Dekompression (Auftauchphase) sowie unserem körperlichen Gesundheitszustand gibt. Langsamere Aufstiegsgeschwindigkeiten von maximal etwa 10

Meter pro Minute sind bereits seit Jahren im Tauchbereich die Regel. Erfahrene Tieftaucher gehen sogar noch einen Schritt weiter und senken selbst ihre Abtauchgeschwindigkeit auf etwa 10-20 Meter pro Minute, um so ihre Körpergewebe behutsamer und streßärmer an die Druckverhältnisse zu gewöhnen. Durch langsamere Abstiegsgeschwindigkeiten ist der Taucher erfahrungsgemäß auch wesentlich unanfälliger für Gastoxikationen (Stickstoffnarkose etc.). Da viele der beschriebenen Dekompressionserkrankungen und Langzeitschäden durch zu schnelle Druckveränderungen im menschlichen Organismus hervorgerufen werden, tragen langsame Auf- und Abstiegsgeschwindigkeiten sicherlich auch dazu bei, die Langzeiteffekte des Tieftauchens zu verringern.

Durch langsame Auf- und Abstiegsgeschwindigkeiten beim Tauchen lassen sich die Risiken einer Dekompressionserkrankung deutlich verringern

Der Einsatz von Mischgas im Technischen Tauchen

Technisches Tauchen ist eine sehr komplexe Angelegenheit, die die gesamte Aufmerksamkeit eines Tauchers sowie bestimmte Techniken im Umgang mit speziellen Gerätschaften erfordert. Durch den Einsatz von anderen Atemgemischen als normaler Luft wird der Tauchgang noch schwieriger, die Ausrüstung noch umfangreicher und die körperliche Anstrengung noch größer. Der überwiegende Teil aller Taucher verwendet daher für Wrack-, Höhlen- und Eistauchgänge als Atemmedium normale komprimierte Luft. Diese Preßluft ist einfach und kostengünstig in der Herstellung, und der verantwortungsbewußte, gut ausgebildete Taucher ist sich über Einsatzgrenzen von Preßluft bei tiefen Tauchgängen im klaren. Der Stickstoffanteil in der Atemluft des Tauchers wird als Hauptursache des Tiefenrausches angesehen. Je höher der Stickstoffpartialdruck

Mit einem Unterwasser-Scooter lassen sich auch bei kurzen Grundzeiten größere Strecken bewältigen.

ist, desto höher wird die narkotisierende Wirkung des Atemgemisches. Durch einen geringeren Stickstoffanteil wird bei gleicher Tiefe somit auch dessen Partialdruck verringert. Mit einem Gemisch, das nur 68 Prozent Stickstoff anstelle der normalen 79 Prozent enthält, ist die narkotische Wirkung in 40 Metern so, als ob man nur in 33 Metern Tiefe tauchen würde. Aus diesem Grund ersetzt man einen Teil des in einem Atemgemisch vorhandenen Stickstoffes durch Sauerstoff. Sobald jedoch statt Preßluft ein anderes Gasgemisch zum Einsatz kommt, ändert sich der Ausrüstungsumfang. Das erforderliche Fachwissen sowie die benötigten persönlichen Fähigkeiten erhöhen sich um ein Vielfaches.

Es ist nicht meine Absicht, im folgenden Abschnitt dem Taucher das gesamte erforderliche Fachwissen zum Tauchen mit Mischgas zu vermitteln, denn dies wäre aufgrund der Themenfülle ein Buchtitel für sich. Außerdem sollte der interessierte Mischgastaucher sein Wissen durch eine fundierte Ausbildung erwerben. Literatur kann dieses Wissen nur positiv ergänzen, sie ist jedoch kein Ersatz für eine gute Ausbildung im Bereich des Technischen Tauchens. Ich möchte dennoch dem interessierten Mischgas-Einsteiger einen Überblick über einige grundlegende Fakten dieses komplexen Themas verschaffen, um so einen Grundstein für seine weiteren Schritte in Richtung Mischgastauchen zu legen.

Was verbirgt sich hinter »Mischgas«?

Unter Mischgas versteht man Atemgemische (außer Preßluft), die unter Wasser während des Tauchganges zum Einsatz gelangen. Dies bedeutet, daß der Taucher entweder Nitrox (ein Gemisch aus Stickstoff und Sauerstoff), Heliox (ein Gemisch aus Helium und Sauerstoff), oder Trimix (ein Gemisch aus Sauerstoff, Stickstoff und Helium) atmet. Zwar gibt es auch noch weitere »exotische« Gemische, wie beispielsweise Neox (Neon/Sauerstoff), Hydrox (Wasserstoff/Sauerstoff), Hydreliox (Wasserstoff/Helium/Sauerstoff), Tetrox (Sauerstoff/Stickstoff/Wasserstoff/Helium) und einige mehr, doch spielen diese Gemische im Technischen Tauchen eine nur untergeordnete Rolle und sollen daher nur der Vollständigkeit wegen erwähnt werden. Jedes dieser Gasgemische hat ganz spezielle, individuelle Vorzüge, die in Laborversuchen sowie durch Praxiseinsatz vielfach getestet wurden. Dennoch kommen diese Gasmischungen im Bereich des Technischen Tauchens aus Kosten- und Logistikgründen kaum zum Einsatz.

Das im Sporttauchbereich ausschließlich eingesetzte Atemmedium Preßluft kann bei näherer Betrachtung nicht als die optimale Lösung bezeichnet werden. Lediglich im mittleren Tiefenbereich für Sporttaucher, also zwischen 20 und 30 Metern und bei kürzeren Tauchgangszeiten, ist Preßluft empfehlenswert. Doch schon bei längeren Tauchzeiten in diesem Tiefenbereich, muß der Taucher mit langen Dekompressionszeiten rechnen. Bereits in Tiefen von über vierzig Metern hat Preßluft eine sehr hohe narkotische Wirkung auf den Taucher und spätestens beim Überschreiten der Sechzigmetermarke wird das Tauchen mit Preßluft sehr gefährlich.

NITROX (EANx)

Die einfachste Möglichkeit, die Qualität unseres Atemmediums im flachen bis mittleren Tiefenbereich zu steigern, ist die Erhöhung des Sauerstoffanteiles in unserem Atemgas. Sauerstoff/Stickstoffgemische mit einem Sauerstoffanteil von über 22% bezeichnet man als »angereicherte Luft«. Der international gültige Fachausdruck für diese Gemische ist »Enriched Air Nitrox« (EANx). Solche Atemgemische werden seit vielen Jahren vor allen Dingen im professionellen Tauchbereich sowohl für den Einsatz bei flachen Tauchgängen als auch als Dekompressionsgas verwendet.

Viele Taucher, die sich in die Welt des Technical Diving begeben, beginnen damit, daß sie das Atemgemisch Nitrox verwenden. Nitrox ist ein Gemisch aus Stickstoff und Sauerstoff. Das Wort Nitrox setzt sich aus den englischen Worten »nitrogen« (Stickstoff) und »oxygen« (Sauerstoff) zusammen.

Nitrox- Atemgemische enthalten einen höheren Prozentsatz von Sauerstoff als normale Preßluft. Es gibt sie in unterschiedlichsten Konzentrationen. Jedes dieser Gemische erhält seinen Namen durch die Höhe des Sauerstoffanteiles in Prozent. Enriched Air Nitrox 36 (EAN36) beispielsweise ist ein Gemisch, bei dem der normale Sauerstoffanteil der Atemluft von 21 Prozent auf eine Konzentration von 36 Prozent angereichert worden ist. Will man beispielsweise mit normaler Preßluft einen Tauchgang von 40 Minuten auf einer Tiefe von 30 Metern durchführen, ist nach der Bühlmann/Hahn-Austauchtabelle ein Dekompressions-Stop von 1 Minute auf 9 m und weitere Stops von 3 Minuten auf 6 m, sowie 13 Minuten auf 3 m durchzuführen. Der gleiche Tauchgang mit EAN36 durchgeführt, erfordert lediglich einen Deko-Stop von 1 Minute auf 6 m und 3 Minuten auf 3 m.

Eine weitere Möglichkeit der Verkürzung der Dekompressionszeiten durch Nitrox besteht darin, Nitroxgemische mit einer Sauerstoffkonzentration von etwa 50-80%, bis hin zu reinem Sauerstoff als Dekompressionsgase einzusetzen. Hierbei wird der eigentliche Tauchgang unter Verwendung normaler Preßluft durchgeführt und lediglich während der Dekompressionsphase das Nitroxgemisch geatmet. Bei dieser Methode wird der während des Tauchganges im Körper des Tauchers angereicherte Stickstoff wesentlich schneller ausdiffundiert – man spricht auch von »abatmen« des Stickstoffes – und dadurch die Dekompressionszeit drastisch verkürzt.

Doch der Einsatz von Nitrox als Atemgemisch birgt auch einige Gefahren, über die sich der anwendende Taucher im klaren sein muß. Zwar bringt die Reduzierung des Stickstoffanteiles im Atemgemisch, wie geschildert, gewisse Vorteile, doch gleichzeitig entstehen durch die Anreicherung des Gemisches mit Sauerstoff einige Nachteile: Sauerstoff hat die Eigenschaft, beim Einatmen unter hohem Partialdruck toxisch zu sein. Bei einer Tauchtiefe von 66 m mit normaler Preßluft ist der maximale noch sichere Partialdruck von Sauerstoff (PPO_2) von 1,6 bar bereits erreicht. Unter Berücksichtigung eines für Sporttaucher maximal empfohlenen Sauerstoff-Partialdruckes von 1,45 bar, entsprechend einer Tauchtiefe von 50 m bedeutet dies für ein EAN32-Gemisch eine maximale Einsatztiefe von 35 m und für ein EAN36-Gemisch eine maximale Einsatztiefe von 30 m. Dies bedeutet, daß Nitrox kein Atemgemisch für tiefe Tauchgänge ist und die Tiefengrenzen für den Einsatz von Nitroxgemischen keinesfalls überschritten werden dürfen.

Ein weiteres Problem beim Einsatz von hochprozentigem Sauerstoff in Atemgemischen ist die toxische Wirkung des Sauerstoffes auf unser Zentrales Nervensystem (ZNS), wenn wir längere Zeit hohe Sauerstoffkonzentrationen einatmen. Bei Verwendung von EAN36 auf einer Tiefe von 30 m (entsprechend eines PPO_2 = 1.44 bar), sollte eine Einsatzzeit von 120 Minuten nicht überschritten werden. Spezielle Nitrox-Tauchcomputer und einige Softwareprogramme sind in der Lage, diese Anreicherungswerte des Sauerstoffs in unserem Körper zu berechnen, um so die Überschreitung der empfohlenen Richtwerte zu verhindern (siehe Kapitel: Tauchgangsplanung anhand von Computerprogrammen).

Die äquivalente Lufttiefe

Für Dekompressions-Tauchgänge mit Nitroxgemischen gibt es zwei gängige Methoden. Der Taucher kann ein sauerstoffangereichertes, sicheres EANx-Gemisch tauchen und für seine Dekompressions-Stops herkömmliche Lufttabellen oder seinen Luftcomputer benutzen, um einen zusätzlichen Sicherheitsbonus in seinen Tauchgang einzubauen. Er kann allerdings auch seine tatsächliche Lufttiefe, die den Tiefdrücken des Nitroxgemisches entspricht, errechnen. Man spricht in diesem Zusammenhang von der sogenannten äquivalenten Lufttiefe (Equivalent Air Depth oder kurz: EAD). Sind die Maximaltiefe eines Tauchganges sowie das Mischungsverhältnis des verwendeten EANx-Gemisches bereits im Vorfeld bekannt, kann anhand einer einfachen Formel die äquivalente Lufttiefe (EAD) errechnet werden.

Ein Beispiel:

Atmen wir in einer Tiefe von 33 Metern ein EANx 36-Gemisch (O_2 36%) erhalten wir eine äquivalente Lufttiefe von lediglich 25 Metern. In der Tiefe von 33 Metern haben wir nun den gleichen Narkosiswert, als wenn wir mit Luft auf 25 Metern tauchen würden, und wir können problemlos in der Lufttabelle mit 25 Metern unsere Dekompressionszeiten errechnen, obwohl wir tatsächlich 8 Meter tiefer tauchen. Bei einer Grundzeit von 30 Minuten auf 33 Metern müßten wir nach der Bühlmann/Hahn-Deko-Tabelle einen Stop von 4 Minuten auf 6 Meter, 11 Minuten auf 3 Metern einlegen. Da wir jedoch mit unserem EAN 36 eine vergleichbare Lufttiefe von nur 25 Metern haben, können wir auch die Deko-Berechnung für 25 Meter übernehmen und können den Tauchgang ohne Dekompressionspflicht beenden, da wir uns noch in der Nullzeit befinden.

Die Nullzeiten, bzw. die Dekompressionszeiten, die beim Tauchen mit EANx-Gemischen eingehalten werden müssen, basieren auf der äquivalenten Lufttiefe oder genauer gesagt auf der Equivalent Nitrogen Depth (END), der Äquivalenten Stickstofftiefe. Nach diesem Prinzip wird der Stickstoffpartialdruck eines EANx-Gemisches,

der in einer definierten Tiefe eingeatmet wird, dem gleichen Stickstoffpartialdruck von Preßluft in einer logischerweise geringeren Tiefe (EAD) gleichgesetzt. Der gleiche Stickstoffpartialdruck wird mit Preßluft deshalb früher, das heißt: in einer geringeren Tiefe erreicht, da der Inertgasanteil (FN_2) höher als in EANx-Gemischen ist. (PPN_2 = P (Tiefe) x FN_2).
Für die Berechnung der äquivalenten Lufttiefe gilt folgende Formel:

$$EAD = \frac{(1 - FO_2) \times (D + 10)}{0{,}79} - 10$$

Für den Faktor FO_2 (Fraction of Oxygen) setzen wir den Sauerstoffgehalt des Gemisches als Dezimalzahl ein, während wir für D (Depth) die geplante Tauchtiefe in Meter einsetzen. Wenn wir nun das vorher geschilderte Beispiel berechnen wollen, erhalten wir folgende Formel:

$$EAD = \frac{(1 - 0{,}36) \times (30 + 10)}{0{,}79} - 10$$

$$EAD = \frac{0{,}64 \times 40}{0{,}79} - 10$$

$$EAD = \frac{25{,}6}{0{,}79} - 10$$

$$EAD = 32{,}4 - 10$$

EAD= 22,4 Meter (gerundet = 23 Meter EAD)

Mit Hilfe dieser Formel läßt sich die äquivalente Lufttiefe für jedes beliebige Nitroxgemisch errechnen und mit einer herkömmlichen Lufttabelle unsere Dekompressions-Erfordernis bestimmen. Von den Ausbildungsorganisationen des Technischen Tauchens wie IANTD; TDI oder ANDI können jedoch mittlerweile auch fertige Nitrox-Tabellen für unterschiedliche Gemische erworben werden. Wenn wir diese Standardtabellen für Nitrox 1 (EANx 32) und Nitrox 2 (EANx 36) verwenden wollen, setzt dies voraus, daß wir ausschließlich im offenen Kreislauf, d.h. mit Standardatemreglern tauchen und der Sauerstoff-Partialdruck bei 1,6 bar oder niedriger gehalten wird. Ein PPO_2 von 1,6 bar ist der maximale Wert, dem sich ein Taucher für höchstens 45 Minuten aussetzen darf. Sobald wir den Zeitwert von 45 Minuten bei 1,6 bar PPO_2 überschreiten, müssen wir mit einer Sauerstoffintoleranz des Zentralnervensystems rechnen.

Versunkene Schiffe üben auf viele Taucher einen magischen Reiz aus. Welcher Wracktaucher träumt nicht davon einmal in seinem Leben ein noch unberührtes Wrack zu betauchen. Durch den Einsatz von Mischgas können erfahrene Spezialisten in große Tiefen vordringen und sich diesen Traum erfüllen.

Nitrox als Dekompressionsgas

Bei tiefen Mischgastauchgängen werden Nitroxgemische von Technischen Tauchern bereits seit Jahren erfolgreich als Dekompressionsgase eingesetzt. Obwohl Enriched Air Nitrox als Basisgas für Tieftauchgänge ungeeignet ist, bietet der reduzierte Stickstoffanteil des Gemisches ideale Voraussetzungen zum Atmen während der Dekompressions-Stops. Die Länge dieser Stops ist schließlich abhängig von der Zeit, die der Körper benötigt, die in seinem Körpergewebe gelösten Gase zu entsorgen, bevor ein sicheres Auftauchen des Tauchers wieder möglich ist. Reduziert man nun die Stickstoffzufuhr durch Erhöhung des Sauerstoffanteiles im Atemgas, läßt sich der Entsorgungsprozeß der Körpergewebe beschleunigen. Diese Tatsache machen sich Technische Taucher zunutze, indem sie anhand von selbsterstellten Dekompressionstabellen den geringeren Stickstoffanteil (und somit die geringere Gewebesättigung) berechnen und ihre Dekompressionszeit drastisch verkürzen. Dies ist gerade bei langen und tiefen Tauchgängen in kalten Gewässern ein entscheidender Vorteil. Dennoch bleibt bei der Nitrox-Dekompression das Problem der Sauerstoff-Toxikation bei hohen Partialdrücken. Daher gilt auch hier die Regel, daß der Grenzwert von einem PPO_2 von 1,6 bar für eine Dauer von 45 Minuten nicht überschritten werden darf! Bei Tauchgängen für die eine Nitrox-Dekompression vorgesehen ist und die eine Gesamttauchzeit von 45 Minuten (inklusive der Deko-Zeit) überschreiten, sollte daher der PPO_2 für die Grundzeit auf Tiefe den Wert von 1,5 bar nicht überschreiten. EANx 40-Gemische werden üblicherweise im Bereich des Technischen Tauchens ab einer Tauchtiefe von 28 Meter für die Auftauchphase sowie Dekompression eingesetzt. Hierbei beträgt der PPO_2 des EANx 40 1,5 bar. Bei geringeren Umgebungsdrücken, also in flacherem Wasser, kann dann auf höhere Gemische gewechselt werden. EANx 80 kann beispielsweise gefahrlos ab einer Tiefe von 9 Metern eingesetzt werden. Es ist jedoch zu beachten, daß bei Sauerstoffkonzentrationen, die einen Wert von 40% überschreiten, eine spezielle Sauerstoff-Reinigungsprozedur aller Teile, die mit Sauerstoff in Verbindung treten (insbesondere Atemluftkompressor, Atemregler und Gasflaschen), zwingend erforderlich ist (siehe Kapitel Sauerstoff-Reinigungsprozeduren).

Einsatz von TRIMIX für große Tauchtiefen

Zum Tauchen in größeren – als den mit Nitrox möglichen – Tiefen, ist es notwendig, den Sauerstoffanteil eines Atemgemisches zu reduzieren, um so der Gefahr einer Sauerstoff-Toxikation entgegenzuwirken. Darüber hinaus muß auch der Stickstoffanteil im Gemisch reduziert werden, um das Risiko eines Tiefenrausches, hervorgerufen durch eine Stickstoffvergiftung, auszuschließen. Der reduzierte Stickstoffanteil muß selbstverständlich durch ein anderes Inert-Gas ersetzt werden, das die Gesamtfüllmenge eines Gemisches um das Volumen des reduzierten Stickstoff ausgleicht. Hierzu kommt als Inert-Gas normalerweise Helium zum Einsatz. Ein solches Atemgemisch aus Sauerstoff, Stickstoff und Helium nennt man Trimix. Es ist im Bereich des Technischen Tauchens mit Abstand das meistverwendete Gasgemisch. Da Helium ein nicht narkotisches Gas ist, stellt es ein ideales Basisgas zur Herstellung von tiefentauglichen Gasgemischen wie Trimix dar. Das Hauptproblem bei Helium sind jedoch die enormen Anschaffungskosten für dieses Gas. Eine Speicherflasche Helium mit einem Volumen von 200 Litern bei 200 bar Fülldruck kostet in Deutschland schnell einmal 600 DM! Mit dieser Menge lassen sich dann je nach Gasgemisch und Flaschengröße etwa 3-4 Trimixfüllungen herstellen. Bei einer typischen tiefentauglichen Trimix-Mischung von 11/45 O_2/He wird deutlich, daß der Heliumanteil von 45% empfindlich am Geldbeutel eines Tauchers nagen kann. Eine Basisfüllung Trimix für einen tiefen Tauchgang bei einem 2x15 Liter-Doppeltauchgerät kostet (ohne die Kosten für EANx-Deko-Gemische) durchschnittlich 150–200 DM pro Tauchgang!

Trimix-Taucher bei der Vorbereitung eines tiefen Dekompressions-Tauchganges.

Der Einsatz von Trimix erlaubt dem Taucher jedoch andererseits, Tiefen von weit über 200 Meter aufzusuchen. Dies ist ein Vorteil, der die hohen Herstellungskosten von Trimix für manche Taucher überwiegt. Allerdings erfordert der Einsatz von Trimix eine außergewöhnlich präzise Tauchgangsplanung. Unter Verwendung von Computerprogrammen, mit denen sich die einzusetzenden Gemische und die daraus resultierenden Austauchprofile errechnen lassen, wird jede Phase des Tauchganges simuliert. Gleichzeitig werden die geeignetsten Atemgemische für die komplexe Dekompression errechnet und die erforderliche Gesamtgasmenge bestimmt.

Der Trimix-Taucher muß eine Reihe unterschiedlicher Atemgemische – jedes in einer separaten Gasflasche und mit eigenem Atemregler – mit sich führen und genauestens darüber Bescheid wissen, welchen Atemregler er zu einer bestimmten Zeit verwenden bzw. welches Gemisch er in einer bestimmten Tiefe atmen muß. Aus diesem Grund werden die verschiedenen Gemische und deren Gasflaschen sowie die dazugehörigen Atemregler mit unterschiedlichen Farbkennungen versehen, da eine Verwechslung des Atemgemisches in einer hierfür nicht vorgesehenen Tauchtiefe unter Umständen zum Tode des Tauchers führen könnte.

Der gut organisierte Tech-diver führt bei tiefen Tauchgängen ein sogenanntes Reisegemisch (travel-mix) mit sich, das für das Abtauchen bis zu einer bestimmten Tiefe (abhängig vom Sauerstoffanteil des Gemisches) Verwendung findet. Beim Erreichen dieser vorher berechneten Tiefe, wechselt der Taucher auf das Grundgemisch (bottom-mix), mit einem geringeren Sauerstoffanteil. Später beim erneuten Aufstieg an die Wasseroberfläche, wird wieder auf das travel-mix gewechselt. Zusätzlich führt der Taucher ein weiteres Gemisch mit einem hohen Sauerstoffanteil, das sogenannte Dekompressions-Gemisch (deco-mix) mit sich, mit dem er seine Austauchstops vollzieht. Oftmals wird darüber hinaus noch eine weitere kleinere Flasche mit normaler Preßluft als Sicherheitsreserve oder zum Füllen des Trockentauchanzuges mitgeführt. Für einen Trimix-Taucher ist es keine Seltenheit, mit vier oder mehr Gasflaschen ins Wasser zu gehen. Dies ist eben das »normale« Technical Diving, das aufgrund seines enormen technischen, logistischen und finanziellen Aufwands schon deshalb nur von einer kleinen Minderheit von Tauchern durchgeführt wird.

Vorteile von Trimix:

- Kostengünstiger als Heliox
- Dekompressionsroutine ist anwenderfreundlicher als bei Heliox
- Kontrollierte Narkosis (entsprechend der gewählten EAD)
- Größere Sicherheitsreserven bei tiefen Tauchgängen als mit Preßluft
- Geringerer Einatemwiderstand als bei Atmen von Preßluft

Nachteile von Trimix:

- Wesentlich teurer als Preßluft
- Wesentlich narkotischer als Heliox
- Geringere Aufstiegsgeschwindigkeit als mit Preßluft
- Individuelle Dekompressionstabellen müssen erstellt werden
- Umfangreiche Ausrüstung und Geräte erforderlich
- Zusätzliche Ausrüstungsanforderungen

Trotz einiger Nachteile, vor allen Dingen der relativ hohen Kosten, ist Trimix das anwenderfreundlichste Gasgemisch für Tieftauchgänge. Durch die spezielle Mischungscharakteristik von Trimix wird eine Sauerstofftoxikation erfolgreich vermieden und das Risiko einer Inertgasvergiftung weitestgehend reduziert. Die Austauchphase nach einem tiefen Tauchgang – besonders bei mehreren Gaswechseln – ist zwar komplizierter als bei Preßluft, doch für einen geübten Taucher schnell beherrschbar.

Heliox

Wie bereits im Kapitel über die geschichtliche Entwicklung des Mischgastauchens erwähnt, werden Helium/Sauerstoff-Gemische (Heliox) aufgrund der nicht toxischen Wirkung des Heliums seit vielen Jahren für tiefe Tauchgänge eingesetzt. Was läge also näher, als den gesamten Stickstoffanteil eines Gasgemisches durch Helium zu ersetzen? Grundsätzlich erscheint diese Idee zwar logisch, doch leider ergeben sich auch hier einige Probleme. Durch die horrenden Anschaffungskosten für Helium in Deutschland ergibt sich ein sehr hoher Preis. Da bei Heliox-Gemischen der Heliumanteil meist über 80% liegt, sind diese Gemische aus Kostengründen für den privaten Taucher kaum zu bezahlen. Daher wird Heliox hauptsächlich in der

Tauchen mit Mischgasen erfordert nicht nur ein hohes Maß an zusätzlicher Ausbildung, es bedarf auch eines erheblichen Ausrüstungsumfangs.

Forschung sowie in Berufstaucherkreisen eingesetzt, wo Kosten normalerweise eine untergeordnete Rolle spielen.

Ein wesentliches Problem von Helium ist der beim Einsatz von herkömmlicher Tauchausrüstung im offenen Kreislauf entstehende Wärmeverlust über die Atmung des Tauchers. Unter atmosphärischen Bedingungen an der Wasseroberfläche liegt der Wärmeverlust durch die Atmung selbst bei kalter Luft bei etwa 10 Prozent der vom Körper erzeugten Wärme. Der Verlust steigt mit zunehmender Trockenheit der Luft, da Wärme zum Verdampfen der Feuchtigkeit im Atemtrakt bis zur vollständigen Sättigung benötigt wird. Wird das Atemgas während des Tauchganges in der Tiefe komprimiert, was wegen der steigenden Gasdichte auch höhere Wärmeleitfähigkeit zur Folge hat, und handelt es sich um ein Gas wie Helium mit einer besonderen Wärmeleitfähigkeit, so steigt der Temperaturverlust durch Konvektion über die Atmung enorm an. Aus diesem Grund darf bei Mischgastauchgängen, sei es mit Trimix oder Heliox, das hochangereicherte Heliumgemisch nicht zum Befüllen des Trockenanzuges verwendet werden. Wird der Körper des Tauchers im Trockenanzug mit Heliumgemischen umhüllt, hat dies aufgrund der geringeren Molekulardichte sowie der gasspezifischen hohen Wärmeleitfähigkeit des Heliums einen extremen Temperaturverlust zur Folge, und der Taucher kühlt sehr rasch aus. Bei Mischgastauchgängen ist es daher üblich, das Füllen des Trockenanzuges aus einer separaten 2-3 Liter-Flasche mit Luft oder Argon vorzunehmen oder das mitgeführte Nitroxgemisch für diesen Zweck mitzuverwenden.

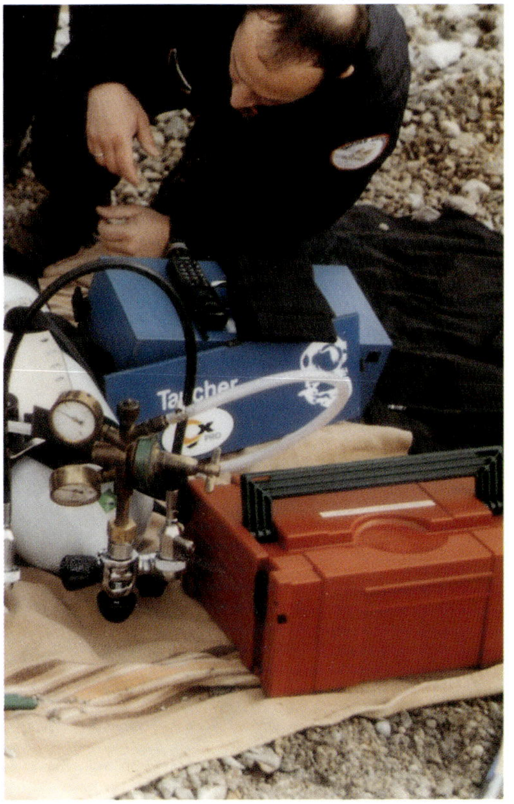

Die Kommunikation zwischen einem Taucher und dem Oberflächenpersonal kann beim Einsatz von hochkonzentrierten Helium-Gemischen durch die Sprachverzerrung zu einem Problem werden.

Ein weiterer Nachteil von Heliumgemischen ist die durch das Helium hervorgerufene Veränderung der Stimmlage (Donald Duck-Effekt). Die wesentlich geringere Gasdichte beeinträchtigt die menschliche Sprache erheblich. Unsere Stimmbänder haben sich der dichteren Luft angepaßt und verzerren bei Atemmedien mit abweichender Dichte wie Helium, je nach Konzentration des Gemisches, die Sprache bis zur Unkenntlichkeit. Daher werden hauptsächlich im professionellen Anwendungsbereich elektronische Sprachentzerrer zwischengeschaltet, um die Kommunikation zwischen dem Taucher und dem Oberflächenpersonal zu gewährleisten. Diese Sprachentzerrer zerhacken die Heliumsprache und schieben die Amplituden der einzelnen Sprachsegmente elektronisch auf das ursprüngliche Niveau zurück.

Das Hauptproblem von Helium sind jedoch die unter bestimmten Drücken auftretenden neurologischen Reaktionen, die zu einem gefährlichen Nervenzucken sowie Körperkrämpfen führen können. Man spricht in diesem Zusammenhang vom sogenannten High Pressure Nervous Syndrome (HPNS). Diese Symptome, deren Ursprung noch nicht abschließend erforscht sind, treten in Tiefen unterhalb 130 Metern auf und werden auf die hohe und schnelle Verdichtung des Gases in dieser Tiefe zurückgeführt. Bereits das geringe Beimengen von Stickstoff (Trimix) sowie ein kontrollierter, langsamer Tiefenabstieg reduzieren dieses Problem. Bei Sättigungstauchgängen im Bereich der Tiefseeforschung wurden mit diesen stickstoffangereicherten Heliox-Gemischen bereits Tiefen von über 700 Metern erreicht.

Vorteile von Heliox:

- Keine Gasnarkosis
- Schnelles Abatmen des Gases aus dem Körpergewebe
- Verlängerung der Grundzeiten
- Geringere Dekompressionserfordernis bei langen tiefen Tauchgängen

Nachteile von Heliox:

- Verlängerte Dekompressionszeiten bei kurzen Tauchgängen
- Hohe Gasherstellungskosten
- Langsame Aufstiegsgeschwindigkeit
- HPNS

Einsatzgrenzen der Atemgemische

Es gibt eine Reihe verschiedenartigster Faktoren, die der Taucher für das Verständnis seiner Atemgrenzen berücksichtigen muß: Wie tief, wie weit, wie lang will ich tauchen? Welche Maßnahmen treffe ich gegen Unterkühlung? Wieviele Tauchgänge plane ich heute oder im Rahmen einer mehrtägigen Exkursion? Welche Dekompressionstabellen muß oder kann ich einsetzen? Dies sind jedoch nur einige der grundsätzlichen Fragen, für die ich vor jedem Tauchgang passende Antworten finden muß. Einer der wichtigsten Faktoren für die Planung von Tauchgängen ist jedoch die Kontrolle der Sauerstoffeinwirkung der Atemgemische auf unseren Körper. Vor jedem geplanten Tauchgang muß ich mir daher Gedanken darüber machen, wie hoch die Sauerstoffeinwirkung sowie der Partialdruck eines Atemgasgemisches in der von mir angestrebten Tiefe sind. Sauerstoff ist wichtigster Bestandteil eines jeden Atemgases, ob Preßluft, Nitrox, Trimix oder anderer Mischungen. Ohne Sauerstoff können wir nicht überleben, aber zu viel des Guten ist bekanntlich auch ungesund, und so ist es auch mit Sauerstoff. Wird unser Körper einem zu hohen Sauerstoff-Partialdruck (PPO_2) ausgesetzt, kann es schnell zu einer O_2-Intoleranz und zu einer Vergiftung unseres zentralen Nervensystems kommen.

Nicht der Sauerstoff-Prozentanteil in einem Atemgemisch ist der kritische Faktor, sondern vielmehr der PPO_2-Wert ist für uns das entscheidende Element, das unsere Taucheinsätze aufgrund physischer und physikalischer Grenzen beschränkt. Bei jedem Tauchgang sollten wir daher darauf achten, daß wir die maximalen Toleranzwerte der Sauerstoffeinwirkung auf unseren Körper (maximal 45 Minuten Einatemzeit bei 1,6 bar) nicht überschreiten. Bei der Planung eines Tauchganges und der einzusetzenden Gasgemische muß daher das Atemgas so ausgelegt sein, daß wir diese Grenzen nicht überschreiten. Erfahrene Technische Taucher sind bereits dazu übergegangen, auf Tiefe bei Atmen von Trimix oder Heliox das Gemisch so zu modifizieren, daß sie lediglich einen maximalen Sauerstoff-Partialdruck von 1,4-1,5 bar tauchen. Dies reduziert die Einwirkzeit des Sauerstoffes auf unseren Organismus bei kritischen Partialdrücken während langer Tauchgänge.

Die Planung eines Tieftauchgangs

Im Bereich des Technischen Tauchens nehmen tiefe Tauchgänge einen sehr hohen Gesamtanteil ein. Anders als im Sporttauchbereich, wo ein Hobbytaucher relativ unbeschwert seinem Tauchvergnügen nachgehen kann und technische Probleme sowie menschliches Fehlverhalten meist glimpflich ausgehen, bleibt dem Technischen Taucher nur ein sehr enger Überlebensspielraum. Technische Defekte an der Ausrüstung sind durch redundantes Ausrüsten dabei das geringere Problem. Menschliches Versagen, d.h. Fehlreaktionen, Panik etc., führt meist zum Tode des Tauchers.

Ein für einen tiefen Dekompressionstauchgang ausgestatteter Wracktaucher mit Stage-Flaschen für die Dekompression.

Jede Planung eines Tieftauchganges erfordert zusätzliche Überlegungen in punkto Gasplanung, Dekompressionsprofil, Ausrüstungskriterien und -umfang sowie persönlicher Belange eines jeden Gruppenmitgliedes. Die Tauchgangsplanung hat nichts mehr mit den herkömmlichen Absprachen wie Tauchtiefe, Zeit, Richtung etc. zu tun, sondern ähnelt mehr einer generalstabsmäßigen Operation. Ein Technischer Taucher muß während jeder Phase unter Wasser präzise und auf die Minute genau nach den vorgegebenen Richtlinien sowie dem Zeitplan tauchen. Ohne eine detaillierte und exakte Planung sind die extremen Tauchgänge des Technischen Tauchens nicht durchführbar.

Auswahl der Gruppenmitglieder

Eigentlich sollte es logisch und selbstverständlich sein: Unerfahrene Taucher haben im Bereich des Technischen Tauchens und gerade bei einem Tieftauchgang nichts zu suchen! Bevor ein Taucher sich mit dem Gedanken an tiefe Tauchgänge beschäftigt, sollte er mindestens eine mehrjährige und umfassende Ausbildung mit sich bringen und seine Ausrüstung blind beherrschen. Extreme Tieftauchgänge sind kein Tummelplatz für unsichere Taucher, »Möchtegerntekkies« oder »Imponierlöwen«. Die Statistiken über verunglückte Taucher, die sich in Tiefenbereiche vorgewagt haben, die sie nicht meistern konnten und meist auch nicht überlebt haben, sprechen eine deutliche Sprache. Es ist unverantwortlich, einen unerfahrenen Taucher auf einen tiefen Tauchgang mitzunehmen und ihn Streßsituationen wie Tiefe oder Dekompression auszusetzen, bevor er nicht selbst in der Lage ist, die grundlegendsten Unterwasser-Überlebenstechniken zu meistern. Bei der Auswahl der Gruppenmitglieder sollte unbedingt darauf geachtet werden, daß jeder Taucher in etwa über den gleichen Ausbildungs- und Erfahrungsstand verfügt. Beachtet man diesen Grundsatz nicht, kann es leicht geschehen, daß ein unerfahrener Taucher sich in Gefahr bringt, weil er nicht als schlechter Taucher angesehen werden möchte und daher vielleicht zu viel riskiert.

Umgekehrt kann es natürlich auch vorkommen, daß ein sehr erfahrener Taucher, der mit einem weniger erfahrenen Partner taucht, sich kaum noch Gedanken darüber macht, wie stressig ein solcher

Tauchgang für den anderen sein kann. Trotzdem sollte jeder Taucher niemals den Grundsatz des Technischen Tauchens vergessen, jeden Tauchgang so zu sehen, als ob es ein Solo-Tauchgang wäre. Wie schon erwähnt, ein guter Tauchpartner ist eine angenehme Sache. Dennoch: Der Partner darf niemals als lebensnotwendig betrachtet werden! Ein Taucher, der nicht in der Lage ist, sich aus jeder potentiellen Gefahrensituation zu befreien und sicher zur Wasseroberfläche zurückzukehren, ist bei einem Technischen Tauchgang fehl am Platz, da er eine große Gefahr für seine Mittaucher darstellt!

Taucher, die sich in der Ausbildungsphase zum Technischen Taucher befinden, sollten ihre Tauchgangsanforderungen behutsam und kontinuierlich steigern. Die Freude über Teilerfolge ist wesentlich angenehmer als die Folgen eigener Selbstüberschätzung! Das blinde und selbstverständliche Kennen, Verstehen und Beherrschen seiner eigenen, wie auch der Ausrüstung des Partners, sind die grundlegendsten Bedingungen für jeden tiefen und anspruchsvollen Tauchgang!

Die Vorbereitungsphase

Der nächste Schritt ist das rechtzeitige Beschaffen aller benötigten bzw. fehlenden Ausrüstungsteile. Technisches Tauchen ist aufgrund der Materialintensität eine kostspielige Angelegenheit. Dennoch sollte es selbstverständlich sein, hier nicht auf den Geldbeutel zu schauen und aus finanziellen Gründen auf konsequente Redundanz oder auf das Beschaffen geeigneter Sicherheitsausrüstung zu verzichten. Die Ausrüstungscheckliste ist jedoch stets von der zu lösenden Aufgabe abhängig. Es gilt das Motto, nur die Ausrüstungsteile beim Tauchgang mitzunehmen, die wirklich benötigt werden.

Zusätzliche Reparatursets für kleinere und größere Reparaturen an der Ausrüstung sowie die nötigen Spezialwerkzeuge sind jedoch bei jedem technischen Tauchgang Pflicht. Mit einem abblasenden Lungenautomaten oder undichten Finimeter ins Wasser zu gehen ist bei extremen Tauchgängen tödlicher Leichtsinn! Oftmals genügt es, noch schnell einen O-Ring auszuwechseln, und das Problem ist gelöst. Wichtig ist natürlich, die notwendigen Ersatzteile mitzuführen, die für solche »Notoperationen« zwingend erforderlich sind.

Die Professionalität liegt hier im Detail. Ohne einen umfassenden Ersatzteilbestand geht es im Technischen Tauchen nicht.

Es versteht sich von selbst, daß alle Ausrüstungsgegenstände in einem einwandfreien technischen Zustand sind und regelmäßig gewartet werden. Auch eine situationsgerechte Notfallausrüstung ist stets mitzuführen. Bei Tauchgängen auf offener See sollten Leucht-

Der Autor bei den letzten Vorbereitungen für einen tiefen Mischgastauchgang in einem Gebirgssee in Österreich. Ohne die Mithilfe und Zusammenarbeit aller Teammitglieder geht es im Technischen Tauchen nicht.

raketen, Sprechfunk sowie ein Erste-Hilfe-Koffer unbedingt dabei sein. Auch ein Sauerstoffbeatmungsgerät mit entsprechendem Sauerstoffvorrat darf bei extremen Tauchgängen niemals fehlen.

Bei meinen tiefen Wrackerkundungen im rauhen und tückischen Nordatlantik hat es sich als sinnvoll erwiesen, sich bei der örtlichen Küstenwache über Funk anzumelden und die Koordinaten der geplanten Tauchstelle sowie die Anzahl der Taucher mitzuteilen. Die Küstenwache hält dann während der Zeit auf See Kontakt mit unserem Boot sowie der Begleitmannschaft und kann bei einer Notsituation schnell eingreifen und beispielsweise einen Helikopter zur Rettung verunfallter Taucher anfordern. Nach der Rückkehr in den Hafen wird dies der Küstenwache gemeldet und das eigene Boot wird aus dem Stand-by-Status der Überwachungsmonitore entfernt. Taucht man in heimischen Gewässern, ist es sinnvoll, für extreme Tauchgänge eine Begleitperson mit sich zu führen, die an der Oberfläche »Wache hält«. Diese Begleitperson sollte stets die notwendigen Bereitschaftsnummern von Druckkammern und Rettungsorganisationen sowie, wenn vorhanden, ein Mobiltelefon mit sich führen, damit in einem Notfall schnell Hilfe alarmiert werden kann.

Die Planung der Tauchphase

Für die erfolgreiche Planung eines Tieftauchganges sind einige weitere Überlegungen und Richtlinien unbedingt einzuhalten. Wird der Tauchgang beispielsweise von einem Boot aus durchgeführt, sollte der Kontakt zur Wasseroberfläche beziehungsweise zum Boot jederzeit sichergestellt sein. Daher ist es unerläßlich, für das Abtauchen eine stabile Abtauchleine zu legen. Taucht man in Gewässern, in denen mit Strömungen zu rechnen ist, sollte zusätzlich eine lange Strömungsleine ausgelegt werden, an der die Taucher ihren Weg zum Abtauchseil finden können. Wird der Tauchgang mit Stage-Flaschen (zusätzlichen Atemgasflaschen für die Dekompression etc.) durchgeführt, sollte jeder Taucher in seinem eigenen Interesse seine Flaschen so markieren, daß er sie als seine eigenen identifizieren kann. Farbmarkierungen mit Klebeband, auf denen der Name des Tauchers, die Art und die Konzentration seines persönlichen Gemisches vermerkt sind, eignen sich sehr gut, um Verwechslungen zu vermeiden.

Tauchgangsbesprechung (briefing)

Jedes Mitglied einer Tauchgruppe muß für jede Phase unter Wasser genau wissen, was zu tun ist. Dies bedeutet für den Gruppenleiter eine vollständige und genaue Einweisung bezüglich des Tauchgebietes (Besonderheiten eines Wracks etc.), Tauchgangsverlauf (Tiefe, Zeit, Gemischwechsel, Dekompressions- und Notfallroutine etc.) sowie der Auftauchbedingungen, Art des Auftauchens (freier Aufstieg mit Dekompressionsboje, am Ankerseil etc.). Jede notwendige Änderung des geplanten Tauchgangverlaufs (beispielsweise Zeitbegrenzung durch Wetterwechsel etc.) muß mit allen Gruppenmitgliedern besprochen werden. Jeder Taucher muß seine eigene Grundzeit und Dekompressionsplanung sowie die Tauchgangsdaten seines Partners präzise kennen.

Jedes Gruppenmitglied muß mit der verwendeten Ausrüstung vertraut und in ihrer Anwendung geübt sein. Jedes mögliche Problem sowie jede potentielle Gefahr sollte vor dem Tauchgang innerhalb der Gruppe abgesprochen werden. Gleiches gilt für die vorge-

Eine umfangreiche Planung jeder Phase des Tauchgangs ist Voraussetzung für einen erfolgreichen Tieftauchgang.

sehenen Unterwasserzeichen zur Verständigung. Falls für ein bestimmtes möglicherweise auftretendes Problem keine adäquate Lösung gefunden wird oder ein Gruppenmitglied das Konfliktmanagement nicht durchführen kann, sollte der Tauchgang entsprechend abgeändert werden, um dieses spezielle Problem auszuschließen. Eine Tauchgruppe, die beispielsweise nicht mit dem Umgang einer Dekompressionsboje vertraut ist, muß den Tauchgang so planen, daß ein Aufstieg am Ankerseil möglich ist.

Die Dekompressionsphase

Bei Mischgastauchgängen ist es lebenswichtig, daß während der Dekompressionswechsel ein notwendiger Gaswechsel in der richtigen Tiefe und auf das richtige Gemisch präzise und zum richtigen Zeitpunkt erfolgt. Wird innerhalb einer Gruppe getaucht, sollte stets darauf geachtet werden, daß während der Auftauchphase jedes Gruppenmitglied rechtzeitig auf das richtige Deko-Gemisch (Nitrox, Sauerstoff) wechselt. Das gleiche gilt für die möglicherweise notwendigen Luftphasen bei der Dekompression mit Sauerstoff (siehe Sauerstoffdekompression). Jeder Taucher sollte seinen gesamten Atemgasvorrat mit sich führen und sich niemals auf deponierte Gasflaschen verlassen. Die am Deko-Seil angehängten Flaschen könnten sich lösen, oder aber das Boot könnte abtreiben!

Für jeden tiefen Tauchgang, vor allen Dingen in strömungsreichen Gewässern, sollten alle Taucher mindestens eine zusätzliche Oberflächen-Markierungsboje sowie eine Seilrolle mit mindestens 30 Metern Seillänge mitführen. Falls der Taucher nicht in der Lage ist, das Auftauchseil zu finden, oder durch Strömung abgetrieben wird, hat er so die Möglichkeit, diese Boje am Seil zur Oberfläche zu schicken und an ihr hängend seine Dekompressionsphase durchzuführen. Durch die an der Wasseroberfläche sichtbare Boje kann das Begleitboot Kontakt zum Taucher halten und kennt jederzeit seine Position.

Hilfsleinen für Dekompressionstauchgänge

Bei einem Deko-Tauchgang mit einer Gruppe von mehreren Tauchern, sollte bei der Planung darauf geachtet werden, daß nicht mehr als drei Taucher gleichzeitig an einem Seil dekomprimieren.

Sind mehr als drei Taucher zur gleichen Zeit im Wasser, muß ein zusätzliches Deko-Seil ausgelegt werden. Es ist schwierig genug, sich bei Seegang an einem Deko-Seil festzuhalten und die notwendige Dekompressionstiefe einzuhalten. Teilen sich dann auch noch zu viele Taucher den gleichen eingeschränkten Raum am Seil, sind oftmals Verletzungen anderer Taucher durch herumschlagende Ausrüstungsgegenstände wie Flaschen etc. die Folge. Dekompressionsleinen sollten einige Meter länger als der tiefste geplante Dekompressionsstop sein, damit der Taucher sich bereits vor Erreichen seiner Dekotiefe festhalten kann. Am besten werden die verschiedenen Dekostufen (3 m, 6 m, 9 m usw.) mit einem Seilknoten oder sonstigen Markierungen gekennzeichnet. Das Seilende sollte mit einem schweren Grundgewicht versehen werden, damit eine größere Stabilität erzeugt wird und die Dekompressions-Markierungen nicht durch Strömung verfälscht werden. Bei besonders tiefen Tauchgängen hat es sich als sinnvoll erwiesen, zusätzliche Atemgasflaschen mit Dekompressionsgas (Luft, Nitrox oder Sauerstoff) an der Dekompressionsleine zu befestigen. Zwar sollte ein Taucher seinen benötigten Atemgasvorrat (inklusive Deko-Gas) stets vollständig bei sich führen, doch kann es durch Notfälle immer einmal zu Atemgas-Engpässen kommen, die durch zusätzliche Gasreserven aufgefangen werden können.

Freiwasser-Dekompression

Für die Freiwasser-Dekompression, also ohne Zuhilfenahme einer Auftauchleine, gibt es zwei unterschiedliche Methoden. Bei der ersten Variante hängt der Taucher frei an einer Oberflächenboje, während er mit der Strömung treibt. Bei der zweiten Möglichkeit läßt der Taucher ein mitgeführtes Seil mit einem Grundgewicht vom Meeresgrund an einer Boje zur Oberfläche, oder er befestigt es an einem festen Punkt, beispielsweise an einem Wrack. An diesem Seil kann der Taucher nun bequem seinen Aufstieg einleiten und die erforderlichen Dekompressions-Stops durchführen. Diese Auftauchtechnik bietet dem Taucher einen größeren Aktionsbereich unter Wasser. Er kann beispielsweise ein Schiffswrack zu einem wesentlich größeren Teil betauchen, da er nicht durch den Rückweg zur Auftauchleine beeinträchtigt wird. Nach Beendigung seiner Grundzeit leitet er an jeder beliebigen Stelle seinen Aufstieg ein und ist so von der Planung des Rückweges befreit.

Oben: Eine für die Freiwasser-Dekompression modifizierte Seilrolle mit eingerollter Oberflächen-Markierungsboje.

Rechts: Ein als Dekompressionsboje modifizierter Hebesack.

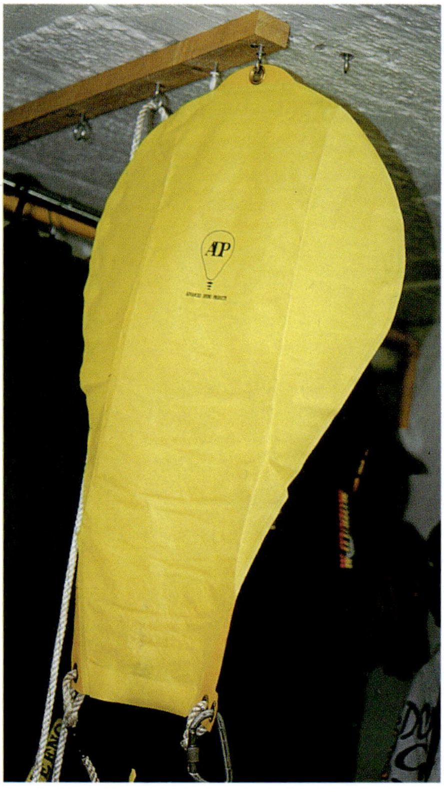

Führt der Taucher eine freihängende Dekompression durch – entweder geplant oder aufgrund eines Notfalles – sollte er sobald als möglich den Kontakt zur Wasseroberfläche herstellen. Unmittelbar nach Erreichen der ersten Dekompressionstiefe sollte er sich austarieren und die Oberflächen-Markierungsboje an der Seilrolle zur Oberfläche senden, um dem Begleitboot seine Anwesenheit zu signalisieren. Die Begleitmannschaft weiß dann, daß der Taucher seinen Tauchgang beendet hat und sich nun auf Dekompressionstiefe befindet.

Nach einem tiefen Dekompressionstauchgang hängt sich der Taucher bei der Freiwasser-Dekompression an eine Oberflächen-Markierungsboje und läßt sich mit der Strömung treiben. Das Begleitboot kann so bequem dem Taucher folgen.

Erfahrungsgemäß ist es ratsam, die Seilrolle mit der zur Wasseroberfläche führenden Boje fest an der Ausrüstung zu befestigen, da sie bei starker Strömung leicht aus der Hand gleiten kann. Ein zusätzlich an der Seilrolle angebrachtes Seil mit einer Länge von ca. 40 Zentimeter, das mit einem Karabinerhaken am Jacket angebracht wird, ermöglicht die notwendige Bewegungsfreiheit, die der Taucher zum Aufrollen des Seiles benötigt, wenn er höher taucht. Bei der Wahl einer geeigneten Oberflächen-Markierungsboje sollte darauf geachtet werden, daß sie nicht zu klein ist (aus Gründen der Sichtbarkeit). Außerdem sollte die Boje über ein Auftriebsvolumen von mindestens 10-20 Kilogramm verfügen, damit sich der Taucher auch tatsächlich anhängen kann und nicht untergeht. Bojen mit einem automatischen Überdruckventil haben sich für Tieftauchgänge als besonders geeignet erwiesen, da der Taucher in der Tiefe unbedenklich viel Luft einströmen lassen kann, ohne daß die Gefahr besteht, daß die Boje beim Aufstieg durch Volumenausdehnung zum Platzen gebracht wird.

Sauerstoff-Dekompression

Viele technische Taucher verwenden seit Jahren regelmäßig reinen Sauerstoff für ihren flachsten Dekompressions-Stop. Als Alternative hierzu eignen sich selbstverständlich auch Nitroxgemische in unterschiedlichsten Konzentrationen. Üblicherweise werden hierfür EANx 40- oder EANx 50-Gemische eingesetzt. Durch Einsatz von Sauerstoff in hohen Konzentrationen lassen sich die Dekompressionszeiten erheblich verkürzen. Es ist jedoch wichtig, daß man im Umgang mit O_2-Gemischen geübt ist und geeignete Sauerstoff-Dekompressionstabellen zum Einsatz kommen.

Darüber hinaus gibt es einige weitere Risiken der Sauerstoff-Dekompression, die jedoch bei sachgemäßem Umgang konsequent ausgeschlossen werden können. Die wichtigste Regel ist, daß reiner Sauerstoff niemals unterhalb einer Tiefe von maximal 10 Metern geatmet werden darf (siehe Kapitel Sauerstoff-Toxikation). Die ideale Einsatztiefe für reinen Sauerstoff liegt bei 6 Metern, da in dieser Tiefe der Sauerstoff-Partialdruck in einer akzeptablen und verträglichen Größenordnung liegt. Der maximale Sauerstoff-Partialdruck für Dekompression im Wasser liegt bei 1,6 bar. Bei der Dekompressionsplanung muß diese Einsatzbeschränkung unbedingt berücksichtigt werden!

Beim Einsatz von Sauerstoffgemischen mit einer Konzentration von 40% und darüber ist darauf zu achten, daß jedes Ausrüstungsteil (insbesondere Flaschenventile und Lungenautomaten) einer speziellen Sauerstoff-Reinigungsprozedur unterzogen wird. Atemgasflaschen, die Sauerstoff enthalten, müssen deutlich mit der entsprechenden Kennfarbe (in Deutschland blau) sowie entsprechenden Hinweisaufklebern versehen werden, um mißbräuchliche oder falsche Benutzung auszuschließen! Ein spezielles Sauerstoffventil

Der Autor führt zwei Stage-Flaschen mit EANx 40 und EANx 80 für seine Dekompressions-Stops mit sich. Mit hoch angereicherten Nitrox-Gemischen lassen sich die Dekompressionszeiten bei langen und tiefen Tauchgängen erheblich verkürzen.

mit Außengewinde, welches ebenfalls in Deutschland vorgeschrieben ist, verhindert den Anschluß herkömmlicher Preßluft-Lungenautomaten, da diese ebenfalls ein Außengewinde besitzen. Um der deutschen Norm gerecht zu werden, bieten mittlerweile einige Hersteller von Tauchgeräten und Lungenautomaten, u.a. die Firmen JWL-AQUALUNG und APECS, spezielle Sauerstoff- und Nitroxlungenautomaten. Auch spezielle Tauchflaschen sind mittlerweile bei einigen Herstellern im Sortiment. Durch unsachgemäßen Umgang mit Sauerstoff kann es leicht zu Explosionen oder tödlichen Unfällen kommen! (siehe Kapitel Handhabung von Sauerstoff und Sauerstoffreinigung).

Um den irrtümlichen Gebrauch von Sauerstoff oder sauerstoffangereicherten Deko-Gemischen in der falschen Tauchtiefe zu vermeiden, sollten Sauerstoff- oder EANx-Tauchflaschen während des Tauchganges verschlossen bleiben und erst bei der richtigen Einsatztiefe aufgedreht werden. Die an diesen Flaschen angebrachten Atemregler sollten so verstaut werden, daß ein versehentlicher Einsatz unmöglich wird. Um ganz auf der sicheren Seite zu sein, bieten einige Hersteller für technisches Tauchzubehör, wie beispielsweise Dive-Rite, spezielle farblich gekennzeichnete Schutztaschen, in denen die Sauerstoffatemregler bis zu ihrem Einsatz verstaut werden. Die für den Einsatz von Sauerstoff und EANx-Gemischen vorgese-

Eine für den Gebrauch in Deutschland vorgesehene, korrekt markierte Sauerstoffflasche mit entsprechendem Sauerstoffventil und Sauerstoff-Atemregler.

Korrekt markierte EANx-Flaschen mit farblich gekennzeichneten Lungenautomaten und Finimetern. Für Reinsauerstoff bietet sich eine rote Warnfarbe an, da dieser nicht unterhalb von 6 Metern eingeatmet werden darf.

henen Atemregler sollten ebenfalls klar und unmißverständlich farblich markiert bzw. beschriftet werden. Dies kann durch farblich unterschiedliche Automatendeckel oder durch farbliche Unterscheidung der Automatenschläuche geschehen. Auch die für diese Atemgasflaschen vorgesehenen Finimeter werden mit der entsprechenden Farbmarkierung versehen und dürfen nicht ölgefüllt sein, da dies zu chemischen Reaktionen mit dem Sauerstoff führen kann.

Aus meiner Erfahrung ist es jedoch nicht unproblematisch, bei tiefen Tauchgängen reinen Sauerstoff als Deko-Gas einzusetzen. Gerade bei Tauchgängen im Meer kann es aufgrund von hohem Seegang unversehens vorkommen, daß der Taucher durch die Wellen seine Deko-Tiefe nicht exakt einhalten kann. Schnell wird dann unter Umständen die maximale Einsatztiefe des reinen Sauerstoffes von 6 Metern überschritten, und dies kann gefährlich werden. Wesentlich sicherer und problemloser können daher Nitroxgemische eingesetzt werden. Entscheidet sich der Taucher beispielsweise für eine EANx 80-Gemisch (O_2=80%) statt des reinen Sauerstoffs, erhöht er seine Einsatztiefe bereits auf neun Meter und dies kann bei Meerwassertauchgängen mit hohem Seegang ein entscheidender Vorteil sein. Ein EANx 40-Gemisch läßt sich bereits ab einer Tauchtiefe von 30 Metern als Deko-Gas einsetzen. Die Dekompressionszeiten im Vergleich zur Preßluft lassen sich somit erheblich verkürzen!

Atemgas-Management

Für jeden Tauchgang, ob mit Preßluft oder mit Mischgas, ist es unerläßlich und von größter Wichtigkeit, den benötigten Atemgasvorrat im Vorfeld bereits genauestens zu berechnen. Ein Taucher, der sich ins Wasser begibt, ohne exakt zu wissen, wie lange sein Atemgas ausreicht und ob er mit diesem Vorrat einen geplanten Tauch-

Die für einen tiefen Tauchgang benötigte Atemgasmenge sollte vor dem Tauchgang exakt berechnet werden. Entsprechend großzügige Reserven müssen vom Taucher stets mitgeführt werden. Auf dem Foto sieht man das Doppelflaschen-Paket mit Bottom-Mix sowie drei Stage-Flaschen mit EANx-Gemischen für die Dekompression nach einem tiefen Wracktauchgang.

gang überhaupt durchführen kann, gleicht einem Piloten, der in die Luft startet, ohne zu wissen, wie weit der Tank seines Flugzeuges gefüllt ist. Für den Taucher bedeutet dies, daß er nie weiß, wann sein Gasvorrat zu Ende geht. Natürlich kann er aufgrund seiner Finimeter stets den aktuellen Flaschendruck ablesen, doch was nützt es ihm, wenn er weiß, daß er noch Atemgas für eine halbe Stunde hat, wenn er nach einem langen Tauchgang noch eine Stunde Dekompression auszutauchen hat?! Darüber hinaus kann es schnell passieren, daß sein ursprünglich als ausreichend angesehener Atemgasvorrat durch eine unvorhersehbare Streß- oder Notsituation empfindlich gestört wird und er dadurch bei seiner Auftauchphase zu wenig Atemgas besitzt.

Die einzige Möglichkeit, in solchen Situationen auf der sicheren Seite zu sein, sind das Mitführen von ausreichenden Atemgasreserven, die präzise Tauchgangsplanung sowie eine generalstabsmäßige Durchführung dieses Planes unter Wasser.

Die Drittelregelung

Dieses seit Jahren von vielen Technischen Tauchern angewandte Gasmanagement-Prinzip ist mit wenigen Worten zu erklären: Der Taucher atmet ein Drittel seines gesamten Atemgasvorrates während der Abtauchphase sowie während seiner Grundzeit auf Tiefe, ein Drittel des Atemgases ist für den Rückweg sowie für eventuelle Dekompressions-Stops vorgesehen, während das letzte Drittel des Gases nur als Reserve für Notsituationen angetastet wird. Wird mit mehreren Atemgasflaschen getaucht, gilt diese Regel selbstverständlich für alle Flaschen! Die erste Flasche wird bis auf einen Restdruck von zwei Dritteln abgeatmet und der Taucher wechselt auf seine zweite Flasche. Ist diese ebenfalls bis auf zwei Drittel abgeatmet, wird ein weiterer Flaschenwechsel durchgeführt. Nach dieser Methode werden alle Flaschen systematisch nach und nach abgeatmet. Keine der Flaschen darf vor der Auftauchphase einen Druck von weniger als zwei Drittel des Gesamtflaschendrucks aufweisen! Die gleiche Vorgehensweise wird später bei der Auftauchphase entsprechend umgesetzt.

Werden zwei voneinander getrennte Flaschensysteme eingesetzt, muß der Taucher in jeder Phase des Tauchgangs in der Lage sein, sicher und mit den notwendigen Deko-Stops zur Wasseroberfläche zurückzukehren. Dies bedeutet, daß beim Absperren einer Flasche (beispielsweise bei einer Automatenvereisung oder bei einem sonstigen technischen Problem) die zweite Flasche noch über genügend Restdruck verfügen muß, um sicher auftauchen zu können. Zusätzlich zu dieser Regelung ist es sinnvoll, sein Dekompressionsgas in separaten Tauchflaschen mitzuführen, damit selbst in einer Notsituation die notwendigen Stops immer gewährleistet sind. Diese Dekompressions-Reserve darf zu keinem Zeitpunkt in den eigentlichen Gasvorrat, der auf Tiefe notwendig ist, eingeplant werden. Für den Taucher ist es sehr wichtig, seinen Tauchgang mit großer Selbstdis-

Für jeden geplanten Tieftauchgang müssen ausreichende Atemgasreserven vorhanden sein. Die exakte Berechnung und Analyse der Gasmengen ist daher von größter Wichtigkeit.

ziplin durchzuführen. Egal, was in der Tiefe noch verlockend erscheint, und unabhängig davon, welche schönen Funde noch an einem Wrack zu machen sind – ist ein Drittel des gesamten Atemgasvorrates erschöpft, muß der Aufstieg eingeleitet werden! Bereits ein oder zwei Minuten länger auf Tiefe als geplant, können den Taucher sonst in arge Bedrängnis bringen.

Um für Notfälle gerüstet zu sein , die ein längeres Verweilen auf Tiefe notwendig machen, ist es sinnvoll, alternative Tauchgangsplanungen durchzuführen. Ich habe es mir daher zur Gewohnheit gemacht, für jeden meiner tiefen Tauchgänge drei voneinander unabhängige Tauchgangsplanungen (inklusive der geänderten Dekompressions-Routine) zu errechnen, die ich dann beim Tauchen mit mir führe. Plane ich beispielsweise einen Tauchgang mit einer Grundzeit von 20 Minuten auf 90 Meter, plane ich sowohl mit einer Grundzeit von 15 Minuten, als auch mit einer Grundzeit von 25 Minuten. Habe ich unter Wasser ein Problem und muß meinen Tauchgang vor der geplanten Grundzeit abbrechen, kann ich die verkürzte 15-Minuten-Planung anwenden. Muß ich länger als geplant auf Tiefe bleiben, da ich ein Problem zu lösen habe, kann ich ohne weiteres auf meine verlängerte 25-Minuten-Planung zurückgreifen (siehe Kapitel Run-Time-Slates). Es versteht sich von selbst, daß mein Atemgasvorrat so berechnet sein muß, daß ich selbst im schlimmsten Fall bei einer Grundzeit von 25 Minuten erst ein Drittel meines gesamten Atemgasvorrates verbraucht haben darf! Ich persönlich tauche lieber mit halbvollen Flaschen auf, als für eine Notsituation zu wenig Atemgas mit mir zu führen. Einen Tauchgang ohne entsprechend große Sicherheitsreserven zu planen, ist eine gefährliche Sache, die schnell tödlich enden kann!

Die Berechnung des benötigten Atemgasvorrates

Ein Taucher im Ruhezustand an der Wasseroberfläche atmet etwa 10-20 Liter pro Minute ein. In einer Streß- oder Notsituation unter Arbeitsbelastung kann sich diese Luftmenge selbst an der Wasseroberfläche schnell auf 30-60 Liter vergrößern. Um diese Tatsache entsprechend bei der Kalkulation für einen Tauchgang zu berücksichtigen, verwenden wir zwei einfache Rechenformeln. Zur Atemgasberechnung benötigen wir die geplante Tauchtiefe und die Gasmenge (in Liter), die wir in unseren Atemgasflaschen mit uns führen, sowie unserer Atemlungenvolumen.

Für die Formel gilt:

T = Tauchzeit in Minuten
V = Volumen der Tauchflasche(n) in Liter
PA = Absoluter Umgebungsdruck (Tiefe) in bar
R = Atemlungenvolumen/Minute in Liter

$$T = \frac{V}{(PA \times R)} \quad \text{wobei} \quad V = PA \times R \times T$$

Das Volumen von 1000 Liter Flascheninhalt entspricht einem Kubikmeter. Um den genauen Flascheninhalt in Litern zu errechnen, wenden wir folgende Formel an:

Für diese Formel gilt:

C = Flaschenvolumen in Litern
VW = Flaschenvolumen in Liter/Wasser
WP = Gebrauchsfülldruck der Atemgasflasche in bar

$$C = VW \times WP$$

Um feststellen zu können, wie groß nun beispielsweise der Flascheninhalt eines Doppel-15-Liter-Gerätes bei einem Fülldruck von 230 bar ist, geben wir in die Formel die nötigen Zahlenwerte ein:

C = 30 (Liter) × 230 (bar) = 6900 Liter/Gasvolumen
(bei einem Fülldruck von 230 bar)

Wenn wir davon ausgehen, daß wir an der Wasseroberfläche etwa 30 Liter pro Minute atmen, würde unser Doppelgerät Luft für etwa 230 Minuten bieten.

Dieser Wert ist natürlich nur unter einem Umgebungsdruck von 1 bar gültig. Bei zunehmendem Druck unter Wasser haben wir einen erheblich höheren Luftverbrauch.

Um nun beispielsweise festzustellen, wie lange unser errechneter Atemgasvorrat in einer Tiefe von 90 Metern (bei einem absoluten Druck von 10 bar) ausreicht, verwenden wir die Formel

$$T = \frac{V}{(PA \times R)}$$

$$T = \frac{6900}{(10 \times 30)}$$

$$T = 23 \text{ Minuten}$$

Bei konsequenter Anwendung der »Drittelregelung« für unser Gasmanagement bedeutet dies, daß wir bereits nach einer Grundzeit von rund 7 Minuten wieder auftauchen müssen.

Die genaue Berechnung des benötigten Gasvorrates ist von großer Bedeutung, gerade bei langen und ausgedehnten Tauchgängen, Tieftauchgängen oder bei Tauchgängen in Wracks, Höhlen oder Eis (wo ein direkter Aufstieg zur Wasseroberfläche nicht möglich ist). Während man bei einem relativ flachen und kurzen Tauchgang bis zu einer Tiefe von 30-40 Meter mit einer Einzelflasche von 15 Litern davon ausgehen kann, im Normalfall genügend Luftreserven für eventuelle Not- oder Streßsituationen mit sich zu führen, sieht dies bei tiefen Tauchgängen bereits ganz anders aus. In großer Tiefe spielt der Zeitfaktor eine entscheidende Rolle. Bereits das Überschreiten der geplanten Tauchzeit (Grundzeit) um wenige Minuten, kann zur Folge haben, daß der Atemgasvorrat für einen sicheren Aufstieg nicht mehr ausreicht! Gerade in Streßsituationen in großer Tiefe erhöht sich die Atemleistung eines Tauchers dramatisch. In einer Minute 60-70 Liter zu atmen ist dann keine Seltenheit! Hält man sich diese Tatsache vor Augen, ist es leicht zu verstehen, wie schnell ein ursprünglich als ausreichend erachteter Atemgasvorrat erschöpft sein kann. Bei einer Streßsituation in einer Tiefe von 90 Metern kann dann eine 15-Liter-Flasche innerhalb weniger Minuten leer geatmet sein. Mit anderen Worten: Der Taucher muß bei schwierigen Tauchgängen stets eine ausreichende Reserveatemluft-Kapazität mit sich führen. Zusätzliche Gasflaschen sind leicht an markanten Stellen, die während des Tauchganges angetaucht werden, zu deponieren. Eine andere Möglichkeit besteht darin, sie für die Dekompressionsphase am Deko-Seil zu befestigen. Wesentlich sicherer ist es jedoch, wenn der Taucher seinen gesamten benötigten Atemgasvorrat sowie zusätzliche Sicherheitsreserven während des Tauchganges stets bei sich führt. Mit dieser Methode ist er für alle Eventualitäten gerüstet und kann auch dann, wenn er beispielsweise das Deko-Seil nicht findet, seinen Aufstieg sicher durchführen.

In Höhlen oder auch in Wracks, bei denen der Taucher Engstellen überwinden muß, empfiehlt sich die sogenannte »Side-Mount-Technik« bei denen die Atemgasflaschen an den Hüften getragen werden.

Tauchgangsplanung anhand von Computerprogrammen

Tauchcomputer und Software für die Planung von Tauchgängen mit Preßluft oder Mischgas sind in den letzten Jahren ein fester Bestandteil im Bereich des Sporttauchens und des Technischen Tauchens geworden. Viele Preßluft- oder Nitrox-Computer der neuesten Generation bieten die Möglichkeit der Tauchgangsplanung, anhand der ein Anwender einen bevorstehenden Tauchgang bezüglich seiner Nullzeit oder eventuellen Dekompressionserfordernis im voraus berechnen kann. Mittels Interfacekabel lassen sich einige dieser Tauchcomputer am PC anschließen. Man hat so die Möglichkeit, beispielsweise einen durchgeführten Tauchgang nachträglich auszuwerten. Trotz der rasanten Weiterentwicklung der heutigen Tauchcomputer, die immer leistungsfähiger und vielseitiger in ihrer Nutzung werden, gibt es für den Technischen Taucher noch keinen Tauchcomputer, der sich für die Anwendung mit Trimix oder ähnlichen Gemischen einsetzen läßt.

Lediglich die Technischen Tauchverbände, wie beispielsweise die International Association of Nitrox & Technical Divers (IANTD), haben sich mit dieser Problematik beschäftigt und bieten zumindest für einige Standardgemische entsprechende Dekompressionstabellen an, mit denen der Technische Taucher einen Tieftauchgang durchführen kann. Da Technische Taucher jedoch nicht wie Sporttaucher, über die Vorzüge eines Volldekorechners verfügen können, da es ein solches Produkt für Mischgastauchgänge noch nicht gibt, heißt es für sie bei Tieftauchgängen »zurück zu den Anfängen zu gehen« und nach guter alter Tradition mit Tiefenmesser, Uhr und Tabelle zu tauchen. Solange er nun mit den Standardgemischen taucht, und sich an die Tiefengrenzen der Tabellen hält, kann er mit den von den Verbänden entwickelten Mischgas-Dekompressionstabellen tauchen. Dies setzt jedoch in jedem Fall voraus, daß sich der Taucher peinlich genau an die Vorgaben der Tabellen, wie beispielsweise Gemischkonzentration des Bottom- und Deko-Mix, Grundzeit, Tauchtiefe etc. hält. Weicht eines der von ihm verwendeten Gasgemische bereits um einige Prozentpunkte von den Vorgaben ab, stimmen die Austauch- und Dekompressionszeiten der Mischgastabellen bereits nicht mehr mit den tatsächlichen Werten überein. Ein Technischer Taucher, der die von ihm verwendeten Gasgemische exakt auf seine persönlichen Belange, wie beispielsweise bezüglich der von ihm gewünschten äquivalenten Lufttiefe (EAD), oder des von ihm maximal tolerierten Sauerstoffpartialdruckes (PPO_2) etc., maßschneidern will, muß zwangsläufig seine Dekompressionsroutine sowie die notwendigen Deko-Tabellen für jeden Tauchgang selbst errechnen.

Glücklicherweise gibt es seit einigen Jahren diverse Softwareanbieter, die Tauchgangsplaner für den Technischen Taucher anbieten, mit deren Hilfe er nicht nur das für ihn und seinen Einsatzzweck sinnvollste und sicherste Gas ermitteln, sondern auch die für dieses Gas notwendigen Dekompressionstabellen und den benötigten Atemgasvorrat errechnen kann.

Berücksichtigung der Sauerstofftoxizität bei der Tauchgangsplanung

Ausgereifte Computerprogramme wie beispielsweise der Pro-Dive-Planner der Firma Aquatronics berechnen bei der Dekompressionplanung alle durchzuführenden Gemischwechsel unter Berücksichtigung der auf unser zentrales Nervensystem (ZNS oder engl. CNS) einwirkenden Sauerstofftoxizität. Die ZNS respektive pulmonale Sauerstofftoxizität wird über die sogenannte »CNS-toxidity-clock« beziehungsweise die Oxygen Tolerance Units (OTU) bestimmt und ausgegeben.

Zentralnervöse Toxizität (CNS Toxidity)

Die zentralnervöse Toxizität, auch Paul-Bert-Effekt genannt, resultiert aus der Wirkung von hohen Sauerstoff-Partialdrücken (meist größer als 1 bar) auf das zentrale Nervensystem. Die Sauerstoff Exposition ist vergleichbar mit einer Uhr, die den Sauerstoffgiftigkeitsgrad mißt (daher auch der englische Name CNS-Toxidity-Clock). Die Uhr ist dann »abgelaufen«, wenn die maximale Expositionszeit erreicht ist. Wenn der Wert der CNS-Toxidity-Clock auf 100 (%) springt, hat der Taucher die maximal erlaubte Sauerstoff-Expositionszeit erreicht, und es droht die Gefahr einer Sauerstoffvergiftung. Gleiches gilt auch bei der Überschreitung des maximal als sicher angesehenen Sauerstoffpartialdrucks von 1,6 bar.

Pulmonale Toxizität

Die pulmonale Sauerstoffgiftigkeit, auch Lorraine-Smith-Effekt genannt, entsteht dadurch, daß bei längerer Einwirkung eines Sauerstoffpartialdruckes von über 0,5 bar die Lipidschicht in der Lunge angegriffen wird und es so zu Lungenschädigungen kommen kann. Ein Leitsymptom dabei ist die Abnahme der Vitalkapazität. Die pulmonale Sauerstoff-Toxizität wird über die Sauerstoff-Verträglichkeitswerte, den sogenannten OTU-Werten (Oxygen Tolerance Unit) erfaßt. Diese pulmonale Sauerstoff-Toxizität ist bei sehr langen Expositionen bei leicht erhöhtem Sauerstoffpartialdruck (PPO_2>0,5 bar) wichtig. Die Werte für jedes Tiefen-Zeit-Intervall werden aufsummiert: $OTU=t(pO_2-0{,}5)\hat{}0{,}83$. Bei autonomen Tauchunternehmungen ist die pulmonale Toxizität im Gegensatz zur zentralnervösen Toxizitat meist vernachlässigbar. Bei extremen Expositionen oder regelmäßigen hohen PO_2-Expositionen über mehrere Tage kann man jedoch auch hier in kritische Bereiche gelangen. Als Anhaltspunkt für die maximale Exposition hat sich in der Praxis ein OTU-Wert von 800 Einheiten als Grenze erwiesen. Dieser Wert sollte deshalb möglichst nicht überschritten werden.

Moderne Tauchgangsplaner wie der bereits erwähnte Pro-Dive-Planner berücksichtigen die Maximalwerte sowohl in bezug auf die ZNS-Toxizität als auch bezüglich der OTU-Grenzwerte und der maximal sicheren Sauerstoff-Partialdrücken. Überschreitet der Software-Anwender bei seiner Tauchgangsplanung diese Werte, wird dies mit einer entsprechenden Warnmeldung und der Aufforderung, das Tauchprofil neu zu berechnen, quittiert. Ähnliche Warnmeldungen werden auch dann ausgegeben, wenn beispielsweise die eingegebenen Gasflaschengrößen sowie deren Maximalfülldruck nicht für die tatsächlich benötigte Gasmenge eines geplanten Tauchgangs ausreicht.

Gute Tauchgangsplaner bieten zusätzlich auch die Möglichkeit, die verschiedenen Gasbestandteile eines Mischgases zu berechnen und zeigen dem Anwender, welche Gasmengen er für die Herstellung eines bestimmtes Mischgases benötigt. Es versteht sich von selbst, daß eine solche ausgereifte Planungssoftware nur von erfahrenen Tauchern mit entsprechendem physiologischen und technischen Verständnis für ihre Tauchgangsplanung eingesetzt werden sollte. Geht der Taucher jedoch mit der nötigen Sorgfalt und Kompetenz an die Planung seiner technischen Tauchgänge, so bekommt er mit einer guten Software ein wertvolles Hilfsmittel zur Hand.

Eine sorgfältige Planung jeder Phase des Tauchgangs, die exakte Berechnung der benötigten Atemgase sowie die konsequente Befolgung der Tauchgangsplanung, ist bei jedem technischen Tauchgang zwingend erforderlich.

Vorgehensweise bei der Tauchgangsplanung

Eckdaten des Tauchganges

Zunächst ist es wichtig, daß der Taucher die Rahmenbedingungen eines von ihm geplanten Tauchganges festlegt. Er muß sich also Gedanken darüber machen, wie tief er tauchen möchte und wie lange er beabsichtigt, in einer bestimmten Tiefe zu verweilen. Sind die Tauchtiefe und die Grundzeit bekannt, stelle ich mir die Frage, wie mein passendes Gasgemisch aussehen muß, welches ich für diesen Tauchgang benötige.

Das folgende Beispiel zeigt eine Tauchgangsplanung zum Wrack des englischen Passagierliners »Andania«, die mit dem Pro-Planner berechnet wurde. Das Wrack liegt in einer maximalen Tiefe von 105 Metern. Die Tauchgangsplanung sieht vor, maximal 8 Minuten den Meeresboden unterhalb des Wracks in 105 Metern zu erforschen, bevor ich zum Deck des Dampfers in etwa 90-95 Metern tauche, wo ich ebenfalls 8 Minuten verbringen möchte. Geplant ist weiterhin ein durchschnittlicher Sauerstoffpartialdruck von etwa 1,45 bar, sowie ein maximaler PPO_2 von 1,6 bar. Nach entsprechender Gemischberechnung fällt meine Entscheidung auf Trimix 13/51/36 (Sauerstoff/Helium/Stickstoff). Dieses Gemisch bietet mir den angestrebten maximalen PPO_2 von 1,6 bar in exakt 105 Metern Wassertiefe, während ich später in einer Tiefe von 90-95 Metern einem PPO_2 von etwa 1,45 bar ausgesetzt bin. Die äquivalente Lufttiefe dieses Trimixgemisches liegt in 105 Metern bei 57 Metern.

Mein Tauchgerät besteht aus einem 15-Liter-Doppelgerät mit einer 7-Liter-Ponybottle sowie zwei 15-Liter-Stage-Tanks. Um die Sauerstofftoxizität des zentralen Nervensystems von 100% nicht zu überschreiten, entscheide ich mich für ein EANx 40- und ein EANx 80-Dekompressionsgemisch. Somit stehen alle wichtigen Eckdaten meines geplanten Tauchganges fest, und ich kann damit beginnen, den Tauchgang am Computer zu berechnen.

Die Dekompressionsberechnung

Zunächst begebe ich mich innerhalb des Programmes in die entsprechende Planung für einen Trimixtauchgang. Je nach Ausführung können mit dem Pro-Planner Luft-, Nitrox-, Trimix-, oder Rebreather-Tauchgänge berechnet werden. Das Programm bietet sechs Tiefenbereiche an, mit denen der Anwender seine Abtauchphase sowie seinen Aufenthalt in der Tiefe (Grundzeit) verdeutlichen kann. Für die Abtauchphase ist es wichtig, daß der Anwender seine ungefähre Abtauchgeschwindigkeit kennt. Im vorliegenden Beispiel war mir bereits bekannt, daß ich bis zum Erreichen der Wrackoberkante auf einer Tiefe von 80 Metern etwa 4 Minuten benötigen werde. Folglich ergibt sich daraus eine Abtauchgeschwindigkeit von 20 Metern pro Minute, die ich nun im Programm auf 4 Tiefenbereiche verteile.

Computerausdruck des Tauchganges zum Wrack des Liners »Andania«. Im ersten Abschnitt erkennen wir die sechs Tiefenbereiche sowie die Abtauchgeschwindigkeit, Grundzeiten und die entsprechenden Run-Times. Im zweiten Abschnitt sind die für diesen Tauchgang notwendigen Dekompressionszeiten, Gasgemischwechsel und Run-Times sowie die tatsächliche Dekompressionszeit aufgeführt. In der Mitte des Ausdruckes befinden sich die Tauchgangseckdaten, wie Tauchgangszeit, CNS Toxidity in Prozenten, höchster aufgetretener maximaler Sauerstoffpartialdruck sowie die angefallenen OTU-Werte. Der letzte Abschnitt des Ausdruckes befaßt sich mit den benötigten Füllmengen der eingesetzten Atemgase.

```
*****************************************************************************
                    MISSION andania  29/09/97  Dive number:1
*****************************************************************************

           Atmospheric pressure= 1000mBar    Safety factor=14%

     Depth1=  20msw, for   1mins, with 21%O2  0%He  Run Time=   1mins
     Depth2=  40msw, for   1mins, with 13%O2 51%He  Run Time=   2mins
     Depth3=  60msw, for   1mins, with 13%O2 51%He  Run Time=   3mins
     Depth4=  80msw, for   1mins, with 13%O2 51%He  Run Time=   4mins
     Depth5= 105msw, for   8mins, with 13%O2 51%He  Run Time=  12mins
     Depth6=  95msw, for   8mins, with 13%O2 51%He  Run Time=  21mins

  DIVE 1 DECOMPRESSION REQUIREMENTS
     42msw Stop:   1mins: 21%O2  0%He  Run Time= 27mins  Deco Time=  5mins
     39msw Stop:   1mins: 21%O2  0%He  Run Time= 28mins  Deco Time=  7mins
     36msw Stop:   1mins: 21%O2  0%He  Run Time= 30mins  Deco Time=  9mins
     33msw Stop:   1mins: 21%O2  0%He  Run Time= 32mins  Deco Time= 11mins
     30msw Stop:   1mins: 40%O2  0%He  Run Time= 34mins  Deco Time= 13mins
     27msw Stop:   2mins: 40%O2  0%He  Run Time= 37mins  Deco Time= 15mins
     24msw Stop:   3mins: 40%O2  0%He  Run Time= 40mins  Deco Time= 19mins
     21msw Stop:   3mins: 40%O2  0%He  Run Time= 44mins  Deco Time= 23mins
     18msw Stop:   4mins: 40%O2  0%He  Run Time= 49mins  Deco Time= 28mins
     15msw Stop:   7mins: 40%O2  0%He  Run Time= 57mins  Deco Time= 36mins
     12msw Stop:   9mins: 40%O2  0%He  Run Time= 67mins  Deco Time= 45mins
      9msw Stop:  11mins: 80%O2  0%He  Run Time= 78mins  Deco Time= 57mins
      6msw Stop:  18mins: 80%O2  0%He  Run Time= 97mins  Deco Time= 76mins
      3msw Stop:  39mins: 80%O2  0%He  Run Time=137mins  Deco Time=115mins

     Total time to surface=107mins
     Time to first stop=3mins
     CNS exposure: 65%peak, 65%dive end
     CNS exposure=  65%
     Max PPO2=1.60bar  OTU=167units  OTUtotal=167
     Dive Start:   Day 1   Time 00:00
     Dive Finish:  Day 1   Time 02:06
       Flight Time:  Day 1   Time 12:43
     Surface gas=21%O2,  0%He
     Surface interval=   0mins

  DIVE 1 GAS FILLING DETAILS

  Number of mixes= 4  Breathing rate=18.00ltr/min

   Gas mix1: Reserve= 30%Cylinder= 7litres
   21%O2  0%He  Fill pressure=245bar (Free gas volume at 1bar=1712.6litres)

   Gas mix2: Reserve= 30%Cylinder= 30litres
   13%O2 51%He  Fill pressure=180bar (Free gas volume at 1bar=5390.3litres)

   Gas mix3: Reserve= 30%Cylinder= 15litres
   40%O2  0%He  Fill pressure=166bar (Free gas volume at 1bar=2489.0litres)

   Gas mix4: Reserve= 30%Cylinder= 15litres
   80%O2  0%He  Fill pressure=179bar (Free gas volume at 1bar=2681.1litres)
*****************************************************************************
```

Sehen wir uns nun den nebenstehenden Computerausdruck näher an, erkennen wir, daß ich nach einer Tauchzeit von 1 Minute den ersten Tiefenbereich auf 20 Metern, nach zwei Minuten Tauchzeit den zweiten Tiefenbereich auf 40 Metern usw. erreichen werde. Im Technischen Tauchen wird die Gesamttauchzeit als sogenannte »Run Time« ausgedrückt. Für das vorliegende Beispiel bedeutet dies, daß ich mich nach einer Runtime von 3 Minuten auf einer Tiefe von 60 Metern befinde.

Wie ebenfalls anhand des Computerausdruckes ersichtlich ist, sieht meine Tauchgangsplanung vor, daß ich bis zu einer Tiefe von 60 Metern mit Preßluft tauchen werde. Folglich ist nun in 60 Metern der erste Gemischwechsel durchzuführen. Ich wechsle auf das Trimix Bottom-Mix und setze meinen Abstieg fort. In das Eingabefeld des Tauchprogramms gebe ich nun die Sauerstoff- und Heliumanteile meines Trimixgemisches in Prozenten ein, also im vorliegenden Fall 13% O_2 und 51% He.

Nach einer weiteren Minute befinde ich mich an der Wrackoberkante auf 80 Metern, was einer Run-Time von 4 Minuten entspricht. Ich tauche zum Meeresgrund bis zu einer Tiefe von 105 Metern, um nach einer dortigen Verweildauer von 8 Minuten bis zu einer Tiefe von 95 Metern zu tauchen, wo ich ebenfalls 8 Minuten verweilen werde. Nach einer effektiven Grundzeit von 16 Minuten und einer Gesamttauchzeit/Run-Time von 21 Minuten leite ich meinen Aufstieg ein.

Der Tauchgangsplaner errechnet nun anhand der eingegebenen Abtauch- und Grundzeiten die notwendigen Dekompressionszeiten und gibt mir als erste Dekompressionstiefe 42 Meter vor. Gleichzeitig muß der Anwender nun das für diesen Stop vorgesehene Deko-Gas eingeben. Beim vorliegenden Tauchgang ist vorgesehen, bis zu einer Tiefe von 39 Metern mit dem Trimix Bottom-Mix zu tauchen. Bei meinem weiteren Aufstieg werde ich kurzzeitig auf das Travel-Mix – in diesem Fall Preßluft – wechseln, um dann in einer Tiefe von 30 Metern endgültig auf das erste Deko-Gas (EANx 40) zu wechseln. Die Einsatztiefe von 30 Metern für Nitrox 40 entspricht nun einem PPO_2 von 1,6 bar und einer EAD von 20 Metern.

Die weitere Tauchgangsplanung sieht es vor, daß ich EANx 40 bis zu einer Tiefe von 9 Metern atmen werde. Dies bedeutet, daß ich nach einer Gesamt-Run-Time von 67 Minuten und einer reinen Dekompressionszeit von 46 Minuten erneut einen Atemgaswechsel durchführen muß. Auf einer Tiefe von 9 Metern wechsle ich daher auf das EANx 80-Gemisch, das in dieser Tiefe einen PPO_2 von etwa 1,45 bar besitzt. Nach einer Run-Time von 97 Minuten wäre es mir theoretisch möglich, auf die Deko-Tiefe von 3 Metern zu wechseln, um den letzten Deko-Stop durchzuführen. Da der Tauchgang zum Wrack der »Andania« im rauhen Wasser des Nordatlantiks stattgefunden hat, wurde jedoch durch mich bereits bei der Tauchgangsplanung auf einen 3-Meter-Stop verzichtet, da ich nicht zum Spielball der Wellen werden wollte. Das im Computerausdruck ersichtliche Sternchen beim letzten Deko-Stop bedeutet daher, daß ich zwar auf 6 Meter dekomprimiere, jedoch jederzeit auf 3 Meter wechseln könnte.

Das Tauchprogramm errechnete für diesen Tauchgang eine Gesamttauchzeit (Run-Time) von 137 Minuten. In dieser Run-Time sind die notwendige Dekompressionszeit von insgesamt 115 Minuten sowie das Verlassen des Wracks nach einer Runtime von 21 Minuten eingerechnet. Addiert man nun diese Werte, erhalten wir wieder die Gesamt-Run-Time von 137 Minuten.

Gleichzeitig ergibt sich nach der Computerberechnung ein maximal erreichter Wert von 65% CNS-Toxidity (also weit unter der Grenze des Erlaubten), ein maximaler Sauerstoff-Partialdruck von 1,6 bar (dieser PPO_2 ergibt sich kurzzeitig, wenn ich mit dem Trimix-Gemisch die maximale Einsatztiefe (MOD) von 105 Metern erreiche), sowie 167 Einheiten für die Sauerstoff-Verträglichkeitswerte (OTU). Wir erinnern uns, daß der Grenzwert für die OTU bei 800 Einheiten liegt und stellen fest, daß wir nach diesem Tauchgang weit darunter liegen würden.

Die Berechnung der erforderlichen Atemgasmengen

Im letzten Abschnitt des Computerausdruckes unserer Tauchgangsplanung erhalten wir unter der Überschrift »Gas Filling Details« die vom Computer errechneten Gasmengen, die ich für den vorher geplanten Tauchgang benötigen werde. Nach Eingabe der gewünschten Reservemenge in Prozenten sowie der Größe meiner Tauchflaschen und deren maximalem Fülldruck in ein Eingabefeld errechnet der Computer den Fülldruck der jeweiligen Atemgasflaschen (Gasgemische). Gleichzeitig erhalte ich meine vorhandenen Atemgasreserven des jeweiligen Atemgases, die in Liter (entspannter Luft) ausgedrückt werden.

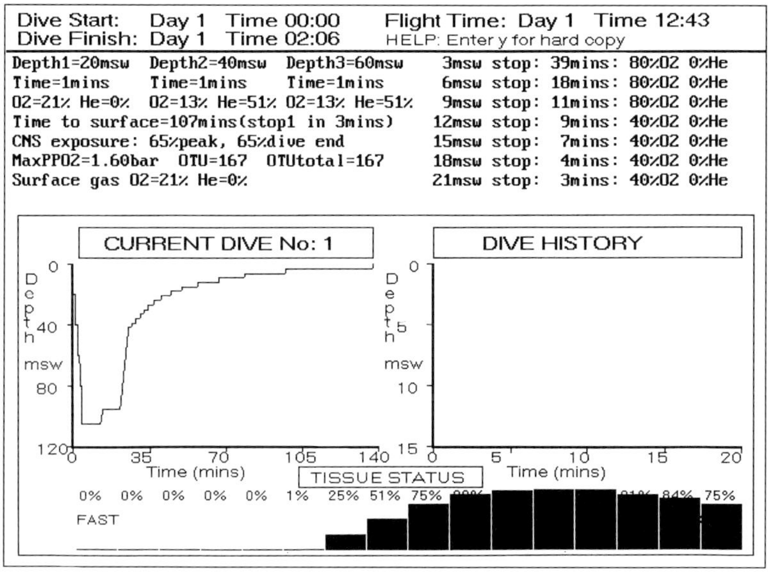

Graphische Computerdarstellung des Beispieltauchgangs zum Wrack der »Andania«. Neben den bereits besprochenen Punkten ist auf dieser Darstellung ebenfalls die Entsättigung der Körpergewebe aufgezeigt.

Durch die vollständige Simulation und Berechnung unseres Beispieltauchganges am PC wissen wir nun, welche Dekompressionszeiten sich aus der von uns geplanten Tauchtiefe und Grundzeit ergeben. Wir kennen ebenfalls die erforderlichen Gasmengen der verschiedenen Gasgemische und wissen, über welche Reserven wir bei einem bestimmten Fülldruck verfügen. Anhand der Computerberechnung können wir nun die erforderlichen Dekompressionstabellen erstellen.

Mischgas-Dekompressionstabellen (Run-Time-Slates)

Für die Erstellung der benötigten Dekompressionstabellen (Run-Time-Slates) können wir ebenfalls die vom Tauchgangsplaner errechneten Dekozeiten und Run-Times verwenden. Anders als bei herkömmlichen Dekompressionstabellen des Sporttauchens, bei denen die Deko-Stops auf einer bestimmten Tiefe aufgeführt sind, werden bei den Run-Time-Slates des Technischen Tauchens lediglich die jeweiligen Gesamttauchzeiten (Run-Times) aufgeführt.

Für meinen persönlichen Gebrauch erstelle ich meine Slates wie umseitig abgebildet. Die Art und Weise der Untergliederung und des Aufbaus dieser Tabelle ist lediglich meine persönliche Variante. Jeder Technische Taucher entwickelt über die Zeit sein eigenes Sy-

Run-Time-Slate des Autoren, für einen 100-Meter-Mischgas-Tauchgang mit einem 11/45% Trimix-Gemisch und EANx 40 und EANx 80 Deko-Gemischen

11/45%		40%/80%	
3	73	102	128
6	55	75	93
9	46	62	77
12	40	54	66
15	34	47	58
18	31	41	52
21	29	37	47
24	27	35	43
27	25	32	40
30	23	30	38
33	21	29	36
36	-	26	33
39	-	-	31
42	-	-	-
48	-	-	-
100	15	20	25

40%Mix MOD = 30m
80%Mix MOD = 9m

stem, mit dem er am besten tauchen kann. Ich möchte daher anhand meiner Version nur Anregungen geben, wie man es machen kann:

Den oberen Rand der Tabelle beschrifte ich mit dem Bottom-Mix sowie den verwendeten Dekompressionsgasen, für die diese Tabelle errechnet wurde. In diesem Fall gilt das Slate für ein Trimix 11/45-Gemisch, mit EANx 40 und EANx 80 als Dekompressionsgas. In der äußersten linken Spalte ist am unteren Ende die Einsatztiefe des Gasgemisches von 100 Metern aufgeführt. Darüber befinden sich in der gleichen Spalte die Tiefen der erforderlichen Dekompressions-Stops, beginnend mit dem tiefsten möglichen Stop bei 48 bis zum flachsten Stop bei 3 Metern. Rechts neben der Einsatztiefe von 100 Metern befinden sich die entsprechenden Grundzeiten auf 100 Meter, also 15, 20 und 25 Minuten maximale Grundzeit. Plane ich einen 15minütigen Aufenthalt auf Tiefe, muß ich damit rechnen, daß ich – aus welchen Gründen auch immer – diese Zeit überschreite. Daher benötige ich alternative Dekompressionsberechnungen. Erfahrungsgemäß berechne ich diese Varianten in 5-Minuten-Schritten, also 20 und 25 Minuten.

Über den jeweiligen Grundzeiten befinden sich die entsprechenden Run-Times und Austauchzeiten. Für einen Aufenthalt von 20 Minuten auf 100 Metern ergibt sich laut der Tabelle ein erster Stop auf 36 Metern. Das heißt, ich verlasse nach 20 Minuten die Einsatztiefe von 100 Metern, tauche bis auf 36 Meter und verweile dort, bis meine Uhr eine Run-Time von 26 Minuten anzeigt. Danach begebe ich mich auf eine Tiefe von 33 Metern und bleibe solange auf dieser Deko-Tiefe, bis meine Run-Time 29 Minuten beträgt und so weiter. Nach vollständig durchgeführter Dekompression kann ich nach 102 Minuten das Wasser verlassen.

Merke: Die Run-Times beinhalten immer auch die Deko-Zeiten!

Nicht nur Mischgastauchgänge, sondern auch Tauchgänge mit Preßluft, die größere Anforderungen an den Taucher stellen, müssen sorgfältig geplant werden.

Das Tauchen in nach oben abgeschlossenen Umgebungen – Overhead Environments

Die erfolgreiche Bewältigung extremer und ungewöhnlicher Umgebungen erfordert ungewöhnliche und einsatzbezogene Techniken. Dies gilt an Land und besonders auch unter Wasser. Viele der im Bereich des Technischen Tauchens von Tauchern aufgesuchten Unterwasser-Umgebungen machen den direkten Aufstieg zur Wasseroberfläche unmöglich. Im Bereich des Technischen Tauchens spricht man von sogenannten »Overhead Environments«, was sich am besten mit »überdachten Umgebungen« übersetzen läßt. Sei es das Tauchen in Wracks, Höhlen, unter Eis – oder im Bereich des Off-Shore-Tauchens unter Ölplattformen oder an Pipelines –, die Liste der gefährlichen, nach oben geschlossenen Umgebungen kann beliebig fortgesetzt werden.

Alle diese Umgebungen haben eine Gemeinsamkeit: Über dem Taucher befindet sich eine feste Barriere, die ein direktes Auftauchen verhindert. Ein weiterer Hinderungsgrund für einen direkten Aufstieg besteht in der Dekompressionserfordernis, die den Taucher nach langen und tiefen Tauchgängen dazu zwingt, unter Wasser zu bleiben. Das bedeutet für jede der geschilderten Situationen, daß der Taucher jedes erdenkliche Ausrüstungsteil, das er für eine Notsituation benötigt, sowie selbstverständlich die notwendigen Atemgasreserven, die ihm ein Überleben bis zum Erreichen der Wasseroberfläche sichern, bei sich führen muß. Daß er darüber hinaus auch die entsprechenden Notfallpraktiken unbedingt im Schlaf beherrschen sollte, habe ich bereits mehrfach an anderer Stelle erwähnt. Der Ausfall eines Atemreglers oder einer Unterwasserlampe darf niemals zu einem lebensbedrohenden Vorfall führen. Dies ist jedoch nur dann gewährleistet, wenn Reserven vorhanden sind. Zusätzliche Sicherheitsausrüstungen wie ausreichend vorhandene Luftreserven, Seilrollen, Lampen, Oberflächen-Markierungsbojen etc. machen jedoch nur dann Sinn, wenn der Taucher im Umgang mit ihnen geübt ist und sie »wie im Schlaf« beherrscht. Nur so besteht immer eine realistische Chance, aus einer Gefahren- oder Notsituation als Sieger hervorzugehen und seinen Tauchgang lebendig abzuschließen.

Schiffwracks

Das Tauchen an Wracks stellt den Taucher umgebungsbedingt vor ganz besondere Anforderungen. Nicht nur, daß man beim Eindringen in ein gesunkenes Schiff eine feste Decke über dem Kopf hat, auch die Zwischendecks, Wände, Räume etc. im Wrackinneren können einen tauchenden Eindringling vor ernstzunehmende Probleme stellen. Wracks sind meist altersschwache, zerbrechliche Gebilde, und allzu leicht kann ein unüberlegter Flossenschlag oder bereits die Luftblasen der Ausatemluft, die sich an der Decke sammeln, dazu führen, daß Decken oder gar ganze Räume einstürzen. Ein weiteres Problem stellt sich bei Kriegswracks, die in vielen Fällen noch scharfe und lebensgefährliche Munition oder Sprengstoffe beinhalten. Selbst nach vielen Jahren unter Wasser haben Granaten,

Auch in tropischen Gewässern, die mit guten Sichtweiten und warmem Wasser locken, kann das Betauchen von Schiffwracks für ungeübte Taucher schnell zu einer lebensgefährlichen Angelegenheit werden.

Minen, Torpedos oder sonstige Kriegsgüter nichts von ihrer Gefährlichkeit verloren. Jeder Taucher sollte daher im Inneren eines Kriegswracks stets nach solchen brisanten Relikten Ausschau halten, um sich nicht in eine lebensbedrohliche Situation zu bringen.

Beim Eindringen in ein Schiffswrack betritt man eine höchst unsichere und risikobehaftete Umgebung. Nie kann ein Taucher sicher sein, daß der Zahn der Zeit und mechanische Einwirkungen dieses unsichere Gebilde nicht zum Einsturz bringen, während er sich noch tief im Inneren des Wracks befindet. Je älter ein Wrack ist, um so größere Vorsicht ist beim Eindringen geboten. An Decken, Wänden und am Boden abgelagerte feine Sedimentschichten lösen sich leicht durch Schwimmbewegungen oder Ausatemluft und können einen Taucher in Sekundenschnelle so sehr einhüllen, daß ihm jegliche Sicht genommen wird und er sich nur noch tastend in Sicherheit bringen kann. Durchgangstüren, Ladeluken oder sonstige Eingänge können hinter einem Taucher zufallen und ihn gefangen halten, wenn er keine geeigneten Sicherheitsmaßnahmen dagegen trifft.

Werden Sicherheitsleinen in einem Wrack gespannt, ist stets darauf zu achten, daß sie nicht an scharfkantigen Wrackteilen zerrissen werden können. Soll eine riskante Stelle im Inneren eines Wracks erforscht werden, bei der das Risiko besteht, in eine Gefahrensituation zu geraten, ist es stets ratsam, einen gut ausgestatteten Sicherungstaucher am Eingang zu plazieren, der in einer Notsituation zur Hilfe eilen kann. Bestehen Zweifel an der Sicherheit eines Wracks, sollte man sich darauf beschränken, die Außenbereiche zu erkunden, und auf das Eindringen gänzlich verzichten.

Höhlen

Genau wie Wracks haben Höhlen ihre eigenen Gesetze. Unterschiedliche Formationen, Entstehungsarten, Bodenbeschaffenheit, unterirdische Wasserströmungen und vieles mehr machen es zwingend erforderlich, daß der Taucher sich genauestens über Höhlenkunde informiert. Die meisten tauchtechnischen Probleme beim Betauchen einer Höhle lassen sich durch entsprechende Erfahrung und Routine lösen. Anders ist dies jedoch mit physischen Problemen wie beispielsweise der Klaustrophobie oder der Angst vor dem Einge-

schlossensein. Probleme dieser Art treten beim Höhlentauchen meist stärker auf als beim Wracktauchen. Oftmals ist es schwierig, die in einer Höhle zurückgelegte Entfernung abzuschätzen, und der Taucher befindet sich wesentlich weiter in einem Höhlensystem, als ihm eigentlich lieb ist. Zwar gibt es vor allen Dingen in Amerika viele Höhlen, die sich problemlos nach Einsteigen durch einen Gully oder ähnliches von der Wasseroberfläche aus betauchen lassen, doch hierzulande im europäischen Raum, gibt es kaum geeignete Tauchgebiete für Höhlentaucher. Meist beschränkt sich das Tauchen in Höhlen auf überflutete Passagen, während der übrige Teil zu Fuß erforscht werden muß.

Das Tauchen in Overhead Environments kann den Taucher in große physische Probleme bringen. Der direkte Aufstieg ist stets verwehrt.

Tauchgänge unter dem Eis

Eistauchgänge setzen weit mehr als die Fähigkeit voraus, in nach oben abgeschlossenen Räumen tauchen zu können. Zusätzlich bedarf es für solche Tauchgänge eines umfassenden Kenntnisstandes über Kaltwasserprotektion von Atemreglern, um sie vor innerer oder äußerer Vereisung zu schützen. Ein weiteres Problem stellt sich infolge der extrem niedrigen Wassertemperatur, der ein Taucher unter dem Eis ausgesetzt ist. Geeignete Unterbekleidung für den Trockenanzug, eventuell ein elektrisches Heizsystem sowie warme Handschuhe und Kopfhauben sind für Eistauchgänge unbedingt erforderlich. Zusätzlich sollten für jeden Eistauchgang ein tauchfertig ausgerüsteter Sicherungstaucher sowie eine Person für die Leinenführung des Tauchers unter dem Eis zur Verfügung stehen, die in Notfällen einschreiten können.

Der richtige Umgang mit Sicherungsleinen

Eistaucher mit Sicherungsleine

Ob beim Eindringen in ein Schiffswrack, beim Erkunden von Höhlenpassagen oder bei Tauchgängen unter dem Eis – die einzige wirksame Sicherheitsvorkehrung, um den Ausstieg aus dieser abge-

schlossenen Umgebung wiederzufinden, ist eine vollständig ausgelegte Sicherungsleine. Eine solche Leine muß stabil genug sein, um bei Bedarf fest daran ziehen zu können, und dick genug, um auch unter Wasser gut sichtbar zu sein. Ist die Leine auf einer Seilrolle aufgewickelt, sollte aus Kapazitätsgründen eine Seilstärke von 2-6 Millimeter gewählt werden. Stärkere Leinen sind dann sinnvoll, wenn mit einem großen Materialabrieb (in Höhlen oder an Wracks) zu rechnen ist, die Sichtverhältnisse extrem schlecht sind oder ein hohes Risiko von Seilverhedderungen besteht. Grundsätzlich läßt sich eine Sicherungsleine am einfachsten von einer Seilrolle abspulen, da der Anwender so die beste Kontrolle über das Seil hat. Dickere Seile lassen sich jedoch von einem geübten Helfer, der in die Signalzeichen der Seilführung eingewiesen ist, auch von der Wasseroberfläche aus einsetzen.

Die vom Taucher eingesetzten Handseilrollen sollten so beschaffen sein, daß sie mit einer Hand bedienbar sind. Ein stabiler Handgriff, der auch mit dicken Handschuhen gut zu fassen ist, sowie eine Seilrolle, die leicht und ohne große Reibung drehbar ist, sind ebenfalls sehr wichtig. Die Seilrolle sollte so konzipiert sein, daß die benötigte Seilmenge stramm abgespult wird, ohne daß sich die noch aufgespulte Seilmenge lockern und verheddern kann. Außerdem sollte die Seilrolle mit einem Verriegelungsmechanismus ausgestattet werden, der bei Nichtgebrauch das Seil vor versehentlichem Abspulen bewahrt. Die bei einigen der führenden Seilrollen-Hersteller leider immer noch eingesetzte Sicherungsschraube aus Plastik, mit der die Rolle gesperrt werden soll, hat sich in der Praxis als ungeeignet erwiesen, denn schon bei geringer mechanischer Belastung neigen diese dünnen Schrauben dazu abzubrechen, und eine Verriegelung der Rolle wird unmöglich. Auch sind diese Schrauben mit dicken Handschuhen nur sehr schlecht zu bedienen – dazu bedarf es beider Hände. Wesentlich praktischer sind dagegen Verriegelungsmechanismen, bei denen mit einer Einhand-Mechanik eine Feder gelöst wird, die als Sperre fungiert und die Seilrolle sicher in Position hält. Es gibt sie mit Daumenverriegelung, bei der durch Daumendruck die Seilrolle entsperrt wird, oder mit Zwei-Finger-Mechanik, bei der die Sperre mittels Zeige- und Mittelfinger bedient wird. Der entscheidende Vorteil bei diesen Rollen ist die einfache Einhandbedienung. Wird die Sicherung, die zum Abspulen des Seiles gedrückt werden muß, losgelassen, arretiert das Seil sofort, ohne

Hauptseilrolle mit stabilem Handgriff und Sicherungsschraube für das Arretieren der Seilrolle.

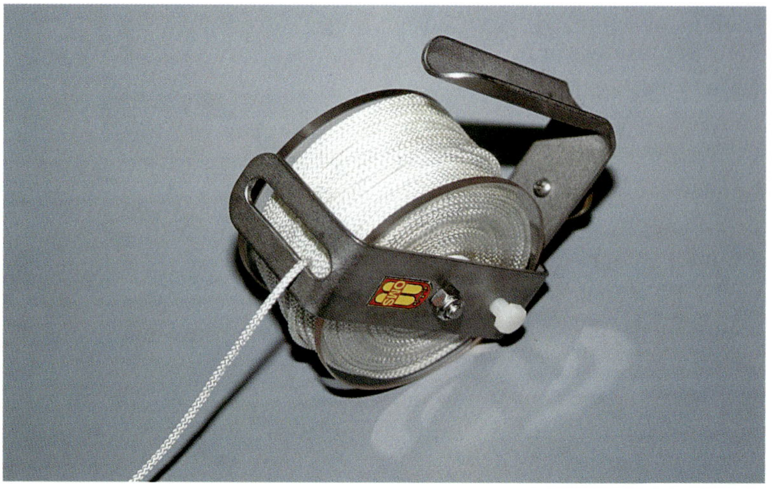

daß sich weitere Seilmengen abspulen lassen. Bei der Schraubensicherung ist dies leider nicht der Fall. Die Seilspule ist erst durch Eindrehen der Schraube (3-4 Umdrehungen) vor weiterem Abspulen gesichert.

Wird eine Sicherungsleine abgespult, sollte darauf geachtet werden, daß die Leine verhältnismäßig stramm verlegt wird. Am einfachsten wird dies dadurch erreicht, daß der Taucher mit einer Hand die Seilrolle kontrolliert und mit seiner anderen Hand das Seil

Beim Abspulen einer Seilrolle sollte der Zeigefinger das Seil andrücken, um ein Verheddern des Seiles zu vermeiden.

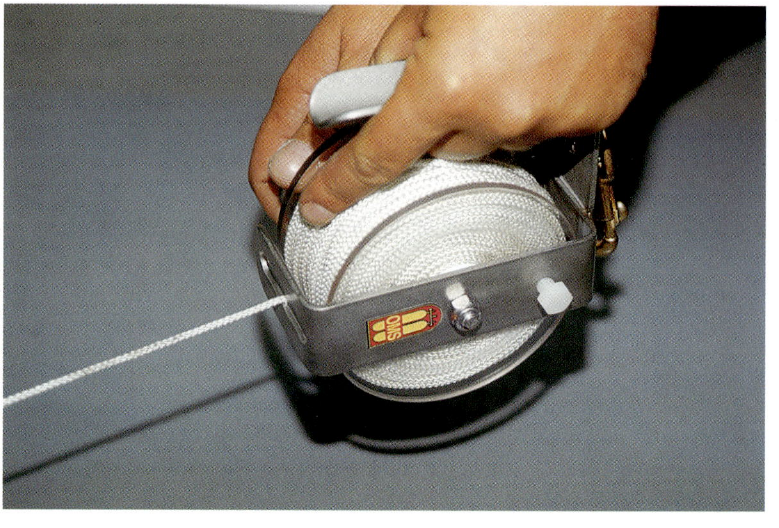

spannt. Schon beim Auslegen der Leine muß darauf geachtet werden, daß ein unproblematisches Zurücktauchen gewährleistet ist. Deshalb sollte man stets ein Auge auf seine Umgebung richten und das Seil so verlegen, daß es für den Rückweg optimal positioniert ist. Hierbei muß sichergestellt sein, daß sich das Seil nicht durch Zugbewegungen in unbetauchbare Passagen einzieht oder in dicken Sedimentschichten einsackt, die dem Taucher durch den aufgewühlten Schlamm beim Herausziehen des Seiles auf dem Rückweg die Sicht trüben können. Um eine sichere Leinenauslegung zu gewährleisten, ist es sinnvoll, das Seil in regelmäßigen Abständen vor Verrutschen und Weggleiten zu sichern. Dies kann dadurch geschehen, daß das Seil um hervorstehende Fels- oder Wrackteile gewickelt oder durch Steine am Grund beschwert wird.

Bei ausgedehnten Wrack- oder Höhlenerforschungen und immer dann, wenn mehrere Seile gespannt werden sollen, ist es lebenswichtig, an ihnen Richtungsmarkierungen anzubringen, die den Weg ins Freie weisen. Hat ein Taucher im Dunkeln bei schlechter Sicht die Markierungsleine verloren und findet sie nach erfolgreicher Suche wieder, so muß er möglichst schnell und unmißverständlich erkennen können, in welcher Richtung der Ausgang aus einer Höhle oder einem Wrack liegt. Wird in mehreren Gruppen und in verschiedenen Richtungen getaucht, kann es sinnvoll sein, diese Markierungen mit unterschiedlichen Gruppennamen zu versehen, damit jedes Gruppenmitglied sofort erkennen kann, welche Sicherungsleine für ihn Bedeutung hat. Eine in Höhlentaucherkreisen weit verbreitete Methode ist, die Sicherungsleine mit unterschiedlichen Klebebandmarkierungen zu versehen. Hierbei wird in regelmäßigen Abständen eine zweifarbige Markierung an das Seil geklebt, wobei beispielsweise schwarzes Klebeband die Richtung ins Innere und gelbes Klebeband die Richtung ins Freie kennzeichnet. Eine andere Möglichkeit sind Markierungspfeile, die am Sicherungsseil befestigt werden und deren Spitzen in Richtung des Ausganges zeigen.

Zwar sollte ein Taucher stets Kontakt zu seiner Sicherungs- oder Markierungsleine haben, doch ist ein Verlust einer solchen Leine nicht immer auszuschließen. Schnell kann es in einer Streßsituation geschehen, daß die Seilrolle aus den Händen fällt, wenn sie nicht zusätzlich am Jacket oder sonstigen Befestigungspunkten der Ausrüstung gesichert ist. Wichtig ist in jedem Fall, daß eine verlorengegangene Leine so schnell wie möglich wieder aufgefunden wird. Eine effektive Suchmethode ist hierbei der Schlüssel zum Erfolg beziehungsweise die Garantie für ein Überleben. Befinde ich mich in einer komplexen Umgebung wie in Höhlen oder in Wracks, kann ich mich bei der Suche nach meinem Sicherungsseil schnell verirren. Dies gilt natürlich erst recht, wenn man bei schlechten Sichtverhältnissen oder in absoluter Dunkelheit – beispielsweise in einer tiefen Höhle – taucht. In einem solchen Fall hat es überhaupt keinen Sinn, »blind« und ohne Schema umherzuschwimmen, in der Hoffnung, zufällig die Leine wieder aufzufinden. Schnell gerät der Verlust der Sicherungsleine durch hektische Suche außer Kontrolle, und man hat sich hoffnungslos verirrt, obwohl die rettende Sicherungsleine vielleicht nur wenige Meter vom Taucher entfernt liegt.

Geht man davon aus, daß sich der Taucher zum Zeitpunkt, da er den Verlust der Leine bemerkt, nicht allzuweit von der Sicherungsleine entfernt befindet, sollte das erneute Auffinden der Leine eigentlich kein allzu großes Problem darstellen. Für einen solchen Fall tragen viele Technische Taucher eine Notseilrolle (engl.: gap reel oder jump reel) mit sich, auf der sich etwa 15 Meter Seil befindet. In einer Notsituation, beim Verlust der Markierungsleine, wird das Seilende an der aktuellen Tauchposition befestigt, oder mit einem Gewicht beschwert, an dieser Stelle abgelegt. Anschließend schwimmt man von dieser Ausgangsposition in alle Richtungen, (natürlich dreidimensional, also auch nach oben oder nach unten), um das verlorengegangene Markierungsseil wieder aufzufinden. Ein weiterer Einsatzbereich für Notseilrollen ist beispielsweise auch das Überbrücken einer zerrissenen Markierungsleine, oder die Erkundung kleiner Höhlen- oder Wrackpassagen, die sich neben der Hauptschwimmstrecke befinden. Hierfür wird die Notseilrolle in die Markierungsleine eingehakt, und der Taucher kann nun bis zum Erreichen des Seilendes seiner Notseilrolle Nebenpassagen erkunden.

Solo-Tauchgänge – Stichwort Redundanz

Obwohl das Alleintauchen ohne Partner in Sporttaucherkreisen geradezu verpönt ist, bedeutet die »Solo-Einstellung« im Bereich des Technischen Tauchens eine zusätzliche Lebensversicherung. Dies scheint auf den ersten Blick eine widersprüchliche Behauptung zu sein, doch bei näherer Betrachtung ist diese These gar nicht so abwegig! Selbst beim Tauchen mit einem Partner kann es unvermittelt passieren, daß in einer Streß- oder Notsituation mein Partner außer Reichweite ist. Natürlich werden Kritiker dieser These jetzt sagen, daß es die Sporttaucherregel gibt, die besagt: Entferne Dich nur so weit von deinem Tauchpartner, daß Du ihn im ausgeatmeten Zustand wieder erreichen kannst! Was nützt es allerdings, wenn ich ein Problem an Ort und Stelle lösen muß, und mein Partner taucht, ohne meine Situation zu erkennen, für ein oder zwei Minuten weiter, bevor er nach mir schaut. Schließlich fragt man in der Praxis nicht jede Minute unter Wasser das O.k.-Zeichen ab! Wie schnell kommt es vor, daß zwei Taucher hintereinander an einem Seil in die Tiefe tauchen und der hinten schwimmende Partner ein Problem lösen muß, während der vorne schwimmende Taucher diese Situation nicht erkennt und seinen Abstieg fortsetzt. Versucht man in einer solchen Streßsituation verzweifelt seinen Partner zu erreichen, kann es schnell vorkommen, daß der Grad der Panik beim Erreichen des Partners so hoch ist, daß die Situation eskaliert und beide Taucher in ernsthafte Probleme bringt.

Aus diesem Grund sollte sich ein Taucher niemals mit der Einstellung »Mein Partner wird's schon richten!« ins Wasser begeben. Ist der Taucher nicht tatsächlich selbst in der Lage, jedes möglicherweise auftretende Problem allein zu beherrschen, hat er im Bereich des Technischen Tauchens nichts zu suchen! Das blinde Vertrauen auf einen Tauchpartner kann schnell tödlich enden! Die Hilfe des Mittauchers darf niemals zwingend erforderlich werden, um das eigene Leben zu retten. Jeder Taucher muß lernen, so zu tauchen, daß er jederzeit den Tauchgang ohne fremde Hilfe sicher zu Ende bringen kann. Sicherlich gibt es Situationen, in denen ein Partner nützlich sein kann, um einen Mißstand wie beispielsweise eine lockere

Flaschenhalterung zu beheben oder sich in einer Streßsituation zu beruhigen. Dennoch darf keine Situation auftreten, die man nicht selbst in den Griff bekommt! Vielleicht dauert die Konfliktbewältigung alleine etwas länger, während die Mithilfe des Partners die Angelegenheit rascher bereinigen würde, doch ich muß jederzeit wissen, daß ich das Problem auch alleine hätte lösen können. Ein Taucher, der nicht in der Lage ist, sich selbst zu helfen, und stets heimlich darauf hofft, daß nichts passieren wird oder der Partner das Problem lösen wird, sollte ernsthaft bedenken, daß er durch seine egoistische Einstellung und Unbekümmertheit nicht nur sein eigenes Leben, sondern auch das seines Tauchpartners leichtfertig aufs Spiel setzt! Ein ernsthafter, verantwortungsbewußter Taucher macht sich bereits vor einem geplanten Tauchgang Gedanken darüber, welche Streßsituation unter Wasser auftreten können. Er sucht nach effektiven Gegenmaßnahmen und trainiert sein Streß-management in regelmäßigen Abständen, um für den Ernstfall gerüstet zu sein.

Redundant ausgerüstete Taucher.

Viele Höhlentaucher und einige Wracktaucher praktizieren seit vielen Jahren die Technik des Solo-Tauchens, ohne daß es dabei zu ernsthaften Zwischenfällen gekommen ist. Sie betrachten jeden Tauchgang – auch mit Partner – als einen Solo-Tauchgang und sehen den Mittaucher nicht als Lebensversicherung, da sie selbst in der Lage sind, sich bei Problemen zu behelfen. Ich persönlich betrachte das Solo-Tauchen als weitaus sicherer als Tauchgänge zu zweit, denn oftmals lassen sich unerfahrene Taucher durch den erfahrenen Partner in Situationen bringen, denen sie nicht gewachsen sind. Leider haben nur wenige Taucher das nötige Rückgrat, ihre persönlichen Grenzen gegenüber dem erfahrenen Mittaucher klar zu definieren und von einem Tauchgang zurückzutreten, den sie nicht meistern können. Als Solo-Taucher kenne ich jedoch meine

Stichwort Redundanz: Alle lebenswichtigen Ausrüstungsgegenstände sind mindestens doppelt vorhanden. Hier ein Doppelflaschenpaket mit getrennt absperrbaren Flaschen und separaten Lungenautomaten und Finimetern.

persönlichen Grenzen sowie meine Tagesverfassung genau. Ich werde daher nur so weit und nur so tief tauchen, wie es mein gesunder Menschenverstand zuläßt und ich mich bei meinem Tauchgang wohlfühle.

Jeder Taucher, der seinen persönlichen Horizont erweitern und sich in den Grenzbereich des Tauchens vorwagen möchte, muß sich zwangsläufig mit dieser Soloeinstellung beschäftigen. Erfahrene Technische Taucher haben es sich schon seit Jahren zur Gewohnheit gemacht, sich auf Notsituationen vorzubereiten. Sie führen für jeden technischen Tauchgang mindestens zwei voneinander unabhängige Atemversorgungen – zwei getrennte Flaschen, zwei Lungenautomaten sowie zwei Finimeter – mit sich. Keine dieser Atemgasflaschen wird jemals während des Tauchganges vollständig leergeatmet. (Siehe Kapitel »Gasmanagement«). Ein Taucher, der während seines Tauchganges aufgrund leergeatmeter Flaschen in Atemnot gerät, ist lediglich wegen seiner Dummheit zu bedauern und nicht, weil ihm ein Unfall passiert ist! Die Redundanztheorie – also das mehrfache Vorhandensein aller lebenswichtigen Ausrüstungsgegenstände – läßt sich je nach Tauchgangstyp beliebig fortsetzen.

Doppelte Sicherheit auch bei Bottom-Timern oder Computern. Der Taucher sollte jedoch immer zwei Geräte gleichen Typs verwenden, um mit identischen Rechenprogrammen zu tauchen.

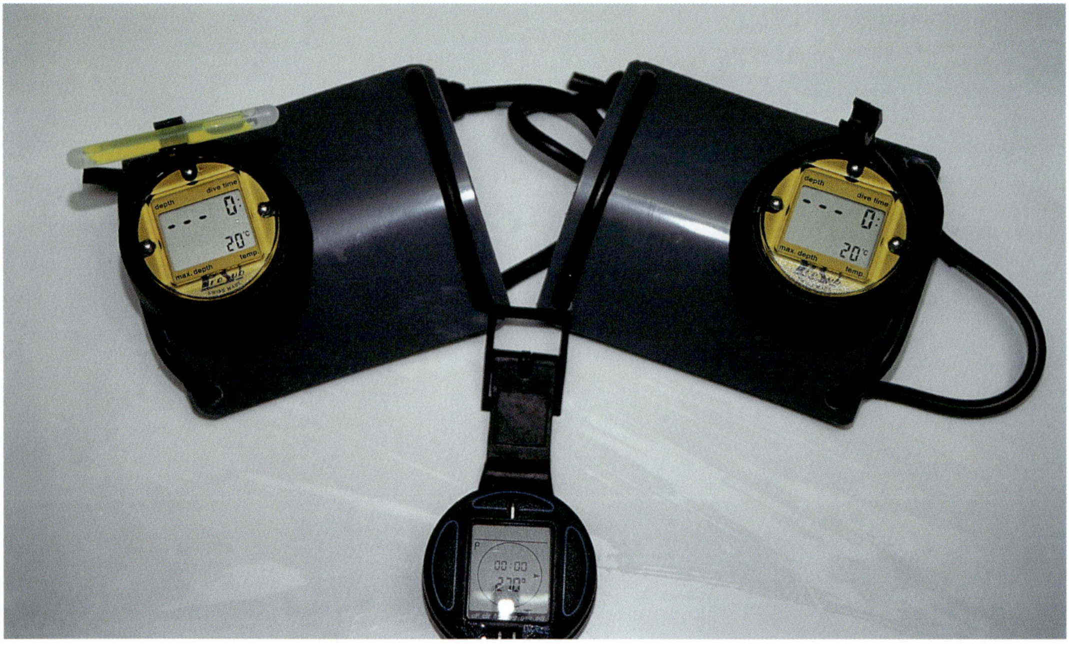

Der Taucher hat jedes Ausrüstungsteil doppelt oder gar dreifach bei sich, das er dringend benötigt und das durch einen technischen Defekt ausfallen oder verlorengehen könnte. Zwei Tauchcomputer, zwei Bottom-Timer (jeweils gleiches Modell), zwei Dekotabellen, zwei Messer, zwei Lampen (drei und mehr bei nach oben geschlossenen Tauchumgebungen wie Wracks, Höhlen oder unter Eis) und eine zweite Reservemaske, wenn die Gefahr des Verlustes besteht.

Bei Computertauchgängen werden ebenfalls als Notreserve zusätzliche Deko-Tabellen mitgeführt. Das gleiche System gilt selbstverständlich auch für den Auftriebskörper. Eine Tarier- oder Auftriebshilfe ist für Extremtauchgänge nicht ausreichend. Es müssen mindestens zwei unabhängige Auftriebskörper – entweder ein Tarierjacket zusammen mit einem Trockenanzug, oder besser ein Double-Wing-Jacket mit zwei Luftblasen und ein Trockenanzug – zur Verfügung stehen, um den Taucher im Notfall sicher zur Wasseroberfläche zu bringen. Dies gilt auch für Tauchgänge in große Tiefen, wo es lebenswichtig ist, seinen Abtrieb zu kompensieren und Auftrieb mit schwerer Ausrüstung erreicht werden muß. Jedes Ausrüstungsteil muß aufeinander aufbauen und nahtlos ein defektes oder ausgefallenes System ersetzen können. Daher sollte mit Überlegung und Sorgfalt an die Zusammenstellung der persönlichen Tauchausrüstung herangegangen werden.

Die Ausrüstung

Die Tatsache, daß sich ein Technischer Taucher stets außerhalb der empfohlenen Grenzen und Richtlinien des Sporttauchens bewegt, bedeutet auch ein Umdenken hinsichtlich der Art und der Anordnung sowie der Zusammenstellung seiner persönlichen Ausrüstung. Oftmals sind bereits vorhandene Ausrüstungsgegenstände den hohen Anforderungen während eines Extremtauchganges nicht gewachsen. In vielen Fällen setzt sich der Taucher besonderen Situationen oder Umgebungen aus, in denen ein direkter Aufstieg zur Wasseroberfläche nicht möglich ist. Bei tiefen Tauchgängen ist ein Auftauchen vor Beendigung der Dekompressionspflicht mit erheblichen körperlichen und gesundheitlichen Risiken verbunden. Auch bei Tauchgängen in nach oben abgeschlossenen Umgebungen (Wracks, Höhlen, Eis etc.) ist der direkte Aufstieg zur Wasseroberfläche verwehrt. Es ist daher von größter Wichtigkeit, während eines solchen Tauchgangs alle erforderlichen Ausrüstungsgegenstände mitzuführen, die das Überleben sichern. Bevor ein Taucher nun in das Wasser steigt, sollte er sich ernsthafte Gedanken darüber machen, welchen Umgebungsvoraussetzungen er sich und seinen Körper aussetzt. Nur durch das Verständnis der technischen Voraussetzungen für einen bestimmten Tauchgang kann der Taucher geeignete Vorkehrungen treffen, sich gegen physikalische Gegebenheiten wie beispielsweise Temperaturverlust zu schützen.

Kälteschutz im Wasser

Eines der grundsätzlichen Probleme für jeden Taucher ist die Tatsache, daß er sich im Wasser einer Umgebungstemperatur aussetzt, die immer geringer ist als die eigene Körpertemperatur. Selbst in warmen Gewässern wird ein Taucher früher oder später zu frieren beginnen, da die Wassertemperatur die Körpertemperatur konstant herabsetzt. Vor allem der Technische Taucher, der aufgrund tiefer Tauchgänge mit langen Dekompressionszeiten plant, muß geeignete Gegenmaßnahmen treffen, um seinen Körper vor Unterkühlung zu schützen.

Naß- und Halbtrockenanzüge

Für Tauchgänge in warmen oder gemäßigten Regionen ist normalerweise ein Naßanzug ausreichend. Gerade in warmen Gewässern besteht die Hauptaufgabe des Taucheranzuges ohnehin nicht im Kälteschutz, sondern im Schutz vor Verletzungen durch scharfkantige Wrackteile etc. Trägt man bei Wassertemperaturen von 20°C oder darüber einen 6-8 mm dicken Neoprennaßanzug, ist der Wärmeverlust des menschlichen Körpers bei den meisten Tauchern nur gering. Bei Naßanzügen zirkuliert das Wasser ständig am Körper des Tauchers vorbei und entzieht diesem durch den permanenten Wasseraustausch Wärme. Die Körpertemperatur sinkt, der Taucher beginnt zu frieren. Man versuchte daher, die Wasserzirkulation auf ein Minimum zu reduzieren, und entwickelte den sogenannten Halbtrockenanzug. Bei diesen Anzügen wird durch Neoprendichtmanschetten an Armen, Beinen und an den Reißverschlüssen der Wasseraustausch auf ein Minimum reduziert. Die Dichtmanschetten verhindern ähnlich wie bei einem Trockenanzug ein Eindringen des Wassers fast vollständig. Das wenige in den Anzug eindringende Wasser wird durch die Körperwärme des Tauchers erwärmt und sorgt für zusätzlichen Kälteschutz, da es kaum noch zirkuliert. Die Wärmeisolation liegt etwa dreißig Prozent über der eines Naßanzuges.

Dennoch ist auch bei diesen Anzügen in kälteren Gewässern und bei Wiederholungstauchgängen mit einem größeren Temperaturverlust zu rechnen. Gleiches gilt für tiefe Tauchgänge, da mit zunehmendem Wasserdruck die Gasmoleküle des Neoprens zusammengedrückt werden und somit die Materialdicke des Anzuges reduziert wird. Auch bei langen Dekompressionszeiten, während derer die Bewegungsaktivität des Tauchers meist nur gering ist, kann es zu Kälteerscheinungen kommen. Ein starkes Kältegefühl ist nicht nur sehr unangenehm, während man im Wasser ist, es kann unter Umständen sogar zu körperlichen Schäden oder zur Schwächung des Kreislaufes führen. Ein guter wärmeisolierter Anzug ist daher einer der wichtigsten Ausrüstungsbestandteile überhaupt.

Trockenanzüge

Für die meisten Wrack- oder Technical Diving-Anwendungen ist ein Trockentauchanzug unumgänglich. Ein solcher Anzug garantiert dem Taucher nicht nur sehr gute Wärmeisolation, sondern er bietet gleichzeitig durch die Möglichkeit, Luft einströmen zu lassen, eine zusätzliche Tarierhilfe. Grundsätzlich unterscheidet man bei diesen Anzügen zwischen zwei Materialien: Trilaminat, ein dünnes, gummiertes Gewebe, sowie das herkömmliche Neopren in unterschiedlichen Materialstärken und Ausführungen.

Ein gut isolierender Trockenanzug ist für den Technischen Taucher die erste Wahl.

Anzüge aus Trilaminat finden zwar im Sporttauchbereich immer größeren Zuspruch, doch bei langen Dekompressionstauchgängen haben sie einen entscheidenden Nachteil: Das Material ist nicht wärmeisolierend, und erst eine dicke, unter dem Anzug getragene Isolationsschicht aus wärmenden Unterziehern schützt den Taucher vor der Kälte. Bei extrem kalten Gewässern und langen Tauchzeiten muß der Taucher daher mehrere Lagen wärmender Kleidung tragen, was ihn unter Umständen unbeweglicher macht. Um genügend Platz für dicke Unterbekleidung zu bieten, sind diese Anzüge sehr großzügig und weit geschnitten. Dies mag zwar auf den ersten Blick ein Vorteil sein, da sich der Taucher wesentlich leichter ankleiden kann als bei einem engen Anzug. Bei Wrack- oder Strömungstauchgängen bietet dieser weite Schnitt jedoch eine extrem hohe Angriffsfläche, und der Wasserwiderstand erhöht sich enorm. Gleichzeitig ist die Gefahr, den relativ weiten, dünnen Anzug an Wrackteilen zu beschädigen oder daran hängenzubleiben, recht groß. Ein weiterer Nachteil ergibt sich aus der hohen Luftzirkulation im Anzugsinneren. Aufgrund der geringeren Kälteisolation muß der Taucher wesentlich mehr Luft einströmen lassen, da das Luftpolster im Anzug als zusätzliche Wärmeschicht dient. Aufgrund des weiten Schnittes kann die eingeflossene Luftmenge sich im Anzug leicht verteilen. Dies kann unter Umständen sehr gefährlich werden, wenn ein Taucher im Wrack beispielsweise kopfüber an einer schwer zugänglichen Stelle arbeiten muß. Die Anzugsluft kann nun ungehindert in den Fußbereich des Trockenanzuges fließen. Gelingt es dem Taucher nicht, sich erneut in eine aufrechte Körperhaltung zu bringen, kann es geschehen, daß er mit den Füßen voran unkontrolliert zur Wasseroberfläche aufsteigt.

Vor einigen Monaten kam ein Taucher in Südirland durch einen solchen Vorfall fast ums Leben. Die Untersuchung dieses Unglücksfalles ergab, daß der Taucher sich mit dem Absperrventil seiner Flaschenbrücke in einem Seil verheddert hatte. Um das Flaschenventil zu erreichen, begab er sich in den Kopfstand, um sein Tauchgerät näher an seine Hand zu schieben. Während er versuchte, das Ventil freizubekommen, strömte alle Anzugsluft in seine Beine und mit unkontrollierbarem Auftrieb schoß er aus einer Tiefe von 87 Metern, mit den Füßen voran, zur Wasseroberfläche durch. Zwar überlebte der Taucher, doch ist er seit diesem Vorfall von der Hüfte abwärts gelähmt!

Luftschnellablaß an einem Trockenanzug. Durch Ziehen der Schnur wird die Luft im Inneren des Anzuges sehr rasch entleert, und der Taucher kann seinen Auftrieb bremsen.

Viele Wrack- und Höhlentaucher bevorzugen daher einen enganliegenden Neoprentrockenanzug. Diese Anzüge haben aufgrund des dickeren Neoprenmaterials eine wesentlich bessere Isolationseigenschaft. Daher ist es nicht notwendig, mehrere Lagen von Unterwäsche anzuziehen. Ein einfacher Unterzieher aus Wolle oder Thinsulate ist ausreichend. Es gibt diese Anzüge in unterschiedlichen Materialstärken von 2-8 Millimetern. Bei den dünnen, sogenannten Compressed Neopren-Anzügen wird das ursprüngliche Material von 8 mm auf 2-4 mm zusammengedrückt. Dies bedeutet eine größere Bewegungsfreiheit bei gleicher Wärmeisolation wie bei einem 8 mm-Anzug. Viele Hersteller von Neoprenanzügen haben sich mittlerweile auf die individuellen Belange der Taucher eingestellt. Man kann seinen Anzug bei den meisten Anbietern auf Maß anfertigen lassen. Ein kleiner finanzieller Mehraufwand, der sich wirklich lohnt, denn spezielle, individuelle Wünsche des Tauchers, wie beispielsweise zusätzliche Werkzeugtaschen, Einbau eines Heizsystems etc. können so realisiert werden.

Egal für welchen Anzug man sich letztendlich entscheidet, beim Kauf sollte man darauf achten, daß der Trockenanzug über ein automatisches Luftauslaßventil verfügt. Die im Inneren befindliche Luft wird bei diesen Ventilen tiefen- bzw. druckabhängig selbst geregelt, womit das lästige Heben des Unterarmes bei manuellen Ventilen entfällt. Eine empfehlenswerte Sache, gerade für den

Wracktaucher, sind angesetzte Knieschützer aus Neopren oder noch besser aus unverwüstlichem Kevlarmaterial, die den Anzug vor Beschädigungen schützen.

Unterbekleidung für Trockenanzüge

Jeder Trockenanzug hält selbstverständlich nur so warm wie die unter dem Anzug getragene Unterbekleidung. Wie bereits beschrieben, bieten lediglich die Neoprenanzüge eine vernünftige Kälteisolierung bei langen Tauchzeiten in kühlen Gewässern. Membrantrockenanzüge wärmen nur dann, wenn der Taucher mehrere Lagen Unterwäsche und einen dicken Unterzieher trägt. Bei der Auswahl eines Unterziehers hat es sich als besonders vorteilhaft erwiesen, zweilagige Anzüge zu wählen, da diese den besten Kälteschutz bieten. Die Basislage besteht bei diesen Unterziehern im Normalfall aus einer Schicht aus Polypropylenfasern, die dafür sorgen, daß der

Unterzieher aus Thinsulate-Materialien bieten den besten Wärmeschutz für einen Trockentaucher.

Körperschweiß oder eventuelles Kondenswasser von der Haut des Tauchers wegtransportiert wird. Über dieser Schicht befindet sich die Außenlage des Unterziehers aus Wolle, Thinsulate oder anderen Materialien mit ähnlicher Wärmecharakteristik.

Für den Bereich des Technischen Tauchens hat sich die Unterbekleidung aus Thinsulate als klarer Favorit in punkto Wärmeleistung und Tragebehaglichkeit erwiesen. Diese Unteranzüge werden für verschiedene Temperaturbereiche und Einsatzarten in unterschiedlichsten Materialstärken hergestellt und bestehen aus Polyolefin-Mikrofasern. Thinsulateanzüge werden normalerweise mit zusätzlichen Materialien wie Pertex – einem Mikrofaserfüllmaterial – als Obermaterial abgesteppt, was zusätzlichen Komfort und Kälteschutz bietet. Gleichzeitig ist die Anzugsoberfläche durch Verwendung dieses Materials wind- und wasserabweisend und hat eine angenehm seidig glatte Oberfläche, was das Überziehen des Trockenanzuges wesentlich erleichtert. Für technische Tauchgänge mit langen Dekompressionszeiten sollten Unterzieher aus Thinsulate vom Typ B-400 gewählt werden, da diese aufgrund der Materialcharakteristik den besten Kälteschutz bieten.

Trockenanzug-Tarierungssysteme

Die weitverbreitetste Art, im Sporttauchbereich einen Trockenanzug mit Luft zu befüllen, besteht darin, den Niederdruckfüllschlauch des Anzuges an die erste Stufe des Lungenautomaten anzuschließen und den Trockenanzug direkt aus der Tauchflasche zu befüllen. Diese Methode hat allerdings einen entscheidenden Nachteil. Bei tiefen Tauchgängen kann bei einem Ausfall dieser Tauchflasche, die für die Lufteinspeisung des Anzuges vorgesehen ist, keinerlei Luft mehr einfließen, da die Verbindung zur Flasche nach dem Zudrehen des Ventils unterbrochen ist. Dies bedeutet, daß sich der Taucher nicht tarieren kann und es ihm nicht möglich ist, den Unterdruck im Anzug zu kompensieren, was zu Quetschungen der Haut und zum Platzen von Kapillargefäßen führen kann. Daher ist es sinnvoll, für technische Taucheinsätze eine andere Lösung anzuwenden. Am einfachsten ist es, eine kleine zusätzliche Flasche von etwa 2-3 Litern Füllvermögen mitzuführen, die ausschließlich für das Befüllen des Trockenanzuges gedacht und unabhängig von dem Atemgasvorrat des Tauchers zu sehen ist. Diese Methode bietet darüber hinaus einen zusätzlichen Sicherheitsaspekt, da selbst bei einem Totalausfall der ersten Stufe, an der sich der Füllschlauch des Trockenanzuges normalerweise befindet, ein Tarieren sowie das Füllen des Anzuges gewährleistet bleibt. Eine nicht unumstrittene, um nicht zu sagen gefährliche Lösung ist es, den Anzug und das Tarierjacket aus der gleichen ersten Stufe des Lungenautomaten zu befüllen. Falls diese Stufe einen technischen Defekt aufweist oder diese Tauchflasche leergeatmet ist, sind gleichzeitig alle Tariermöglichkeiten außer Funktion, was zur Folge haben kann, daß der Taucher Schwierigkeiten bekommt, den nötigen Auftrieb für einen Aufstieg zu erzielen.

Argon als Anzugsgas

Einige Technische Taucher, die besonders tief und lange tauchen, sind dazu übergegangen, ihren Trockenanzug statt mit der herkömmlichen Preßluft mit Argon zu befüllen. Der Vorteil dieser Methode liegt darin, daß Argon aufgrund seiner höheren Molekulardichte eine verbesserte Wärmeleitung bietet. Falls dieses Gas als Anzugfüllsystem verwandt wird, sollte die Flasche mit einem entsprechenden Aufkleber gekennzeichnet werden, um einem versehentlichen Einsatz als Atemgas vorzubeugen. Am besten ist es jedoch, wenn an der Argonflasche lediglich eine erste Stufe mit Niederdruckschlauch ohne Atemregler installiert ist, um eine Atmung aus dieser Flaschen gänzlich zu unterbinden. Taucher, die mit Trimix oder Helioxgemischen tauchen, sollten ihren Trockenanzug niemals aus den Mischgasflaschen befüllen. Aufgrund der geringen Molekulardichte des Heliums und der daraus resultierenden hohen Wärmeleitfähigkeit würde der Körper des Tauchers sehr schnell auskühlen.

Eine kleine 3-Liter-Pony-Flasche, die ausschließlich für das Befüllen des Trockenanzuges bestimmt ist. Argon als Füllgas erhöht die Wärmeisolierung des Tauchers erheblich.

Die Wahl des richtigen Atemreglers

Wichtigster Teil der Tauchausrüstung ist der Atemregler, auch Lungenautomat genannt. Obwohl es im Handel keine speziell für das Technische Tauchen ausdrücklich zu empfehlenden Atemregler gibt (sieht man einmal von einigen sauerstoffgeeigneten Nitrox-Automaten ab), bedeutet dies nicht, daß jeder Lungenautomat geeignet ist.

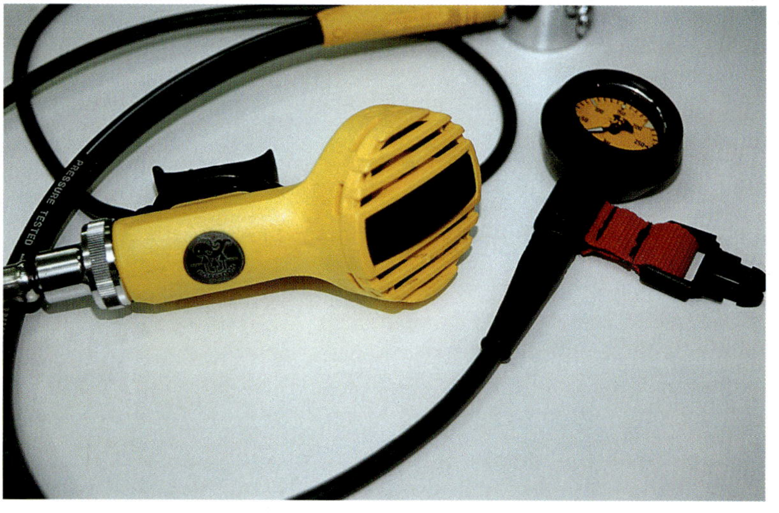

Nur wenige Automaten mit Kunststoffgehäuse sind für härtesten Einsatz im Bereich des Technischen Tauchens geeignet.

Beim Kauf eines Atemreglers sollte nicht nur auf Qualität und gute Verarbeitung geachtet werden, sondern auch auf gute Luftleistung der 2. Stufe. Wichtig bei tiefen Tauchgängen ist außerdem die Kaltwassereignung. Für den Einsatz am Wrack oder in Höhlen sollten jedoch auch noch andere Erwägungen miteinbezogen werden. Viele der heutigen Atemreglergehäuse sind aus Graphit oder Polyester hergestellt. Dies bringt zwar eine große Gewichtsersparnis, doch sollten für den harten Einsatz beim Technischen Tauchen auch die Ganzmetallgehäuse berücksichtigt werden, die wesentlich strapazierfähiger sind. Bereits beim Kauf eines Atemreglers sollte man darauf achten, daß der Lungenautomat für den Einsatz von Nitrox oder Sauerstoff geeignet ist, ob ausreichend Hoch- und Niederdruckabgänge an der 1. Stufe vorhanden sind, daß diese unter Druck drehbar sind und die 1. Stufe des Automaten kaltwassertauglich ist. Wichtig ist auch, daß man an dem Lungenautomaten notfalls kleinere Reparaturen, wie beispielsweise das Wechseln eines O-Ringes, selbst vornehmen kann, oder ob hierfür Spezialwerkzeug notwendig ist.

Als ambitionierter Taucher sollte man in der Lage sein, seine eigene Ausrüstung in regelmäßigen Abständen zu überprüfen und auf Mängel oder Defekte zu inspizieren. Diese Wartungsarbeiten tragen dazu bei, seine Ausrüstung genauestens kennen- und verstehenzulernen. Doch Vorsicht! Finger weg von Reparatur- oder Wartungsarbeiten, die man nicht wirklich beherrscht. Ohne entsprechendes Fachwissen sollte nicht an so wichtigen Ausrüstungsgegenständen wie Lungenautomaten geschraubt werden, denn dadurch kann man nicht nur die Händlergarantie verwirken, sondern auch das eigene Leben! Falls ein Lungenautomat einen größeren Service benötigt, sollte er zu einem autorisierten Fachhändler gebracht werden, der auch regelmäßig Funktionstests durchführt. Falls diese Arbeiten selbst durchgeführt werden sollen, ist es dringend erforderlich, einen der von den Herstellern für ihre Atemregler angebotenen Technikkurse zu besuchen und sich die benötigten Spezialwerkzeuge zu besorgen.

Die in Deutschland meist verbreiteten DIN-Anschlüsse sind für das Technische Tauchen besser geeignet als die weltweit eingesetzten INT-Bügelanschlüsse, da der verschraubte DIN-Sitz weit weniger anfällig für Beschädigungen oder Verrutschen unter Stoßeinwirkung in Höhlen oder an Wracks ist als die offene Bügelversion. Darüber hinaus sind DIN-Anschlüsse für den Einsatz von 300 bar-Hochdruckflaschen besser geeignet. Will man diese Flaschen einsetzen, sollte man darauf achten, daß der verwendete Atemregler ebenfalls einen Betriebsdruck von 300 bar zuläßt, da die meisten Lungenautomaten des Sporttauchbereiches lediglich einen Betriebsdruck von 200 bar zulassen. Für welche Lungenautomaten man sich letztlich entscheidet, ist sicherlich eine Frage der persönlichen Einstellung und Erfahrung. Wichtig ist jedoch in jedem Fall, daß man alle Hoch- und Niederdruckschläuche des Lungenautomaten sowie die abgehenden Armaturen, wie Finimeter oder Konsolen, sorgfältig verlegt. Um Beschädigungen zu vermeiden, ist darauf zu achten, daß die Schläuche weder abstehen, geknickt, noch überdehnt werden. Alle Schläuche sollten körpernah am Taucher anliegen, um einerseits einen möglichst geringen Schwimmwiderstand zu erreichen und andererseits die Gefahr eines Hängenbleibens zu verringern.

Die im Sporttauchbereich weitverbreitete Methode, an einer ersten Stufe einen zweiten Atemregler – den sogenannten Octopus – anzubringen, um so für den Fall der Fälle gerüstet zu sein, ist für den Technischen Taucher denkbar ungeeignet, denn würde diese erste Stufe versagen, wäre ein Weiteratmen trotz des zweiten Automaten nicht möglich, weil auch die Luftversorgung des Zweitautomaten von der defekten 1. Stufe geregelt würde. Daher gilt für den Wracktaucher als oberstes Gebot das bereits erwähnte Stichwort »Redundanz«, also das mehrfache Vorhandensein aller lebenswichtigen Ausrüstungsgegenstände. Jeder Taucher muß ein redundantes, d.h. mehrfaches, Atemsystem mit sich führen, um im Notfall immer weiteratmen zu können, egal welcher Teil des Atemsystems versagt. Beim Einsatz von Doppelflaschengeräten, wie er bei technischen

Ein Tauchgerät mit eng an der Ausrüstung verlegten Hoch- und Niederdruckschläuchen. Die Schläuche werden mit Silikonschlauch oder Kabelbindern befestigt.

Tauchgängen üblich ist, bedeutet diese Redundanz, daß für jede Flasche ein getrennter Atemregler mit entsprechender 1. Stufe und Finimeter montiert sein muß.

Farbige Kennzeichnung der Atemregler

Während des Tauchganges ist es von äußerster Wichtigkeit, daß die Farbmarkierungen der Atemregler sowie die dazugehörigen Finimeter die gleiche Farbkennung tragen wie die Flasche mit dem dazugehörigen Gasgemisch. Auch wenn man lediglich ein Gasgemisch taucht, das jedoch in zwei verschiedenen Flaschen mitgeführt wird, ist es wichtig zu wissen, aus welcher Flasche man gerade atmet. Daher sollte man bei der Farbmarkierung versuchen, möglichst die genaue Farbkennung des Gasgemisches auf die Automaten und Finimeter zu übertragen. Dies kann durch farbig angepaßte Lungenautomaten und farbig passende Finimeterkonsolen geschehen, aber auch durch die bereits beschriebene Methode der Kenntlichmachung mit buntem Klebeband. Da bestimmte Dekompressionsgemische aufgrund ihres hohen Sauerstoffanteiles, in der falschen Tiefe geatmet, fatale Folgen hervorrufen können, muß eine einwandfreie Unterscheidung gewährleistet sein. Daher werden diese Lungenautomaten mit einem Aufkleber, auf dem die Art des Gemisches und

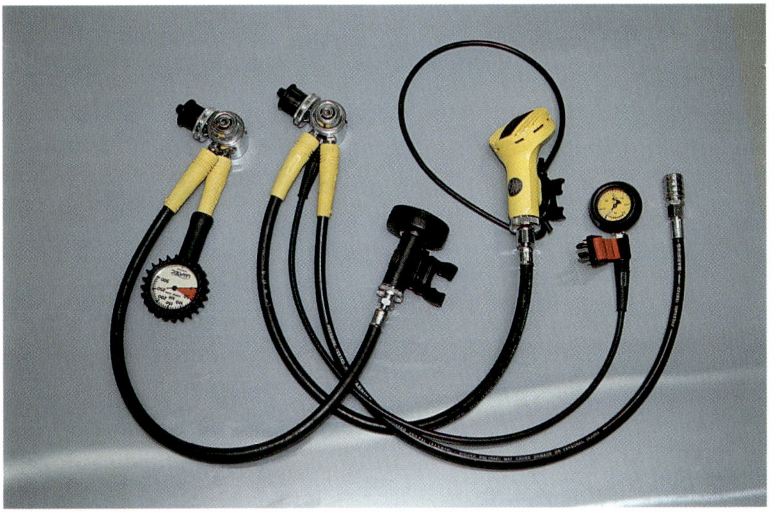

Farblich gekennzeichnete Atemregler.

die Konzentration vermerkt ist, versehen. Zusätzlich sollten Automaten für das Dekogemisch so an der Ausrüstung verstaut werden, daß sie nicht versehentlich falsch zum Einsatz kommen. Dies geschieht in der Praxis meist dadurch, daß sie zusätzlich in einer Tasche verstaut werden, oder das Mundstück des Atemreglers bis zum Einsatz während der Dekompression mit einem Stopfen verschlossen bleibt.

Flaschenkonfiguration

Tiefe Dekompressionstauchgänge oder Tauchen in einer nach oben abgeschlossenen Umgebung bei Wracks, Eistauchgängen oder Höhlen, wo der direkte Aufstieg ausgeschlossen ist, erfordern mindestens zwei voneinander getrennte Flaschen mit den entsprechenden Lungenautomaten. Hierbei ist zu bemerken, daß die in England und Amerika weitverbreitete Flaschenkonfiguration 12- bzw. 15-Liter-Monoflasche mit einer 3-Liter-Ponyflasche nicht ausreichend ist, da die im Notfall vorhandene Luftreserve in der 3-Liter-Flasche keinen großen Überlebensspielraum läßt. Eine Doppel-12- oder 15-Liter-Flaschenkonfiguration ist hier die weitaus sicherere Lösung. Viele Technische Taucher benutzen sogar Doppel-20-Liter-Geräte. Beide Flaschen müssen jeweils über ihren eigenen Lungenautomaten verfügen, um sicherzustellen, daß im Notfall auf die Reserveflasche gewechselt werden kann.

Durch den Einsatz eines Doppelventiles, mit dem beide Flaschen miteinander verbunden werden, entfällt das unter Umständen lästige Wechseln der Atemregler. Andererseits besteht bei miteinander verbundenen Flaschen die Gefahr, daß in einer Notsituation der gesamte Luftvorrat entströmt, wenn es dem Taucher nicht rechtzeitig gelingt, die Flaschen durch Zudrehen eines Absperrventiles voneinander zu trennen. Viele Technische Taucher schwören daher auf voneinander getrennte Flaschen und nehmen in Kauf, abwechselnd aus der einen oder der anderen Flasche atmen zu müssen. Hierbei ist darauf zu achten, daß beide Flaschen gleichmäßig geleert werden und nicht eine Flasche fast leer ist, während die andere noch voll ist. Hätte man nämlich mit der vollen Flasche ein Problem, würde nur noch die bereits fast leergeatmete Flasche zur Verfügung stehen.

Es gibt kaum eine Flaschenkonfiguration, die beim Einsatz in großen Tiefen oder an Wracks durch den Technical Diver oder den Wracktaucher nicht zum Einsatz kommt. Doppel- oder Triple-Flaschenpakete werden üblicherweise auf dem Rücken getragen, und zusätzliche Flaschen sind meist vor der Brust oder an den Seiten des Tauchers befestigt.

Doppelventile und Flaschenbrücken

Mono-Flaschen mit Doppelventil

Um zwei unabhängig voneinander wirkende Lungenautomaten montieren zu können, gibt es zwei Möglichkeiten: Mit Hilfe eines Doppelventils an eine Flasche oder beim Tauchen mit zwei Flaschen mit Hilfe einer Flaschenbrücke. Will man mit einem Doppelventil tauchen, müssen beide Abgänge getrennt voneinander absperrbar sein. Ansonsten würde ein redundant vorhandener Lungenautomat überhaupt nicht zum Einsatz kommen können, da in einer Notsituation, beispielsweise bei einer Vereisung, das Ventil abgesperrt werden muß und der zweite Lungenautomat ohne getrennte Absperrung nun ebenfalls außer Funktion wäre. Bei den Doppelventilen herrscht eine einheitliche Bauform vor: Beide Abgänge sind parallel angeordnet. Einer der Abgänge ist zudem meist drehbar, damit sich die Schläuche des Zweitautomaten nicht behindern. Wenn man mit Doppelventilen tauchen will, ist es ratsam, bereits beim Kauf eines Lungenautomaten darauf zu achten, daß die Schlauchabgänge an der 1. Stufe drehbar sind. So ist auf jeden Fall eine optimale Schlauchführung gewährleistet.

Beispiel einer Vierflaschenkonfiguration, die mit Spannbehältern gehalten werden.

Um einer Verwechslung der Ventile beim Abdrehen in einer Notsituation zu vermeiden, sind viele Hersteller von Doppelventilen dazu übergegangen, die beiden Abgänge mit einer unterschiedlichen Farbkennung zu versehen. Das Handrad des Abganges für den Hauptautomaten ist meist schwarz, während der Abgang für den Reserveautomaten vielfach gelb gekennzeichnet ist. Dennoch ist es auf jedem Fall ratsam, beim erforderlichen Schließen eines Flaschenventils, z.B. bei einer Vereisung, stets dem Schlauch des betreffenden Lungenautomaten zu folgen, um sicherzustellen, daß der richtige Atemregler abgesperrt wird.

Neben den hauptsächlich verwendeten Doppelventilen mit parallel angeordneten Abgängen gibt es noch eine zweite Bauform, das sogenannte »V-Ventil«, bei dem beide Abgänge in einem Winkel von 90 Grad angeordnet sind. Für welches der beiden Doppelventil-Systeme man sich letztendlich entscheidet, ist abhängig davon, mit welchem Ventil die Schlauchführung der Lungenautomaten am besten funktioniert.

Doppelbrücke mit getrennt absperrbaren Abgängen. Die Trennung der Flaschen erfolgt hier über das in der Mitte am Verbindungssteg angebrachte zusätzliche Handrad.

Doppelflaschen-Pakete

Für das Tauchen mit zwei Flaschen gibt es mehrere Möglichkeiten, eine unabhängige Atemversorgung zu gewährleisten. Entweder man benutzt zwei Einzelflaschen als Doppelpaket ohne Brücke, oder man wählt eine Doppelbrücke, bei der beide Flaschen fest miteinander verbunden – verbrückt – sind. Die wohl als am sichersten einzustufende Flaschenbrückenvariante ist die, bei der die Flaschenbrücke zusätzlich mit einem Handrad am Verbindungssteg beider Flaschen voneinander zu trennen ist. Durch Zudrehen dieses Handrades wird der Atemgasdurchfluß im Verbindungssteg beider Flaschen unterbrochen, und beide Flaschen sind atemtechnisch gesehen wieder voneinander getrennt, da keinerlei Atemgas mehr zwischen ihnen überströmen kann.

Stage-Tanks

Seit vielen Jahren ist es für Wrack-, Höhlen- oder Mischgastaucher schon üblich, eine oder mehrere Reserveflaschen (stage tanks) mitzuführen. Diese Flaschen werden normalerweise vor der Brust oder an der Seite getragen. Sie enthalten zusätzliche Luftreserven für ausgedehntere Tauchgänge in größeren Tiefen, Gasgemische für die Dekompression oder das sogenannte »travel mix« (üblicherweise Nitrox oder Luft). Travel Mix wird für den Ab- und Aufstieg zum bzw. vom Wrack benötigt. Die einfachste Methode, diese zusätzlichen Flaschen zu tragen, ist die Verwendung von nichtrostenden Edelstahlbändern sowie Karabinerhaken, die am unteren und oberen Flaschenende befestigt werden. Eine so umgebaute Flasche kann nun an geeigneten Haltepunkten (D-Ringen) am Jacket im Bereich der Schulter und Taille oder am unteren Ende der auf dem Rücken getragenen Hauptflaschen befestigt werden.

Links: Beispiel für die Anordnung der Automaten und Finimeterschläuche an einem Stage-Tank.

Die Hoch- und Niederdruckschläuche des Atemreglers und des Finimeters werden mittels Gummibändern, die um die Flasche gespannt werden, fixiert und bis zum Gebrauch verstaut. Aus alten Innenschläuchen für Pkw-Reifen ausgeschnittene ca. 2-3 cm breite Streifen haben sich für diesen Zweck bei meinen Tauchgängen seit Jahren bewährt. Man sollte auf jeden Fall darauf achten, daß alle Schläuche an den Flaschen anliegen, um die Gefahr eines späteren Hängenbleibens zu reduzieren. Für einen geplanten tiefen Dekompressionstauchgang ist unbedingt zu empfehlen, alle Luft- oder Gasmengen, die bis zur Beendigung des Tauchganges (inklusive Dekompression) notwendig sind, in separaten Flaschen mitzuführen.

Es ist nicht ratsam, sich auf eine Stage-Flasche zu verlassen, die für die Dekompression unter das Boot gehängt wird. Die Gefahr, daß man unter Umständen vom Boot abgetrieben wird oder es nicht möglich ist, an der Ankerleine auftauchen zu können, ist einfach zu groß. Hat man dann nicht genügend Gasreserven, um eine eventuell notwendige Dekompression durchzuführen, läuft man immer Gefahr, einen Deko-Unfall zu erleiden.

Für den Einsatz im Technischen Tauchen enthalten diese zusätzlichen Flaschen »travel mix« oder Sauerstoff für die Dekompression (siehe Kapitel »Einsatz von Trimix in großen Tauchtiefen«). Um ein Verwechseln der Gasgemische zu verhindern, das unter Umständen zum Tode eines Tauchers führen könnte, ist es notwendig, die mitgeführten Flaschen sowie die zugehörigen Atemregler zu kennzeichnen. In der Praxis hat sich die farbige Kennzeichnung dieser

Korrekt markierte Stage-Flaschen

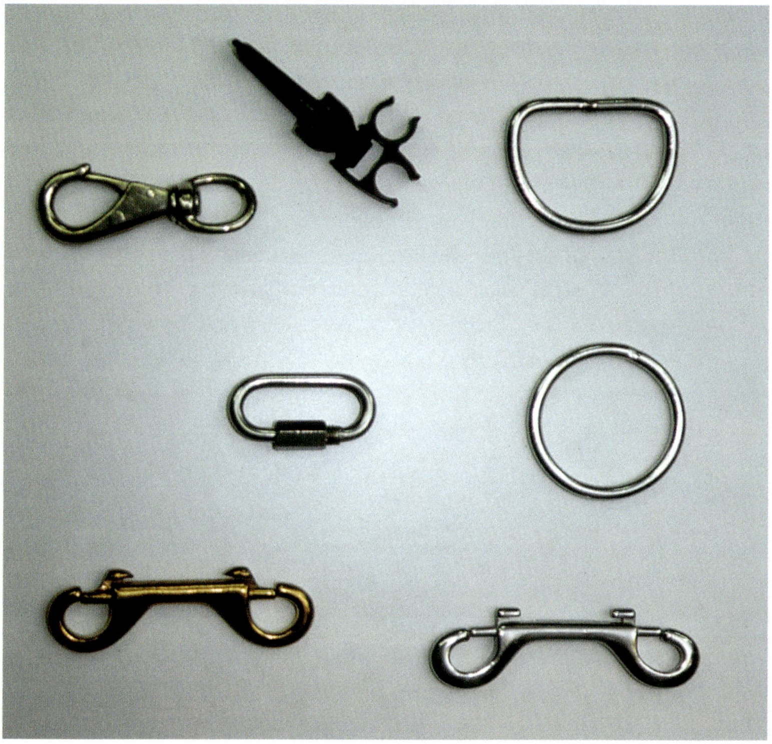

Stage-Flaschen werden mittels Karabinerhaken und D-Ringen an Jacket und Flaschenpaket befestigt.

Komponenten durchgesetzt. Leider gibt es immer noch keine weltweit einheitliche Farbkennung. In England und den USA ist es daher üblich, eine Sauerstoffflasche schwarz zu kennzeichnen, während sie in Deutschland blau markiert wird. Nitrox-Flaschen werden fast überall auf der Welt mit gelber Farbe gekennzeichnet, die zusätzlich mit einem umlaufenden grünen Band versehen sind. Trimix- oder Helioxflaschen werden mit einem Aufkleber versehen, auf dem deutlich und gut sichtbar die Art und Konzentration sowie die maximale Einsatztiefe (MOD) des Gemisches vermerkt ist. Entsprechende Kennzeichnungsaufkleber sind von den Technischen Tauchsportverbänden IANTD, TDI oder ANDI erhältlich.

Wie wichtig es ist, alle mitgeführten Flaschen sowie die Lungenautomaten deutlich und unmißverständlich farbig zu kennzeichnen sowie den Sauerstoff- und den Heliumanteil auf den Flaschen zu markieren, ergibt sich aus der Tatsache, daß für jedes Atemgemisch eine bestimmte maximale Einsatztiefe zu beachten ist. Eine Nichtbeachtung dieser Einsatztiefen führt im günstigsten Fall lediglich zu einer Veränderung der Dekompressionszeiten. Es sind jedoch auch Fälle bekannt, in denen ein Taucher durch eine Verwechslung der Gemische zu Tode gekommen ist.

Flaschenkonfigurationen für Dreier- oder Vierer-Rückenpakete können durch Verwenden von vorgefertigten Stahlhaltebändern oder durch Spannbänder aus Nylongewebe zusammengestellt werden. Um stets zu wissen, welcher Lungenautomat zu welcher Flasche gehört, werden alle ersten Stufen sowie die dazugehörigen Lungenautomaten mit farbig unterschiedlichem Klebeband markiert.

Bleigurte

Die Ausrüstungsgegenstände für technische Tauchgänge unterscheiden sich zwar nicht wesentlich von denen, die der Sporttaucher benutzt, doch werden nicht selten spezielle wrackspezifische Veränderungen an ihnen vorgenommen. Ein gutes Beispiel hierfür sind Bleigurte: Während unserer Tauchsportausbildung wurden wir immer darauf hingewiesen, daß in einer Gefahrensituation als erstes Ausrüstungsteil der Bleigurt abzuwerfen ist, um uns Auftrieb zu verschaffen, wenn es darum geht, schnell an die Wasseroberfläche zu kommen. Diese Aussage gilt natürlich auch für Wracktaucher, allerdings nur dann, wenn sie sich nicht in einem Wrack befinden. Ein Taucher, der sich tief im Inneren eines gesunkenen Schiffes befindet, kommt beispielsweise in enorme Schwierigkeiten, wenn er seinen Bleigurt verliert. Der Grund dafür ist einfach: Falls ein Taucher mit seinem Gurt an einem Wrackteil hängen bleibt und sich die Schnalle seines Bleigurtes öffnet, wird er durch den Verlust des Bleis unweigerlich starken Auftrieb bekommen und sich an der Schiffsdecke wiederfinden. Aus diesem Grund modifizieren einige Wracktaucher ihren Bleigurt dadurch, daß sie eine zweite Gurtschnalle an ihrem Gurt anbringen. Solange man sich außerhalb des Wracks befindet, bleibt diese zweite zusätzliche Halteschnalle geöffnet. Sie wird nur beim Betauchen des Schiffsinneren geschlossen, um zusätzliche Sicherheit gegen das unbeabsichtigte Lösen des Bleigurtes zu bieten. An einen Bleigurt sollten darüber hinaus nur jene Dinge und Ausrüstungsgegenstände angebracht werden, deren Verlust verschmerzbar ist. In einer Notsituation sollte man keine Sekunde darüber nachdenken müssen, ob man seinen Bleigurt abwerfen kann oder nicht. Die teure Unterwasserlampe oder hochwertiges Werkzeug sollte daher vorsorglich am Tarierjacket eingehakt werden.

Tauchermesser

Für einen Technischen Taucher ist es von enormer Wichtigkeit, mindestens ein Messer mit sich zu führen. Ein Reservemesser wird jedoch dringend für den Fall empfohlen, daß man sein Hauptmesser verliert oder es in einer Notsituation nicht erreichbar ist. In der Praxis hat es sich bewährt, eines der beiden Messer am Bein zu tragen, während man das Reservemesser in der Nähe des Oberkörpers befestigt, um es so jederzeit erreichen zu können. Das Reservemesser

Ein für den Wracktaucher modifiziertes Reservemesser mit angebrachten Gummibändern aus Chirurgenschlauch für die Befestigung am Unterarm.

sollte ebenfalls von guter Qualität und nicht zu klein sein, um es gut greifen zu können. Sparmaßnahmen sind hier fehl am Platz. Ein gutes Messer kostet seinen Preis, doch sollte das eigene Leben einmal davon abhängen, hat es sich schnell bewährt. Beim Kauf eines Messers sollte auf eine gute Stahlqualität der Messerklinge geachtet werden. Rostfreier Stahl ist zwar bei Tauchermessern üblicher Standard, doch gibt es hier wie überall enorme Qualitätsunterschiede.

Als Hauptmesser wählt der Taucher am besten eine mittlere Klingenlänge mit einer Klingenstärke von mindestens 5 Millimeter. Der Klingenrücken sollte gezahnt sein, um damit im Notfall auch einmal ein dickes Tau durchsägen zu können. Weiter sollte das Messer über

Dieser Taucher trägt sein Reservemesser am Arm.

einen stabilen Griff verfügen, der möglichst gummiert sein sollte, um auch mit dicken Handschuhen einen guten Halt in der Hand zu erreichen. Manche Messer verfügen über einen sogenannten Hammerkopf, eine stabile Metallplatte am Ende des Griffes, die auch schon mal als Hammer eingesetzt werden kann. Für die Auswahl des Reservemessers gelten ähnliche Grundsätze, wobei hier der Schwerpunkt auf eine exzellente Messerklinge gelegt werden sollte, da dieses Messer eher selten als Werkzeug eingesetzt wird. Wichtig ist nur, daß auch das Reservemesser nicht zu klein ist, um es effektiv einsetzen zu können. Manche auf dem Markt angebotenen Minimesser sind daher gänzlich ungeeignet für den Wracktaucher und eignen sich besser als Brieföffner.

Für das effektive Anbringen des Reservemessers an der Tauchausrüstung oder am Körper des Tauchers gibt es mehrere Möglichkeiten. Individuallösungen sind hier das Stichwort, denn wichtig ist nur, daß man das Messer schnell und sicher erreichen kann, um es in einer Notsituation parat zu haben. Einige Taucher befestigen das Reservemesser mit dem Griff nach unten in Brusthöhe am Tarierjacket. Ich selbst habe diese Methode einige Jahre angewandt, doch habe ich festgestellt, daß mit zunehmender Ausrüstungsmenge schnell kein Platz mehr ist.

Daher habe ich mein Reservemesser mit elastischen Gummihaltebändern versehen und trage es nun am Unterarm meiner linken Hand, wo ich es stets griffbereit habe. Durch die Gummibänder wird

Doppelflaschenpaket mit einer am Jacket angebrachten Schere.

das Messer in jeder Position fest am Arm gehalten. Es läßt sich zudem wesentlich leichter befestigen als mit herkömmlichen Messerbändern, da es nur über den Arm gezogen werden muß. Eine sehr sinnvolle Alternative zu einem Reservemesser sind auch die auf dem Tauchermarkt erhältlichen stabilen Scheren, mit denen man vor allen Dingen an Angelschnüren und Netzen hervorragende Ergebnisse erzielt.

Taucherlampen

Werden Höhlen oder Wracks betaucht oder soll der Tauchgang in große Tiefen führen, in denen kein natürliches Licht mehr vorhanden ist, benötigt man grundsätzlich zwei verschiedene Arten von Unterwasserlampen: einen starken Haupthalogenscheinwerfer mit einer Leistung von ca. 50 Watt und einem sogenannten Flutstrahlreflektor und eine kleinere Lampe mit einem Punktstrahlreflektor. Die Hauptlampe mit dem breiten Flutstrahl gewährleistet eine breite Abstrahlung des Lichtes und bietet so im Inneren eines Wracks eine großzügige Ausleuchtung. Sie sollte über eine Brenndauer verfü-

Kleine, lichtstarke Lampen, eignen sich hervorragend als Reserve- oder Notlampen.

gen, die deutlich über die Länge des geplanten Tauchganges hinaus geht. Die Unterwasserlampe mit dem Punktstrahlreflektor sollte eine Leistung von 10-20 Watt besitzen und dient dazu, beispielsweise bei Wracktauchgängen in kleineren Löchern oder Räumen nach Fundstücken zu suchen. Der gebündelte Lichtstrahl des Punktreflektors leistet dabei hervorragende Dienste, da er im Vergleich zum Flut-strahlreflektor eine wesentlich größere Reichweite besitzt. Die kleinere Lampe dient gleichzeitig als Reservelampe beim Ausfall des Hauptscheinwerfers, um damit die Instrumente ablesen zu können. Zusätzlich sollte bei tiefen Tauchgängen sowie bei weitem Eindringen in Wracks oder Höhlen eine weitere Reservelampe für Notfälle mitgeführt werden. Diese Reservelampe kann ruhig etwas kleiner ausfallen, doch sollte sie auf jeden Fall genügend Licht und Brenndauer bieten, um den Taucher sicher aus der Tiefe, dem Wrack oder der Höhle zur Oberfläche zu bringen. Es versteht sich von selbst, daß alle Lampen mittels Karabinerhaken und einem Halteseil fest an der Ausrüstung angebracht werden, damit sie nicht lose herumhängen und sich verhaken können. Kleinere Reservelampen können in der Jacketasche oder an den Stage-Flaschen befestigt werden, wo ein schneller Zugriff gewährleistet ist.

Helm- oder Kopfmontage von Unterwasserlampen

Ähnlich wie viele Höhlen- und Nachttaucher haben auch viele Wracktaucher die Vorteile der Unterwasserlampen in Kopfmontage zu schätzen gelernt. Es gibt viele unterschiedliche Arten von UW-Lampen, die sich für eine solche Befestigungsart eignen. Prinzipiell sollte man jedoch darauf achten, daß diese Scheinwerfer nicht zu schwer sind und daß sie sich ohne Schwierigkeiten leicht einschalten lassen. Bei der Helmmontage kann man die Lampen ohne großen Aufwand meist in fertig vorgestanzte Montagelöcher mit Halteklemmen einschrauben. Ist dies nicht der Fall, so muß man sich die Montagelöcher selbst bohren. Dies ist jedoch mit ein wenig handwerklichem Geschick überhaupt kein Problem.

Bei allen meinen tiefen Tauchgängen habe ich mir angewöhnt, stets eine kleine Maskenlampe mitzuführen, die ich während meiner Zeit am Wrack stets angeschaltet habe. Für den Fall, daß ich plötzlich in eine Situation komme, in der ich unerwartet beide Hände

Wracktaucher mit Unterwasserlampen, die am Helm befestigt sind. Diese Methode bietet freie Hände zum Arbeiten, kann aber auch leicht einen Tauchpartner blenden.

benötige, kann ich nun getrost meine am Jacket eingehakte Hauptlampe »fallen lassen«, denn ich habe immer noch genügend Licht durch die Kopflampe, um beispielsweise meine Instrumente ablesen zu können. Bei Lampen, die in Kopfmontage befestigt sind, sollte man jedoch nicht vergessen, daß der Schein der Lampe stets in Blickrichtung des Tauchers leuchtet. Es ist daher sehr leicht möglich, seinen Tauchpartner zu blenden!

Taucher, die nicht mit einem Helm tauchen möchten, haben die Möglichkeit, kleine Unterwasserlampen mittels Gummihalterungen an ihren Tauchmasken zu befestigen. Grundsätzlich haben alle am Kopf montierten Lampen den Vorteil, daß man beide Hände frei hat, um beispielsweise an einem Fund arbeiten zu können. Zusätzlich montierte kleinere Kopflampen bieten darüber hinaus weiteres Reservelicht, wenn einmal eine Hauptlampe ausfällt.

Dieser Taucher trägt den Scheinwerferkopf seiner Unterwasserlampe am Schultergurt seines Tarierjackets, während der eigentliche Akku-Tank zwischen seinen Atemgasflaschen befestigt wurde.

Tauchermasken

Grundsätzlich empfiehlt es sich für den Technischen Taucher, eine Halbmaske mit möglichst geringem Volumen zu wählen. Gerade bei weit im offenen Meer betauchten Schiffwracks ist es immer wieder erforderlich, gegen starke Strömungen abtauchen zu müssen, um später am Wrack in den Genuß der strömungsfreien Gezeitenstillstandsphase zu gelangen. Eine Maske mit geringem Gesichtsvolumen hat aufgrund ihrer kleineren Form den Vorteil, weniger Angriffsfläche für die Strömung zu bieten und wesentlich schwerer zu verrutschen. Zusätzlich lassen sich kleinere Masken bei Wassereintritt leichter und schneller ausblasen.

Der Verlust einer Tauchmaske während eines Tauchgangs bedeutet lediglich eine Sichtbeeinträchtigung, verliert man die Maske am Ende des Tauchganges während der Dekompressionsphase. Geschieht der Verlust allerdings aufgrund eines gerissenen Maskenbandes in der Tiefe in einer Höhle oder unter Eis, hat man ein ernsthaftes Problem. Um für diesen Fall gerüstet zu sein, führen viele Technische Taucher eine Reservemaske mit sich. Es versteht sich von selbst, daß Taucher, die in ihrer Hauptmaske Korrekturgläser oder -linsen eingearbeitet haben, auch eine entsprechend ausgerüstete Ersatzmaske mit sich führen, um bei einem Maskenwechsel keine Sichtbeeinträchtigungen zu erleiden. Gleichzeitig sollte man mit der Ersatzmaske vertraut sein, bevor man unter Umständen in einer Notsituation feststellt, daß die Paßform der Maske nicht stimmt.

Bei der Wahl eines geeigneten Platzes für die Ersatzmaske sucht man sich eine Stelle an der Ausrüstung oder am Körper, an der die Maske schnell einsatzbereit ist. Viele Taucher benutzen hierfür eine spezielle Maskentasche, die sie am Jacket oder am Bleigürtel befestigen. Hat man an seinem Anzug Taschen an den Oberschenkeln, ist dies ebenfalls ein geeigneter Stauplatz. Manche Taucher tragen ihre Ersatzmaske auch bereits am Kopf, indem sie die zweite Maske im Nacken tragen, so daß sie bei Bedarf lediglich nach vorne über das Gesicht gezogen werden muß.

Flossen

Obwohl es keine speziell für das Wracktauchen zu empfehlenden Tauchflossen gibt, da die Wahl der Flossen letztendlich eine Frage des persönlichen Geschmacks ist, sollte darauf geachtet werden, daß das Flossenblatt nicht zu weich oder zu schmal ist, um mit all den zusätzlich mitgeführten Flaschen und Ausrüstungsgegenständen noch über ausreichenden Vortrieb im Wasser zu verfügen.

Spezialflossen für das Höhlentauchen, sogenannte »Force-Fins« mit kleinem, sehr flexiblem Flossenblatt.

Schnorchel

In einem Wrack, einer Höhle oder unter Eis gibt es keinen Platz für einen Schnorchel. Die Gefahr, mit ihm in einer Sicherungsleine oder einem Wrackteil hängenzubleiben ist einfach zu groß. Der einzige denkbare Einsatz für einen Schnorchel ist ohnehin an der Wasseroberfläche, um eventuell zu einer Wrackmarkierungsboje o.ä. zu schnorcheln, an der man abtauchen möchte. Aus diesem Grund kann während des Tauchganges der Schnorchel getrost in einer Tasche der Ausrüstung oder des Tarierjackets verstaut und lediglich bei Bedarf hervorgeholt werden.

Seilrollen

Um in ein Wrack einzutauchen, verwenden viele Wracktaucher eine Seilrolle mit einer Sicherungsleine. Dies gilt auch für Höhlentaucher oder bei Tauchgängen unter einer geschlossenen Eisdecke. Darüber hinaus werden bei vielen Strömungstauchgängen mit freiem Aufstieg oftmals sogenannte Dekompressionsbojen vom Taucher mittels einer Seilrolle, an der der Taucher freitreibend seine Dekompressionsstops durchführt, an die Wasseroberfläche geschickt. In einer nach oben abgeschlossenen Umgebung wie einem Wrack oder einer Höhle, bei der ein direkter Aufstieg zur Wasseroberfläche verwehrt ist, ist es riskant, sich nur aufgrund eines Kompasses zu orientieren. In einem Wrack ist ein Kompaß ohnehin unbrauchbar, da es aufgrund des starken Magnetfeldes des Schiffsrumpfes zu starken Mißweisungen kommt.

Die einzige verläßliche Verbindung zum Ausgang des Wracks ist die ausgelegte Sicherungsleine. Grundsätzlich unterscheidet man zwischen drei verschiedenen Seilrollentypen:

Hauptrollen

Diese Seilrollen, auch Primary Reels genannt, dienen ausschließlich einem bestimmten Zweck: Zum waagerechten Abspulen – meist hinter dem Taucher hergezogen –, werden mit solchen Seilrollen große Entfernungen zurückgelegt. Sie werden beispielsweise an einem Wrack als Sicherungsleine oder zum Vermessen der Örtlichkeit eingesetzt. Daher sollte man darauf achten, daß die Rollen mit einem stabilen, reißfesten Seil versehen sind. Hauptseilrollen, die auch zur großflächigen, weiten Erforschung eines Wracks oder einer Höhle eingesetzt werden können, haben im Normalfall eine Seillänge von 100-300 m.

Sicherungsrollen

Meist handelt es sich hierbei um kleinere Seilrollen, die auch Safety Reels genannt werden. Sie werden oftmals als Sicherungsleine beim Eindringen in das Wrack eingesetzt, um den Ausweg in das Freie zu markieren. Diese handlichen Seilrollen werden auch als Halteseil für die Dekompressionsbojen eingesetzt und weisen eine Seillänge von etwa 30-60 Metern auf. Beim Einsatz als Deko-Bojen-Seilrolle muß man natürlich auch darauf achten, daß die vorhandene Seillänge entsprechend des tiefsten erforderlichen Deko-Stops ausreichend ist.

Notseilrollen

Die kleinsten Seilrollen sind als »Lückenbüßer« für Notfälle gedacht, wenn man beispielsweise eine zerrissene Hauptrolle überbrücken muß. Daher auch der englische Name Gap Reel (gap = Lücke). Eine solche Mini-Seilrolle beinhaltet eine Seillänge von ca. 15 Meter.

Verschiedene Seilrollen: Eine Hauptrolle, eine Notseilrolle und eine Seilrolle für die Dekompression mit angesetzter zusammengerollter Deko-Boje.

Grundsätzlich sollte man beim Kauf einer Seilrolle auf gute Verarbeitung achten. Die Seilspule muß leichtgängig drehbar sein und darf nicht zu viel seitliches Spiel in ihrer Gehäuseführung haben, da es sonst leicht zu Seilverwicklungen kommen kann. Die Spule muß fest arretierbar sein, um ein unbeabsichtigtes Abrollen des Seiles zu verhindern. Die leider auch bei sehr teuren Seilrollen vielfach verwendete Plastikschraube zur Arretierung der Seilspule hat sich beim Wracktauchen als ungeeignet erwiesen, da die dünnen Plastikschrauben bei der geringsten mechanischen Belastung abbrechen und das Seil sich selbständig macht. Zusätzlich benötigt man bei dieser Arretierungsmethode stets beide Hände, da man mit der einen Hand die Seilrolle festhalten und mit der anderen die Schraube aufdrehen muß. Wesentlich besser sind Seilrollen mit Einhandbedienungen, bei denen man auf Daumendruck oder durch Zug des Zeige- und Mittelfingers die Seilspule freigibt, während sie beim Loslassen sofort wieder fest arretiert.

Ein Taucher, der an einem Wrack oder in einer Höhle eine Seilrolle als Sicherheitsleine oder zum Vermessen verwenden will, sollte auf jeden Fall noch eine zweite Seilrolle mit sich führen, da er im-

Redundanz auch bei Seilrollen. Eine kleine Notseilrolle (gap-reel) sollte bei Wrack-, Eis- oder Höhlentauchgängen immer dabei sein.

An der Ausrüstung griffbereit befestigt: Dekompressionsboje, zusätzlich durch einen Karabinerhaken am Herunterhängen gehindert.

mer damit rechnen muß, daß er sich in einer Notsituation im Inneren des Wracks oder der Höhle schnell von seinem Seil trennen und dabei sogar seine Rolle zurücklassen muß. Hat man seine Seilrolle verloren, besteht keine Möglichkeit, während des Deko-Stops eine Markierungsboje zu setzen. Dies mag im ersten Augenblick für einen geübten Taucher, der die Freiwassertarierung gut beherrscht, kein Problem sein. Bedenkt man aber, daß man bei längeren Dekozeiten in starker Strömung keine sichtbare Markierung zur Wasseroberfläche hat, kann dies schnell ernsthafte Folgen mit sich bringen: Das an der Oberfläche wartende Tauchboot kann dem Taucher nicht folgen, da die Bootscrew nicht wissen kann, wo der im Wasser treibende Taucher sich befindet. Bei den in irischen Gewässern beispielsweise alltäglichen Strömungsgeschwindigkeiten von durchschnittlich 3-6 Knoten ist man daher schnell meilenweit vom Boot abgetrieben.

Alle mitgeführten Seilrollen müssen selbstverständlich mittels eines Karabinerhakens fest mit der Ausrüstung verbunden werden, um sie vor Verlust zu sichern. Bei Bedarf kann man sie immer noch abhängen, um sie in der Hand zu führen. Befestigt man jedoch an seiner Seilrolle eine ca. 30-40 Zentimeter lange Halteschnur, kann man sie problemlos bedienen, ohne die Rollen abnehmen zu müssen.

Tarierjackets als Auftriebskörper

Mit all der erwähnten zusätzlichen Ausrüstung wird der Taucher selbstverständlich im Wasser schwerer. Folglicherweise benötigt er zusätzlichen Auftrieb durch ein entsprechendes Tarierjacket. Bedingt durch die unterschiedlichen Flaschenkonfigurationen, die der Wracktaucher zum Einsatz bringen kann, ist es möglich, daß sich die Gewichtsbalance während des Tauchens um einige Kilogramm verändert kann. Beim Abtauchen mit vollen und somit schweren Flaschen muß der Taucher diesen Abtrieb durch Einfüllen von Luft in die Auftriebskörper seines Tarierjackets ausgleichen. Umgekehrt ist am Ende des Tauchgangs sicherzustellen, daß der Taucher genügend Bleigewicht am Körper trägt, um dem Auftrieb der nun leeren Flaschen entgegenzuwirken, um nicht unkontrolliert zur Wasseroberfläche »durchzuschießen«.

Es bedarf einiger Erfahrung, um die richtige Bleimenge auszuloten. Als Faustregel gilt jedoch, daß man mit fast leeren Flaschen und der entsprechenden Bleimenge auf einer Tiefe von etwa drei Metern neutral tariert ist. Mit anderen Worten: Man sollte sich ohne Luft im Tarierjacket in einem Schwebezustand befinden. Ist man sich über das Auftriebsverhalten seiner Ausrüstung nicht im klaren, sollte man vor einem geplanten Tauchgang im Schwimmbad üben, um das richtige Setup zu finden.

Jedes Tarierjacket oder jede Tarierweste hat ein vom Hersteller genau definiertes maximales Auftriebsvolumen. Für tiefe Tauchgänge oder beim Einsatz von Stage-Tanks oder Mehrfachflaschen-

Konfigurationen sollte man über ein Mindestauftriebsvolumen von 20-25 kg verfügen. Nicht alle auf dem Markt befindlichen Jackets eignen sich daher für diese Art des Tauchens. Von den angebotenen Tarierjackets steht das sogenannte »Wing« in der Gunst der Techdiver klar an der Spitze. Bei dieser Art des Jackets befinden sich alle Luftkammern nicht wie bei herkömmlichen Jackets um den Körper herum, sondern lediglich im Rückenbereich. Diese Anordnung bringt den gesamten Auftrieb zwischen den Rücken des Tauchers und seine schweren Flaschen, so daß es zusätzlich als eine Art Luftkissen zwischen dem schweren Flaschenpaket und dem Rücken des Tauchers fungiert. Gleichzeitig bietet ein Wing-Jacket in voll abgeblasenem Zustand den geringstmöglichen Wasserwiderstand, da die Silhouette des Tauchers nicht durch seitliche Luftkammern vergrößert wird. Zusätzlich hat der Taucher durch dieses Tarierjacket einen großen Bewegungsbereich, da keinerlei Luftkammern im Brust- oder Seitenbereich störend einwirken können. Der Taucher erhält somit einen maximalen Bewegungskomfort.

Bei den Wings kann ein zusätzlicher zweiter Auftriebskörper montiert werden, um weiteren Auftrieb zu erhalten. Man erreicht hierbei mit zwei Auftriebskörpern Auftriebswerte von bis zu 80 Kilogramm. Dies bedeutet bei tieferen Tauchgängen, vor allen Dingen mit schwerer Ausrüstung, ein zusätzliches Sicherheitsplus.

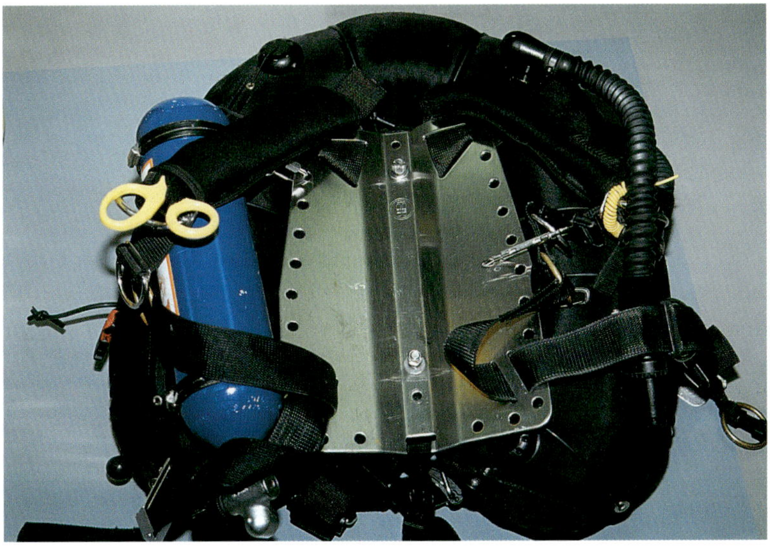

Bei schwerer zusätzlicher Ausrüstung, bietet ein Wing-Jacket zusätzlichen Auftrieb. Die aufgeblasenen Auftriebskörper an einem Wing der Fa. OMS.

Auswahlkriterien für die benötigte Ausrüstung

Um unter einer geschlossenen Oberfläche, sei es in Höhlen, Wracks oder unter Eis, sicher tauchen zu können, muß der Taucher die richtige und ausreichende Tauchausrüstung mit sich führen. Dies gilt selbstverständlich auch für lange Dekompressionstauchgänge, bei denen es unter Umständen Stunden dauern kann, bevor der Taucher wieder an die Wasseroberfläche zurückkehren kann. Von der richtigen Auswahl der Ausrüstungsgegenstände, Hilfs- oder Rettungsausrüstung oder auch Werkzeuge, die für einen Tauchgang benötigt werden, hängt der Erfolg (oder Mißerfolg) einer jeden Tauchmission ganz entscheidend ab. Welche Ausrüstung ich schließlich mit mir führe und wie ich die einzelnen Gerätekomponenten an meinem Körper trage, ist nicht zuletzt auch abhängig von den räumlichen oder geologischen Besonderheiten meines Tauchplatzes. Schmale gewundene Gänge in einer Höhle oder in einem Wrack können dazu führen, daß ein Taucher seine Gasflaschen nicht auf dem Rücken, sondern lediglich an beiden Seiten seiner Hüfte trägt, um so besser Engstellen passieren zu können. Kein Tauchplatz ist wie der andere. Höhlentauchgänge erfordern andere Ausrüstungsüberlegungen als Wracktauchgänge. Unterschiedliche Aufgaben erfordern stets neue Überlegungen und für jede geplante Tauchmission müssen neue Kriterien und Begleitumstände berücksichtigt werden.

Das Hauptkriterium bei der Zusammenstellung und Auswahl der Ausrüstungsgegenstände ist jedoch stets die Frage: Was will ich eigentlich in einer bestimmten Unterwasserumgebung tun? Möchte ich möglichst weit in ein Höhlensystem eindringen, werde ich einen Unterwasser-Scooter benötigen. Vielleicht muß ich sogar ein kleines Schlauchboot mit mir führen, um längere Überwasserpassagen in den Höhlen zu überwinden. Ähnliche Überlegungen muß ich für einen geplanten Wracktauchgang anstellen. Benötige ich Werkzeug, um beispielsweise Luken oder Türen im Schiffsinneren öffnen zu können, oder um bestimmte Gegenstände vom Wrack bergen zu können? Ein Tauchgang sollte daher gedanklich durchgespielt werden, um so für jede zu erwartende Situation oder für jede zu lösende

Aufgabe das richtige Ausrüstungsteil oder Werkzeug mit sich zu führen. Prinzipiell gilt: Nichts ist undenkbar! Das Einsatzziel diktiert die gewählte Ausrüstung. Ich habe es beispielsweise schon oft erlebt, daß wir bei Bergungen von Gegenständen aus Schiffwracks hydraulische Wagenheber mit in die Tiefe genommen haben, um schwere Wrackteile zur Seite zu räumen oder anzuheben. Grundsätzlich sollte sich jedoch jeder Taucher darauf beschränken, nur die Gegenstände und Ausrüstungsteile mit sich zu führen, die er auch tatsächlich unter Wasser benötigt.

Ein allgemeines Problem technischer Tauchgänge in Umgebungen, die zur Wasseroberfläche hin abgeschlossen sind, ist die Tatsa-

Die Auswahl der benötigten Ausrüstung ist abhängig vom Tauchgebiet, den tauchgangspezifischen Anforderungen sowie der persönlichen Belange des Tauchers

che, daß dem Taucher stets der freie Aufstieg zur Oberfläche verwehrt ist. Als Sporttaucher habe ich bei Luftmangel möglicherweise immer noch die Chance, mit angehaltenem Atem oder unter Wechselatmung mit meinem Tauchpartner, die rettende Wasseroberfläche zu erreichen. Tauche ich jedoch in eine Höhle, oder befinde ich mich unter Eis, ist die Möglichkeit eines solchen Notaufstiegs ausgeschlossen. Wenn ich also meinen Tauchgang überleben will, bleibt mir nichts anderes übrig, als jedes nur erdenkliche Problem selbst zu lösen. Ein Taucher, der mit einer lebensbedrohlichen Situation konfrontiert wird, kann sich nicht immer darauf verlassen, daß sein Tauchpartner (sofern er nicht alleine taucht) ihm bei der Lösung seines Problems behilflich sein kann. Aus diesem Grund muß jeder Technische Taucher autonom und völlig unabhängig jede Krisen- oder Gefahrensituation bewältigen können und in der Lage sein, sein eigenes Leben zu retten. Dies bedeutet natürlich auch, daß er zu seiner normalen Tauchausrüstung alle zum Überleben benötigten Ausrüstungs- und Rettungsgegenstände mit sich führt. Auch hier gilt bei der Auswahl dieser Ausrüstungsgegenstände stets die Überlegung, was benötige ich tatsächlich und welches Hilfsmittel kann dazu beitragen, mein Leben zu retten? Eine Dekompressionsboje für eine Freiwasserdekompression macht in einer Höhle keinen Sinn. Im offenen Meer jedoch kann sich eine solche Boje bei tiefen Tauchgängen als lebenswichtiges Hilfsmittel erweisen. Das Stichwort ist hier wieder einmal Redundanz. Jedes Ausrüstungsteil, von dem mein Leben abhängt, sollte mindestens doppelt vorhanden sein. Während vieler Tauchgänge ist es sogar dringend anzuraten, sich ausrüstungstechnisch gesehen dreifach abzusichern. Dies gilt beispielsweise für Unterwasserlampen bei einem Höhlentauchgang.

Ein letztes Kriterium bei der Wahl der benötigten Ausrüstung, sind die persönlichen Bedürfnisse eines jeden Tauchers. Jeder muß ganz individuell für sich entscheiden, welche zusätzlichen Dinge er mit sich führen möchte. So mancher Taucher liest gerne während seiner stundenlangen Dekompression ein Buch, oder er hat das Bedürfnis, seinen Hunger oder seinen Durst zu stillen. Ein anderer vertreibt sich gerne mit Musikhören die lange Dekompressionszeit und führt daher einen wasserdicht verpackten Walkman mit sich. Die persönlichen Bedürfnisse eines jeden Tauchers müssen daher bei der Auswahl und der Zusammenstellung der Tauchausrüstung ebenfalls berücksichtigt werden.

Individuelle Abstimmung der Tauchausrüstung

Sind alle für einen geplanten Tauchgang benötigten Ausrüstungsgegenstände, Notfallmittel und sonstigen Dinge zusammengestellt, muß ich mir Gedanken darüber machen, wie ich diese Gegenstände sinnvoll und effektiv an oder in meine Ausrüstung integriere. Jeder Ausrüstungsgegenstand sollte einen fest zugewiesenen Platz einnehmen, wobei es wichtig ist, die Gegenstände nach Priorität unterzubringen. Die alternative Luftversorgung oder Reservelampen müssen beispielsweise in einem Notfall innerhalb weniger Sekunden einsatzbereit sein. Für den Reserve-Lungenautomaten gibt es daher nur einen Platz – vor der Brust des Tauchers. Reservelampen können in D-Ringe, die an den Tauchflaschen angebracht wurden, eingehängt oder in den Taschen des Tarierjackets verstaut werden. Eine Reservemaske befindet sich entweder bereits umgehängt im Nacken des Tauchers oder ebenfalls in einer Jacket- oder Anzugstasche. Letztendlich entscheidet der persönliche Geschmack und die individuelle Ausrüstungskonfiguration eines jeden Tauchers über die entsprechenden Unterbringungsmöglichkeiten der Ausrüstung. Wichtig ist nur, daß ein rascher Zugriff und die schnelle Einsatzbereitschaft dieser Ausrüstungsgegenstände gewährleistet ist.

Um der Gefahr eines Hängenbleibens während des Tauchgangs vorzubeugen, darf jedoch kein Ausrüstungsteil lose herumhängen. Taucht man später in einer Höhle oder in einem Wrack, darf es nicht geschehen, daß ein Teil der Ausrüstung durch Wrackteile oder Felsen beschädigt wird oder der Taucher sich mit seiner Ausrüstung verfängt. Oberstes Ziel bei der Befestigung und Unterbringung der Gerätschaften muß das Erhalten eines stromlinienförmigen Tauchprofils sein, d.h. alle Ausrüstungsgegenstände sollten eng am Körper des Tauchers anliegen und die Silhouette des Tauchers sollte möglichst klein sein. Eine solche enganliegende Ausrüstungskonfiguration begünstigt nicht nur das Durchtauchen enger Passagen in Höhlen oder in Wracks, sondern ist auch ein entscheidender Vorteil, wenn in strömungsreichen Gewässern getaucht wird, da der Taucher so eine möglichst geringe Angriffsfläche im Wasser bietet. Um

Eine gute Ausrüstungskonfiguration sollte einen möglichst geringen Wasserwiderstand bieten.

diesen optimalen, strömungsgünstigen Zustand zu erreichen, müssen ebenfalls alle Hoch- und Niederdruckschläuche von Lungenautomaten, Inflatoranschlüssen von Jacket und Trockenanzug sowie den Finimetern eng am Körper des Tauchers verlegt werden. Keiner dieser Schläuche darf abstehen oder heraushängen, da sie potentielle Gefahrenquellen bei engen Passagen darstellen, in denen sich der Taucher verfangen kann. Alle Druckschläuche werden daher mit Kabelbindern oder elastischen Gummibändern eng am Tarierjacket fixiert. Erweist sich einer dieser Schläuche als zu lang, müssen wir wohl oder übel für Ersatz sorgen und einen kürzeren Schlauch

Die Hoch- und Niderdruckschläuche von Atemreglern und Finimetern sollten nach unten zur Schulter des Tauchers ausgerichtet werden und eng am Jacket fixiert werden, um ein Hängenbleiben beim Tauchgagn zu vermeiden.

montieren. Hoch- und Niederdruckschläuche sind im Fachhandel in allen erdenklichen Sonderlängen erhältlich.

Das Trimmen und Abstimmen der Tauchausrüstung, also sozusagen das Feintuning des Equipments für den optimalen Einsatz unter Wasser, ist ein nie endender Prozeß. Selbst nach vielen Jahren und Hunderten von Tauchgängen finde ich auch heute noch immer die eine oder andere Möglichkeit, an meiner Ausrüstung etwas zu verbessern oder zu vereinfachen. Man lernt eben nie aus, und manchmal stellt es sich heraus, daß die Lösung eines anderen Tauchers doch die bessere ist, und man adaptiert sie selbst. Bereits ein zusätzlich mitgeführter Ausrüstungsgegenstand, der neu zur Basisausrüstung hinzukommt, kann dazu führen, daß die gesamte Equipmentkonfiguration neu überdacht werden muß.

Ausrüstungskonfiguration

Es gibt eine ganze Reihe unterschiedlicher Ausrüstungskonfigurationen für technische Tauchgänge auf großer Tiefe, in Wracks oder Höhlen oder für das Tauchen mit Mischgas. Die meisten Technischen Taucher entwickeln über Jahre hinweg ihr individuelles, persönliches Konzept, ihre Ausrüstung so zu plazieren, wie sie am besten damit zurechtkommen. Es gibt jedoch einige grundsätzliche Ausrüstungskonzepte, die sich im Bereich des Technischen Tauchens über Jahre bewährt haben und die der Neueinsteiger als Basiskonzept übernehmen kann. Mit zunehmender Erfahrung wird auch der Anfänger in der Lage sein, seine persönlichen Bedürfnisse zu erkennen und seine Ausrüstung entsprechend für sich zu modifizieren. Grundsätzliche Anforderungen an die Ausrüstung für das Technische Tauchen sind

- Stromlinienförmiges Gesamtprofil des Tauchers
- Alle Schläuche der Ausrüstung müssen enganliegend fixiert sein
- Redundantes System
- Benutzerfreundlichkeit der Ausrüstungskomponenten
- Nur qualitativ hochwertige und verläßliche Ausrüstungsteile
- Unkomplizierte Bedienbarkeit aller Ausrüstungskomponenten

Ein bei Höhlentauchern weit verbreitetes Ausrüstungkonzept ist das sogenannte Holgarthian-Prinzip, das vom Amerikaner Bill Main entwickelt wurde. Dieses Konzept kann als Basis für die Ausrüstungskonfiguration eines Technischen Tauchers übernommen werden. Für das Tauchen mit Mischgas oder im Freiwasser bei tiefen Dekompressionstauchgängen muß dieses Prinzip jedoch zusätzlich erweitert und modifiziert werden (siehe Methode 2).

Das Holgarthian-Prinzip (Methode 1)

- Das Atemgas befindet sich in einem Doppelflaschenpaket (2× 12-20 Liter). Beide Atemgasflaschen sind mit einer getrennt absperrbaren Brücke verbunden.

- Der Hauptlungenautomat mit Niederdruckschlauch in normaler Länge (ca. 90-100 cm) befindet sich direkt vor der Brust des Tauchers und wird mit einem um den Hals getragenen Nackenband in Position gehalten.

- Der Reserve-Lungenautomat mit verlängertem Niederdruckschlauch (ca. 150-200 cm) befindet sich an der rechten Seite des Tauchers (für Linkshänder entsprechend auf der linken Seite). Dieser Automat ist gleichzeitig für die Atemgasspende bei der Wechselatmung mit dem Tauchpartner vorgesehen.

- An der Seite der rechten (oder linken) Atemgasflasche befindet sich der Batterietank der Haupt-Unterwasserlampe, der mit Spannschellen an der Flasche gehalten wird. Das Kabel mit dem Lampenkopf wird eng am Jacket oder Wing verlegt und etwa in Bauchhöhe des Tauchers wird der Scheinwerferkopf an einem D-Ring griffbereit eingehakt.

- Der lange Schlauch des Reserve-Lungenautomaten wird zusammengerollt und mit Gummibändern seitlich neben dem Batterietank der Hauptlampe fixiert. Das Schlauchende mit der Zweiten Stufe des Atemreglers wird um den Hals des Tauchers geschlungen und befindet sich dann etwa in Schulterhöhe. In einer Notsituation oder bei Wechselatmung greift der Taucher über seinen Kopf, ergreift den Lungenautomaten und bringt ihn mit einer Drehbewegung über seinen Kopf vor sein Gesicht oder reicht ihn seinem Tauchpartner. Durch den verlängerten Niederdruckschlauch an diesem Automaten ist auch beim Höhlen- oder Wracktauchen in engen Passagen gewährleistet, daß beide Taucher gegebenenfalls hintereinander eine solche Enge durchschwimmen können, ohne sich von der Luftversorgung trennen zu müssen.

- Alle Reservelampen werden mit Karabinerhaken in D-Ringe an den Schultertragegurten des Jackets oder Wing eingehakt und zusätzlich mit Gummibändern fixiert, damit sie nicht herunterhängen (stromlinienförmiges Gesamtprofil des Tauchers).

- Alle Hoch- und Niederdruckschläuche von Finimetern, Inflatorschläuche von Jacket/Wing oder Trockenanzug werden eng am Tragegeschirr von Jacket oder dem Wing verlegt und mit Gummibändern fixiert.

– Finimeter werden ebenfalls mit Gummibändern in Griffhöhe des Tauchers fixiert oder in D-Ringe eingeclipt. Hierbei ist darauf zu achten, daß die Finimeter trotz der Befestigung am Tragegeschirr gut ablesbar bleiben und in jeder Körperposition erreichbar sind.

– Dekompressions- oder Stageflaschen werden links und rechts vom Doppelpaket der Hauptflaschen befestigt. Die Lungenautomaten dieser Flaschen führen ebenfalls über die Schulter des Tauchers. Eine einzelne Deko- oder Reserveflasche kann zwischen den beiden Hauptflaschen des Doppelgerätes getragen werden.

– Seilrollen werden in Hüfthöhe am Jacket oder Wing in D-Ringe eingehakt und eventuell mit Gummibändern fixiert.

Ein in großen Teilen auf dem Holgarthian-Prinzip aufbauendes Ausrüstungskonzept ist das nachfolgend beschriebene, das hauptsächlich von Mischgastauchern bei tiefen Wracktauchgängen eingesetzt wird:

Modifikationen für Tief- und Wracktauchgänge (Methode 2)

– Das Atemgas befindet sich in einem Doppelflaschenpaket (2× 12-20 Liter). Beide Atemgasflaschen sind mit einer getrennt absperrbaren Brücke verbunden.

– Das Tarierjacket hat grundsätzlich einen zweiten unabhängigen Auftriebskörper (Zusatzblase oder Double-Wing) mit separatem Inflatorschlauch. Dies ist wichtig bei tiefen Tauchgängen mit schwerer Ausrüstung, um den in der Tiefe auftretenden Abtrieb zu kompensieren.

– Der lange Niederdruckschlauch des Reserveautomaten wird zusammengerollt und mit Gummibändern an der Flaschenbrücke unterhalb der Flaschenventile fixiert. Die zweite Stufe dieses Reserveautomaten befindet sich in Schulterhöhe des Tauchers und wird an einem D-Ring des Jackets/Wings befestigt. Nach Loshaken der zweiten Stufe kann durch einen seitlichen Zug am Niederdruckschlauch die unterhalb der Flaschenbrücke aufgerollte restliche Schlauchlänge freigegeben werden.

– Der Batterietank des Hauptscheinwerfers wird entweder unterhalb der Flaschenböden des Doppelgerätes oder an einer Seite dieses Gerätes angebracht.

– Reservelampen werden an den D-Ringen der Traggestell-Schultergurte von Jacket oder Wing eingehakt und mit Gummibändern fixiert.

– Eine zusätzliche Reserveflasche (Pony-Bottle) mit Luft oder Nitrox (ca. 5-7 Liter) wird zwischen den beiden Hauptflaschen des Doppelpaketes eingepaßt und mit Spannschellen befestigt. Viele Wracktaucher benutzen einen Teil dieses Gases als Travel-Mix und zum Füllen der Hebesäcke. Ein großer Teil dieser Gasreserve sollte in jedem Fall als zusätzliche Luftreserve für Notfälle angesehen werden (bail-out-gas).

– Sicherheits- und Dekompressions-Seilrollen werden an D-Ringen – die sich seitlich am Doppelpaket befinden – eingehängt, oder an den D-Ringen der Schultergurte von Tarierjacket oder Wing eingehakt und eventuell mit Gummibändern fixiert. Beim Einsatz einer Dekompressionsboje wird die zugehörige Seilrolle in Schulterhöhe an einem D-Ring der Schulterbegurtung eingehakt, und der Taucher kann bequem an der Boje hängend seine Dekompressionsphase austauchen.

– Hebesäcke für Bergungsgut werden flach zusammengefaltet und mittels breiten Gummibändern zwischen Trageplatte und Flaschenpaket eingeschoben. Alternativ zu dieser Möglichkeit können Hebesäcke auch zusammengerollt werden und in Jacket- oder Anzugtaschen verstaut werden.

– Bergewerkzeuge wie Hammer, Meißel oder Stemmeisen werden in einem Tragnetz oder einer verschließbaren Tasche mitgeführt, die in einem D-Ring des Bleigurtes eingehakt wird.

– Finimeterschläuche werden möglichst zwischen Auftriebskörper und Tragegestell des Tarierjackets/Wing verdeckt verlegt (schützt vor Beschädigungen in Wracks) und mit Gummibändern fixiert. Die beiden Finimeter werden links und rechts (entsprechend der dazugehörigen Flaschen) griffbereit in Hüfthöhe befestigt.

– Dekompressions- oder Stageflaschen werden links und rechts am Körper des Tauchers getragen, um eine ausbalancierte Schwimmlage zu erreichen. Diese Atemgasflaschen werden mittels eines Halteseils am Flaschenventil in einen D-Ring in Schulterhöhe eingehakt. Als unterer Befestigungspunkt wird im unteren Flaschendrittel ein weiterer D-Ring mit einem Doppelkarabinerhaken angebracht, welcher an D-Ringen des Doppelpakets eingehängt wird. Wichtig ist hierbei, daß die Befestigungspunkte der Flaschen unter Wasser bequem erreicht werden können, um die Stage-Flaschen gegebenenfalls loshaken zu können.

– Wie bei jeder Ausrüstungskonfiguration werden alle Hoch- und Niederdruckschläuche von Finimetern, Inflatorschläuche von Jacket/Wing oder Trockenanzug eng am Traggeschirr von Jacket oder dem Wing verlegt und mit Gummibändern fixiert.

Die beiden vorgestellten Ausrüstungskonzepte erheben keinerlei Anspruch darauf, die ultimative, perfekte Lösung darzustellen. Vielmehr sollen sie dem Taucher, der sich für das Technische Tauchen interessiert, eine Grundlage für sein persönliches Ausrüstungskonzept bieten. Eine solche Basiskonfiguration muß nicht für jeden Taucher die optimale Lösung sein. Es wäre töricht, wenn ein Taucher diese Ausrüstungskonfigurationen »blind« übernehmen würde, denn durch logische Überlegungen muß jeder Taucher für sich die optimale Lösung finden. Im Bereich des Technischen Tauchens gleicht kaum eine Ausrüstung der anderen. Vielmehr entwickelt jeder Taucher über die Jahre seine persönliche Optimallösung, die ständig weiterentwickelt wird. Nach jedem Tauchgang – und vor allem dann, wenn das eine oder andere Problem unter Wasser zu lösen war, sollte sich der Taucher Gedanken darüber machen, wie er sein persönliches Konzept verbessern und die Handhabung seiner Ausrüstung vereinfachen kann. Hierbei sollte auch nicht vergessen werden, daß unterschiedliche Tauchgangsvoraussetzungen, Unterwasserumgebungen oder Aufgabenstellungen stets unterschiedliche Detaillösungen hinsichtlich der Art und des Umfangs der benötigten Tauchausrüstung und somit auch der Ausrüstungskonfiguration erfordern.

Der Umgang mit Sauerstoff

Risiken beim Arbeiten mit Sauerstoff

Der Umgang mit reinem Sauerstoff oder hochangereicherten Sauerstoffgemischen birgt einige potentielle Gefahren. Bei der Verwendung von Reinsauerstoff sowie der Herstellung und der Anwendung von hochangereicherten EANx-Gemischen müssen daher bestimmte Sicherheitsvorkehrungen unbedingt befolgt werden. Zwar ist Sauerstoff alleine gesehen ein harmloses Gas, doch bekanntermaßen fördert er in Verbindung mit anderen Substanzen (insbesondere Kohlenwasserstoff) die Verbrennung. Daher kann es beispielsweise durch das Betreiben eines Atemluftkompressors beim Füllen von Atemgasflaschen mit angereicherten Sauerstoffgemischen zu Unglücksfällen kommen. In der Vergangenheit gab es immer wieder schwere, zum Teil tödliche Unfälle durch Explosionen, die auf unsachgemäße Handhabung oder verunreinigte Ausrüstungskomponenten zurückzuführen sind.

Wie kann es zu einer solchen Verbrennung oder Explosion kommen? Verbrennung ist in einfachen Worten ausgedrückt ein Prozeß, bei dem ein brennbares Material – wie beispielsweise Holz – und ein Beschleuniger – wie beispielsweise Sauerstoff – eine neue Verbindung eingehen. Bei diesem Prozeß wird Energie in Form von Wärme frei. Der Beschleuniger selbst ist zwar nicht brennbar, doch fördert er die Verbrennung des brennbaren Materials. Um diesen Prozeß einzuleiten, muß zu dem brennbaren Material und dem Beschleuniger ein weiterer Faktor hinzukommen, und dies ist eine Zündquelle. Ohne das Zusammenwirken aller drei Faktoren ist eine Verbrennung unmöglich. Fehlt eine der genannten Komponenten, befinden wir uns auf der sicheren Seite.

Wenden wir nun dieses Beispiel unter tauchspezifischen Voraussetzungen an, bedeutet dies nichts anderes, als daß wir das brennbare Material und die Zündquelle von unserem Beschleuniger, dem Sauerstoff, trennen und fernhalten müssen. Im Bereich des Technischen Tauchens ist der Sauerstoff in Gemischen oder in Reinform als Dekogas unser potentieller Brandbeschleuniger.

Die Konzentration des Sauerstoffes sowie der einwirkende Druck des Gases sind weitere entscheidende Faktoren, die im Zusammenhang mit der Sauerstoffkompatibilität berücksichtigt werden müssen.

Deutsche Vorschriften für den Umgang mit Sauerstoff bzw. sauerstoffangereicherten Luftgemischen

Nach deutschen Normen müssen bereits Atemgemische, die einen höheren Sauerstoffanteil als 21 Prozent enthalten, wie reiner Sauerstoff behandelt werden. Alle gasgemischführenden Gerätschaften mit mehr als 21 Volumenprozent Sauerstoff müssen daher den hohen Sicherheitsanforderungen an reine Sauerstoffgerätschaften (also zu 100 % sauerstoff-führende Gerätschaften) entsprechen. Diese Regelung ist durch die auf hohem Niveau stehenden Arbeitsschutzprogramme und die Eigenschaft des Sauerstoffs begründet, brandfördernd zu sein. Sauerstoff kann beispielsweise zur Selbstentzündung ölverschmutzter Kleidung führen; beim Füllvorgang von sauerstoffangereicherten Atemgasen kann es zur Selbstentzündung von mit Silikonfett behandelten Gummidichtungen kommen, und bei normalen (nicht sauerstoffgereinigten) Atemluftkompressoren kann Sauerstoff die Selbstentzündung der mit Gleitfett oder geringen Kompressorölrückständen behafteten Flaschenventile bewirken.

Bereits mit einem nur unwesentlich steigenden Sauerstoffanteil im Gasgemisch, werden Verbrennungsgeschwindigkeit und -temperatur so stark erhöht (bei nur 4 Volumenprozent Sauerstofferhöhung in unserer Luft bereits um das Doppelte), daß das Löschen eines eventuell ausbrechenden Brandes deutlich erschwert wird. Aus diesem Grund müssen in Deutschland Kompressoren, Füll- und Umfüllanlagen, Druckgasbehälter und deren Absperrventile, Druckgasleitungen, Dichtungen, Schmiermittel usw., die über den 21 Volumenprozenten der atmosphärischen Luft liegen, speziell für Sauerstoff geeignet sein (Bauartzulassung). Die Prüffrist für Tauchgeräte durch den TÜV ist für Sauerstoff- und Nitroxflaschen, genau wie für die Stahldruckluftflaschen, auf zwei Jahre festgelegt. Für Komplettgeräte muß der Hersteller gemäß EU-Richtlinie eine Baumusterprüfung besitzen, da sie als persönliche Schutzausrüstung (PSA) der Kategorie III eingestuft werden. Weiterhin besteht in Deutschland die Vorschrift, daß für Tauchgeräte ausschließlich die Verwendung von medizinischem Sauerstoff gestattet ist. Das Umfüllen aus einer Druckgasflasche für zum Schweißen verwendetem Sauerstoff ist demzufolge unzulässig.

Diese für uns in Deutschland gültigen Vorschriften für den Umgang mit Sauerstoff bedeuten, daß jedes mit dem Sauerstoff in Verbindung kommende Ausrüstungsteil, insbesondere Atemluftkompressoren, Atemgasflaschen und ihre Ventile sowie die Lungenautomaten, einer speziellen Sauerstoffreinigung unterzogen werden muß. Alle verwendeten Ausrüstungsgegenstände müssen für den Einsatz von Nitrox-Gemischen mit sauerstoffverträglichen Komponenten ausgestattet beziehungsweise der Reinigungsprozedur unterzogen werden. Eine erneute Verunreinigung insbesondere durch Fette, Öle oder sonstige Schmiermittel ist nach erfolgter Reinigung unbedingt zu vermeiden! Eine sauerstoffgereinigte Atemgasflasche oder ein Lungenautomat ist nach Einsatz mit herkömmlicher Preßluft aus einem nicht sauerstoffkompatiblen Kompressor bereits verunreinigt und darf vor erneuter Reinigung nicht mehr für den Sauerstoffgebrauch zum Einsatz kommen!

Ein sehr wichtiger Punkt beim Umgang mit Sauerstoff ist selbstverständlich die Vermeidung einer Zündquelle. Potentielle Zündquellen sind beispielsweise hohe Temperaturen, die durch Reibung oder schnelle Kompression entstehen können. Ungeeignete Kompressoren, die den Pumpdruck des Gases nicht langsam aufbauen, sondern rapide einen hohen Druck abgeben, können aufgrund der großen Erwärmung des zu schnell strömenden Gases ebenfalls eine solche Zündquelle darstellen. Dieses Problem kann selbst beim Umfüllen oder Mischen von Gasen per Hand auftreten, wenn der Anwender das Ventil der Flaschen zu weit öffnet und eine hohe Überströmgeschwindigkeit auftritt. Fein regulierbare Nadelventile an Kompressoren oder Gasfülleinrichtungen, die einen langsamen und geregelten Gasfluß ermöglichen, sind hier die einzige Lösung. Dennoch lassen sich bei weitem nicht alle Gefahrenquellen beim Umgang mit Sauerstoff vermeiden. Die Beseitigung aller möglichen brennbaren Materialien oder Zündquellen ist schier unmöglich. Ziel ist es jedoch, die Risiken des Sauerstoffhandlings auf eine minimale, kalkulierbare Größe zu reduzieren.

Sauerstoffrein oder sauerstoffverträglich?

Zunächst einmal ist es wichtig, eine genaue Definition dieser Begriffe zu finden, da viele Taucher, die sich zum ersten Mal mit diesem Thema beschäftigen, hoffnungslos überfragt sind.

Unter sauerstoffrein versteht man die absolute Reinheit eines Systems oder einer Gerätekomponente, und dies bedeutet, daß keinerlei Verunreinigungen vorhanden sein dürfen. Verschmutzungen können in unterschiedlichster Form eintreten. Die gefährlichsten Verschmutzungen für eine eventuelle chemische Reaktion mit Sauerstoff sind Öl, Fett, Farbe, Staub, Metallspäne, Rostpartikel, Reinigungsmittel oder Lösungen sowie Ruß oder sogar die Fettablagerungen durch Fingerabdrücke!

Selbst fabrikneue Tauchausrüstungs-Gegenstände weisen nicht den erforderlichen Reinigungsgrad auf, es sei denn, die Ausrüstungsteile sind bereits ab Werk einer ausdrücklichen Sauerstoffreinigung unterzogen werden. Über eine solche Prozedur informiert der Hersteller den Kunden in aller Regel mit besonderen Hinweisen. Der Anwender hat nun die Möglichkeit, seine bereits vorhandenen Ausrüstungsgegenstände bei einem spezialisierten Fachgeschäft reinigen zu lassen, oder bereits ab Werk sauerstoffgeeignete, speziell gekennzeichnete Produkte – wie beispielsweise spezielle Nitrox-Flaschen, Flaschenventile oder Lungenautomaten – zu erwerben. Hierbei ist jedoch stets darauf zu achten, bis zu welchem Sauerstoff-Prozentanteil ein gewisses Produkt zugelassen ist.

Nicht alle diese Ausrüstungsgegenstände eignen sich für den Einsatz von reinem Sauerstoff. Viele sind bestenfalls bis zu einem bestimmten Sauerstoffanteil und unter bestimmten Bedingungen sauerstoffverträglich. Sauerstoffverträglich bezieht sich daher auch meist auf die Tatsache, daß bestimmte verbaute Materialien keine chemische Reaktion mit Sauerstoff eingehen und somit sauerstofftauglich sind. Ein solches Ausrüstungsteil muß jedoch in jedem Fall vor dem Einsatz mit Reinsauerstoff oder Sauerstoff in einer Konzentration von über 40 Prozent einer speziellen Sauerstoff-Reinigungsprozedur unterzogen werden. Eine selbständige Sauerstoffreinigung, wie sie im nachfolgenden Kapitel dieses Buches beschrieben ist, sollte jedoch ausdrücklich nur von erfahrenen Tauchern vorgenommen werden, die sich mit der speziellen Problematik der Sauerstoff-Handlingsprozeduren sowie den herstellerspezifischen Faktoren der zu reinigenden Geräte genauestens auskennen. Bei unsachgemäßen Tüftelarbeiten an Lungenautomaten, Flaschenventilen etc. erlischt schnell jede Garantie oder Haftung des Herstellers!

Sauerstoff-Reinigungsmethoden

Nachdem die Voraussetzungen für das Arbeiten mit Sauerstoff sowie die unterschiedlichen Einstufungsgrade – sauerstoffrein oder kompatibel – geklärt sind, können wir uns nun mit der eigentlichen Vorgehensweise bei der Reinigung von Geräten und Ausrüstungskomponenten befassen. Prinzipiell muß jedes Geräte- und Ausrüstungsteil, das in irgendeiner Form in direkter oder indirekter Form mit Sauerstoff in Verbindung treten kann, sauerstoffrein sein. Hierbei dürfen wir jedoch keineswegs die »verborgenen« Geräteteile außer acht lassen, die nur unter bestimmten Voraussetzungen und auch nur indirekt mit dem Sauerstoff in Kontakt kommen können, und daher leicht in Vergessenheit geraten können. Ein klassisches Beispiel hierfür sind die Atemgasfüllbänke, mit denen sowohl Preßluft als auch Nitrox hergestellt werden können. Bei diesen Füllbänken werden mehrere Speichergasflaschen, beispielsweise für Sauerstoff oder Preßluft, über ein Mischpult miteinander verbunden. Der Bediener kann nun über ein Rohrsystem wahlweise unterschiedlichste Flaschen ansteuern, um beispielsweise Preßluft in Speicherflaschen zu lagern, oder – bei der Herstellung von EANx-Gemischen – Sauerstoff aus einer Speicherflasche in die Tauchflasche umzufüllen. Durch einen Bedienungsfehler kann es bei einer solche Füllstation leicht vorkommen, daß ein Hebel falsch umgelegt wird und beispielsweise der reine Sauerstoff nicht in die gereinigte Nitrox-Tauchflasche, sondern in die ungereinigte Preßluft-Speicherflasche überströmt. Etwaige Verunreinigungen durch Öl, Fett oder sonstige Schmutzpartikeln können dann zu einer chemischen Reaktion mit dem Sauerstoff und zu einer Entzündung oder gar Explosion führen! Daher noch einmal: alle Geräte- und Ausrüstungskomponenten, die in irgendeiner Form, gewollt oder nicht gewollt, direkt oder indirekt mit dem Sauerstoff in Kontakt kommen können, müssen einer Sauerstoffreinigung unterzogen werden! Gleiches gilt auch für fabrikneue Teile, die nicht ausdrücklich vom Hersteller dieser Reinigungsprozedur unterzogen worden sind. Die ab Werk sauerstoffgereinigten Komponenten sind als solche vom Hersteller klar gekennzeichnet und dürfen nur in luftdicht verschweißter Schutzfolie ausgeliefert oder verkauft werden.

Reinigungsmittel für die Sauerstoffreinigung

Reinigungsflüssigkeiten enthalten Lösungsmittel, Säuren, Laugen oder Schleifpasten. Säuren und Laugen werden üblicherweise für die Entfernung von Rostpartikeln, organischen Verunreinigungen oder Kalkverkrustungen eingesetzt. Die gleichen Reiniger kommen auch für den ersten Schritt der Sauerstoffreinigung, die Vorreini-

Auch Atemluftkompressoren, die mit sauerstoffangereicherten Luftgemischen oder reinem Sauerstoff in Vebindung kommen, müssen einer speziellen Sauerstoff-Reinigungsprozedur unterzogen werden.

gung, zur Anwendung. Stahlbürsten, Sandstrahlgeräte oder feines Schleifpapier werden für gröbste Verschmutzungen wie hartnäckige Rostablagerungen etc. eingesetzt.

Die Vorreinigung

Die Reinigungstechniken für den ersten Schritt der Sauerstoffreinigung unterscheiden sich generell nicht von den Methoden, die von jedem Taucher zur Reinigung seiner normalen Ausrüstung regelmäßig durchgeführt werden sollen. Jedes Geräte- oder Ausrüstungsteil, wie Flaschenventile oder Lungenautomaten, wird zunächst in seine Bestandteile zerlegt und gründlich in einem Reinigungsbad einige Stunden eingelagert. Große Geräte wie Kompressoren etc. werden gründlich und in mehreren Arbeitsgängen mit einem Geschirrspülmittel gespült.

Nach dem Reinigungsbad werden alle Teile mit klarem Wasser gespült, um jegliche Rückstände des Reinigers zu entfernen. Danach erfolgt eine gründliche Trocknung sowie eine genau Inspektion aller Teile, ob auch tatsächlich alle Verunreinigungen und Reinigungsmittel-Rückstände erfolgreich entfernt wurden. Notfalls muß der Reinigungsprozeß wiederholt werden, denn eine gründliche Vorreinigung ist die wichtigste Voraussetzung für die weiteren Schritte.

Bei der Sauerstoffreinigung von Tauchausrüstung muß größte Sorgfalt angewendet werden.

Hauptreinigung

In der zweiten Phase der Reinigung geht es darum, alle Teile gründlich zu entfetten. Am besten eignet sich hierzu ein Ultraschallbad, doch auch die einfache Methode mit Papiertüchern, Wattestäbchen und Bürsten bringt mit etwas mehr Aufwand vernünftige Ergebnisse. Eventuelle Rückstände von Reinigern, Watte- oder Papierflusen müssen gründlich in einem erneuten Wasserbad entfernt werden. Anschließend erfolgt wieder eine vollständige Trocknung.

Endkontrolle und Zusammenbau

Das oberste Ziel des nun folgenden Arbeitsschrittes ist die Reduzierung möglicher »Brennmaterialien« sowie der »Zündquellen«, die durch Sauerstoffeinwirkung, wie in der Einleitung dieses Kapitels geschildert, fatale Folgen verursachen können. Bei der abschließenden Inspektion unserer Geräteteile ist daher auf eventuelle Rückverschmutzung oder Reinigungsrückstände zu achten. Jeder gereinigte Gegenstand wird einer Sichtkontrolle unterzogen. Hierfür eignet sich am besten eine UV-Lampe, da die meisten Verunreinigungen wie Staubpartikel etc. unter dem Licht fluoreszieren. Eine einfache helle Lampe erfüllt jedoch den Zweck in ähnlich guter Weise. Sind keine mit dem bloßen Auge erkennbaren Partikel vorhanden, kann mit dem Zusammenbau der Komponenten begonnen werden. Dies erfolgt am besten an einem sauberen, staubfreien Arbeitsplatz. Teile, die nicht unmittelbar nach der Reinigung wieder zusammengesetzt werden, müssen bis zu ihrem Zusammenbau in staubdichten sauberen Plastikbeuteln oder ähnlichen Behältnissen gelagert werden, um sie vor erneuter Verunreinigung zu schützen.

Spezielle Reinigungstechniken

Tauchflaschen

Tauch- oder Speichergas-Flaschen können von den meisten Gasanbietern und Herstellerfirmen einer Sauerstoffreinigung unterzogen oder direkt ab Werk in sauerstoffreiner Version erworben werden.

Bereits vorhandene Flaschen, die selbst gereinigt werden sollen, müssen folgender Prozedur unterzogen werden. Zunächst werden nach Ausbau des Flaschenventils die Atemgasflaschen einer gründlichen Inneninspektion unterzogen. Hierbei ist insbesondere auf

Rost, Öl oder ähnliche Verunreinigungen, die sich an den Innenwänden der Flasche ablagern können, zu achten. Werden Oberflächenverschmutzungen an den Wänden entdeckt, muß eine komplette Flascheninnenreinigung durch Sandstrahlen etc. vorgenommen werden. Anschließend wird die Flasche gründlich mit einer Reinigungslösung ausgewaschen. Dieser Vorgang ist so lange mit frischem Reiniger zu wiederholen, bis keinerlei Verunreinigungen mehr ausgespült werden. Danach wird die Gasflasche gründlich mit heißem Wasser gespült und getrocknet. Nach einer abschließenden erneuten Inneninspektion kann mit dem Reinigen des Flaschenventils begonnen werden.

Flaschenventile

Das Flaschenventil wird zunächst vollständig in seine Einzelteile zerlegt und dann einige Stunden in einem Säurebad (z.B. Essig) gelagert, um alle Verunreinigungen zu entfernen. Anschließend wird das Ventil mit einem Entfetter oder einem anderen Reinigungsmittel ausgewaschen. Ecken und schwer zugängliche Bereiche des Ventilinneren werden mit Wattestäbchen oder ähnlichem gesäubert. Alle Teile werden dann unter heißem Wasser sorgfältig abgespült, um alle Reinigungsrückstände zu entfernen. »Weiche« Ventilbestandteile, wie O-Ringe oder Ventilsitze, werden in gleicher Weise gereinigt, gespült und getrocknet. Sind die Dichtringe oder die Ven-

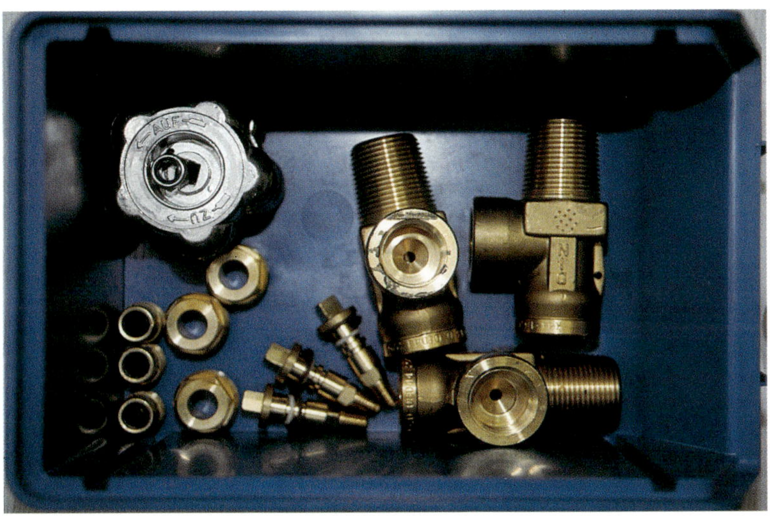

Ein für die Sauerstoffreinigung zerlegtes Flaschenventil.

tilsitze nicht für den Gebrauch mit Sauerstoff bestimmt, müssen sie durch besondere Sauerstoffdichtungen aus speziellen Materialien wie beispielsweise Viton ersetzt werden. O-Ringe, die vor dem Einbau gefettet werden sollen, müssen mit einem speziellen sauerstoffverträglichen Fett (erhältlich in guten Tauchläden) geschmiert werden. Es ist beim Zusammenbau darauf zu achten, daß sich keine Staubpartikel an diesem Fett sammeln können.

Nach vollständigem Zusammenbau des Flaschenventils kann es wieder in die gereinigte Gasflasche eingeschraubt werden. Hierbei ist es ratsam, das Ventilgewinde sowie das Gewinde am Flaschenhals ebenfalls leicht mit sauerstoffverträglichem Fett einzuschmieren. Die Drehbewegung des Ventilsockels im Flaschengewinde könnte sonst in ungefettetem Zustand zu feinen Metallabspanungen führen, was in Verbindung mit Sauerstoff eine gefährliche Zündquelle darstellen kann. Zusätzliches Einfetten des Flaschen- und Ventilgewindes ist darüber hinaus ein wirksamer Korrosionsschutz.

Nach einer letzten Inspektion können die Flaschenventile mit speziellen sauerstoffkompatiblen O-Ringen zusammengschraubt werden.

Lungenautomaten

Die Arbeitsschritte für die Sauerstoffreinigung von Atemreglern sind identisch mit denen der Ventilreinigung. Allerdings ist in diesem Zusammenhang darauf zu achten, daß einige in den Lungenautomaten verbaute Komponenten wie beispielsweise bestimmte Gehäusematerialen der I. und II. Stufe nicht für den Einsatz mit Sauerstoff geeignet sind. Können nicht alle untauglichen Komponenten durch spezielle sauerstoffverträgliche Teile (z.B. Viton O-Ringe etc.) ersetzt werden, muß für den Einsatz von Sauerstoff oder EANx-Gemischen ein anderer, geeigneter Lungenautomat gewählt werden.

Wartung von sauerstoffgereinigten Komponenten

Um ein gereinigtes Ausrüstungsteil oder Gassystem für den Gebrauch mit Sauerstoff einsatzbereit zu halten, ist es wichtig, es vor erneuter Verunreinigung zu schützen. Mischarmaturen, Kompressoren etc. müssen mit staubdichten, schmutzabweisenden Schutzüberzügen versehen werden. Die Flaschenventile, die Gewinde der I. Stufe an Lungenautomaten sowie alle Schlauchverbindungen an Mischventilen und Sauerstoffanalysegeräten müssen durch spezielle einschraubbare oder aufsteckbare Schutzkappen abgedichtet und geschützt werden. Alle diese Gegenstände sollten in einem verhältnismäßig sauberen und staubarmen Raum gelagert werden.

Es ist wichtig, daß die sauerstoffgereinigten Ausrüstungsgegenstände tatsächlich auch nur bestimmungsgemäß eingesetzt werden. Sauerstoffatemregler oder Nitrox-Gasflaschen, die nach erfolgter Reinigung mit ungereinigter Preßluft genutzt werden, sind bereits durch minimale Ölrückstände verschmutzt und haben ihre Bestimmung verloren. Die zeitaufwendige Neureinigung ist in einem solchen Fall unerläßlich. Daher ist das Wechseln von sauerstoffgereinigten Systemen auf Preßluft oder sonstige Gasgemische unbedingt zu vermeiden. Das regelmäßige Zerlegen, Überprüfen und Nachreinigen der sauerstoffreinen Komponenten ist ebenfalls dringend zu empfehlen.

Die Herstellung von Gasgemischen

Unter Mischen von Gasen versteht man das Zusammenfügen von zwei oder mehreren reinen Gasen oder auch Gasgemischen. Am Ende des Mischprozesses entsteht eine neue Gasmischung in einer bestimmten, vorher festgelegten Mischungskonzentration. So können beispielsweise zwei reine Gase wie Sauerstoff und Stickstoff miteinander gemischt werden, wobei wir am Ende ein Gas erhalten, das unter dem Namen Nitrox oder EANx bekannt ist. Das gleiche Endprodukt läßt sich jedoch auch mit einem reinen Gas und einem Gasgemisch, wie Sauerstoff und Luft, herstellen. Gasmischungen aus drei verschiedenen Komponenten, beispielsweise die Kombination aus Sauerstoff, Helium und Stickstoff (Trimix), entstehen ebenfalls durch einen solchen Mischprozeß.

Die unterschiedlichen Mischmethoden, die zu dem gewünschten Endprodukt führen, sind abhängig von der Art des Endgemisches, den vorhandenen Gerätschaften sowie der persönlichen Erfahrung und dem Ausbildungsstand des Anwenders. Man unterscheidet zwischen vier verschiedenen Methoden: die Partialdruckmethode, die Continous Flow Methode (Beimischprinzip), das Mischen nach Volumen und das Mischen nach Gewicht. Eine weitere Möglichkeit EANx Gemische herzustellen ist die von der Firma Mohnsam vertriebene Nitrox-Membran.

Die Partialdruckmethode

Diese Art, Gas zu mischen, dürfte in Kreisen der Technischen Taucher mit Abstand die am meisten verbreitete Methode sein. Die benötigten Gerätschaften sind verhältnismäßig günstig zu erwerben. Alle Mischkomponenten sind leicht tragbar und eignen sich daher für den individuellen, ortsungebundenen Taucheinsatz (field operations). Obwohl diese Mischmethode lange Zeit als relativ ungenau eingestuft wurde, ist heute durch den Einsatz von modernen digitalen Meßgeräten und genauen, stufenlos einstellbaren Überströmventilen ein sehr genaues Arbeiten möglich.

Bei der Herstellung von Atemgemischen nach der Partialdruck-Methode werden reine Gase aus Speicherflaschen mittels einer Überström-Armatur in die Tauchflaschen gefüllt.

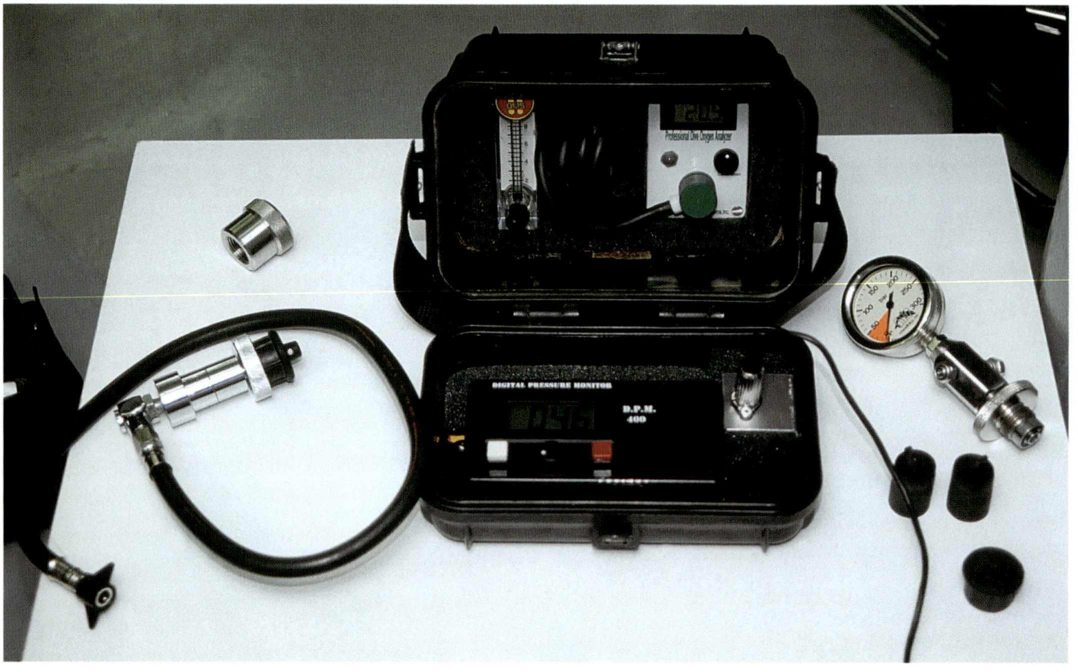

Moderne und handliche Geräte, wie dieser Mischkoffer, mit integriertem Sauerstoff-Analysegerät lassen ein Mischen von Atemgasen fast an jedem Ort zu, da sie leicht zu transportieren sind.

Der Grundgedanke für das Mischen nach Partialdrücken basiert auf der Erkenntnis, daß das Volumen eines Gasbestandteiles in direkter Relation zu seinem Partialdruck steht. Füllen wir beispielsweise in eine leere Atemgasflasche eine Menge von 50 bar Sauerstoff und geben dann Helium bis zu einem Gesamtflaschendruck von 200 bar hinzu, wird der Volumenanteil des Sauerstoffes in der Flasche gleich seinem Partialdruck sein. 50 bar O_2 in Relation zu einem Gesamtdruck von 200 bar bedeutet also 25% Sauerstoffanteil. Die Genauigkeit dieser Methode ist jedoch auf gleiche Kompressionsbedingungen der eingesetzten Gase beschränkt. Helium läßt sich wesentlich schlechter komprimieren als Sauerstoff, doch diese Abweichungen sind bei Drücken bis zu einer Größenordnung von etwa 130 bar kaum wahrnehmbar. Bei höheren Drücken wird die Abweichung jedoch schnell deutlich. Bei einem Druck von etwa 220 bar liegt die Abweichung in der Komprimierfähigkeit beider Gase bei rund 10 Prozent. Für den herkömmlichen Technischen Taucher, der mit relativ geringem technischen und finanziellen Aufwand seine Gasgemische herstellen möchte, sind Abweichungen in der

Komprimierfähigkeit eines Gases jedoch kaum feststellbar. Die Genauigkeit der Meßgeräte liegt normalerweise nicht unterhalb einer Abweichung von +/– 1%, hinzu kommen eventuelle Temperaturschwankungen während des Mischvorganges, so daß wirklich präzise Messungen in der Praxis nicht realisierbar sind. Eine Abweichung der Endmischung um 2-3% (+ oder –) vom ursprünglich angestrebten Wert, hat sich jedoch als unproblematisch und akzeptabel erwiesen.

Herstellung von Atemgasgemischen nach der Partialdruckmethode

Nitrox- oder EANx-Gemische entstehen durch das Vermischen von Sauerstoff mit Stickstoff bzw. durch Mischen von Sauerstoff und Luft. Im Bereich des Technischen Tauchens wird aus Kostengründen auf das Mischen von reinen Gasen (Sauerstoff und Stickstoff) größtenteils verzichtet. Als Quelle für den Stickstoff kommt daher normale Preßluft zur Anwendung, die bekanntermaßen etwa 79% Stickstoff enthält. Trimix entsteht durch das Mischen von Helium, Sauerstoff oder Luft. Auch hier gilt wie bei der Herstellung von Nitrox, daß aus Kostenersparnisgründen üblicherweise das Mischen von reinen Gasen entfällt. Mischt man Helium mit Preßluft, verfügen wir ebenfalls über Sauerstoff und Stickstoff in unserem Gemisch. Lediglich bei der Herstellung von Heliox werden zwei reine Gase (Sauerstoff und Helium) miteinander vermischt.

Zum Herstellen einer Gasmischung mittels der Partialdruckmethode benötigt man zunächst folgende Grundparameter:

1. den angestrebten Enddruck des Gasgemisches,
2. den angestrebten Anteil von Sauerstoff, Helium und Stickstoff im fertigen Gasgemisch,
3. den Flaschenfülldruck unserer Tauchflasche bei Beginn des Füllvorganges (Restdruck) und
4. den Anteil von Sauerstoff, Helium und Stickstoff bei Restdruck in der Tauchflasche.

Ein typischer Mischvorgang für Nitrox nach der Partialdruckmethode beginnt damit, daß man eine vorher berechnete Sauerstoffmenge aus einer Speicherflasche in die Tauchflasche überströmen läßt. Die Gesamtmenge des Sauerstoffes, der in unsere Tauchflasche eingefüllt wird, ist selbstverständlich abhängig von der angestrebten Endkonzentration unseres Gemisches. Wie bereits im Kapitel »Umgang mit Sauerstoff« deutlich gemacht, müssen bei allen Arbeitsvorgängen, bei denen mit Sauerstoff hantiert wird, zuvor alle Geräte- und Ausrüstungskomponenten einer Sauerstoff-Reinigungsprozedur unterzogen werden. Das Überströmen von der Speicherflasche in unsere Tauchflasche erfolgt über eine Gasleitung, die beide Flaschen miteinander verbindet. Diese Verbindungsgasleitung muß mit einem fein justierbaren Nadelventil ausgestattet sein, das eine gleichmäßige und kontrollierte Strömungsgeschwindigkeit des Sauerstoffes gewährleistet. Dies reduziert die Gefahr einer Gasentzündung durch Wärmereibung bei hohen Strömungsgeschwindigkeiten. Eine Strömungsgeschwindigkeit von etwa 4-5 bar pro Minuten sollte kei-

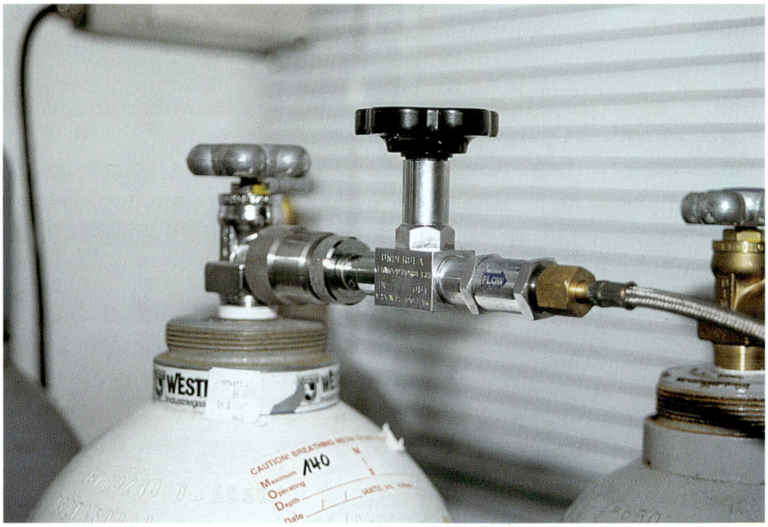

Ein feinjustierbares Nagelventil das im Überströmstrang zwischen Speicherflasche und Tauchflasche eingebaut ist, ermöglicht exaktes und kontrolliertes Überströmen von Atemgasen.

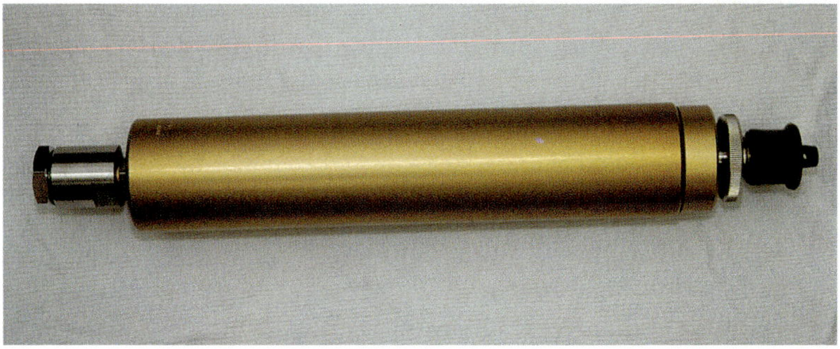

Ein solcher Vorfilter wird im Füllstrang vor der Atemgasflasche angebracht, um auch kleinste Verunreinigungen auszuschließen.

Ein an der zu füllenden Atemgasflasche angebrachter Sensor ist mit einem digitalen Meßmanometer verbunden und liefert exakte Werte.

nesfalls überschritten werden. Eine möglichst langsame Strömungsgeschwindigkeit der Gase hat außerdem den positiven Nebeneffekt, daß sich unsere Tauchflasche nur sehr gering erwärmt. Zu hohe Erwärmung führt zu Ungenauigkeiten bei der Herstellung des Gemisches, da durch die spätere Abkühlung der Tauchflasche hohe Druckschwankungen entstehen. Auch muß die Gasleitung mit einer exakt arbeitenden Druckanzeige versehen sein, um die in die Tauchflasche

Teure Digitalmeßmanometer sind ihren Preis wert, da mit ihnen ein hoher Genauigkeitswert beim Mischen von Gasen erzielt wird. Hier wurden 70 bar Reinsauerstoff in eine Flasche abgefüllt, um ein Nitroxgemisch zu erzielen.

Nach Erreichen des angestrebten Fülldruckes, wird der Gasanteil in den Tauchflaschen überprüft.

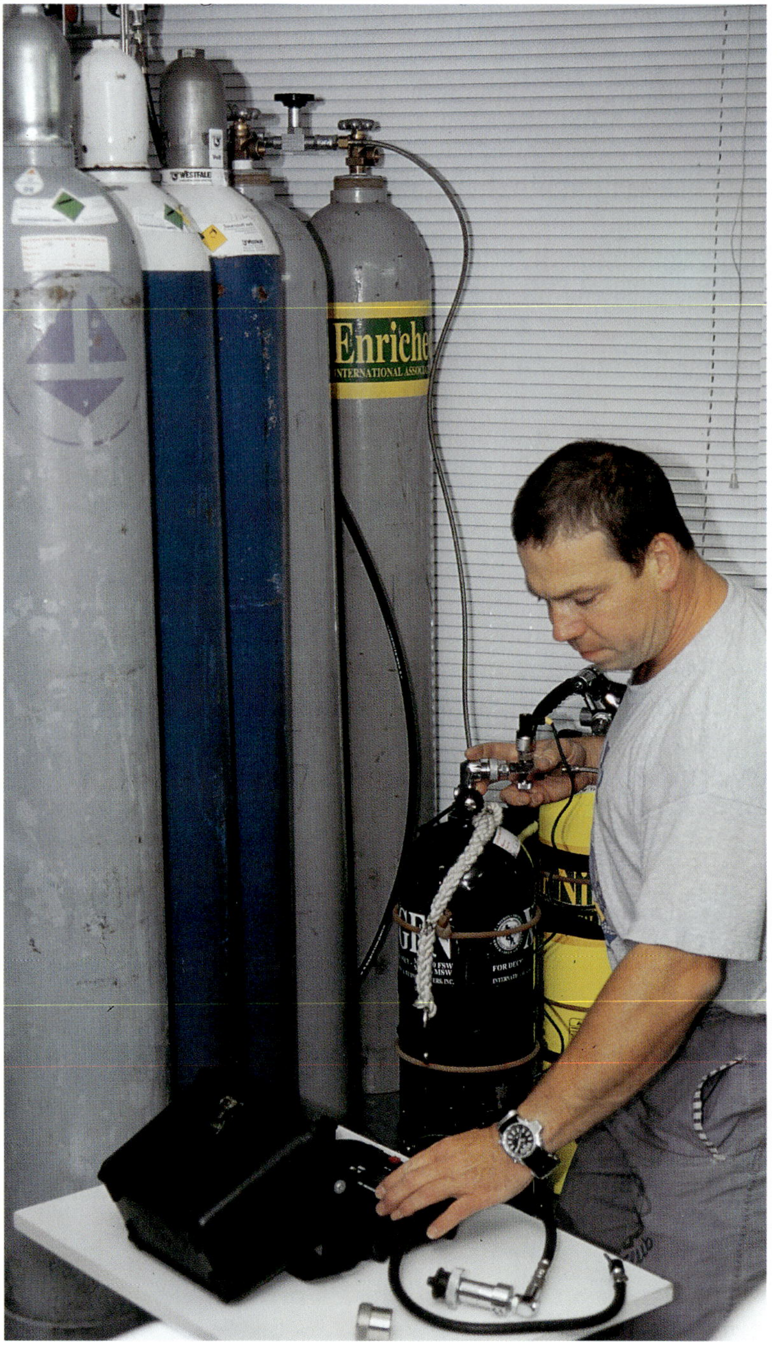

eingeströmte Gasmenge genau bestimmen zu können. Bei herkömmlichen Manometern ist auf eine möglichst feine, detaillierte Skalierung zu achten, die ein genaueres Ablesen des Druckes ermöglicht. Wesentlich besser und genauer läßt sich allerdings mit den leider sehr teuren Digitalmanometern arbeiten.

Nachdem in unserer Tauchflasche der angestrebte Fülldruck durch die eingeströmte Sauerstoffmenge erreicht ist, läßt man die Tauchflasche auf die ursprüngliche Temperatur abkühlen. Druckverluste durch Abkühlung werden durch weitere Sauerstoffmengen aus der Speicherflasche korrigiert. Anschließend wird mit einem sauerstoffkompatiblen Atemluftkompressor die Tauchflasche bis zu unserem benötigten Enddruck mit Preßluft gefüllt. Der bereits in unserer Tauchflasche vorhandene Sauerstoff verbindet sich mit der eingefüllten Preßluft und formt ein neues Gemisch, in diesem Fall Nitrox. Statt der Preßluft kann jedoch auch Helium in die Tauchflasche gefüllt werden. Das Resultat wäre dann ein Heliox-Gemisch. Bei der Herstellung von Trimix ist die Vorgehensweise des Mischens gleich, jedoch wird hier als Basisgas kein Sauerstoff, sondern Helium in die Flasche gefüllt, der dann mit Preßluft bis zur Endmischung verdünnt wird.

Die eingefüllten Gasmengen vermischen sich allerdings in unserer Tauchflasche nicht auf Anhieb. Entgegen jeglicher Lehrmeinungen, die das Gegenteil behaupten, haben meine eigenen Füllvorgänge gezeigt, daß beispielsweise ein angestrebtes EANx-80-Gemisch unmittelbar nach dem Füllvorgang, oder nach langer Standzeit, bei der Sauerstoffanalyse möglicherweise nur einen O_2-Gehalt von 30-40 Prozent aufweist. Stellt man jedoch die gleiche Flasche auf den Kopf, oder rollt sie einige Zeit, vermischen sich die Gase wieder, und das ursprünglich angestrebte Gemisch mit 80 Prozent Sauerstoffanteil ist wieder stabil. Weshalb dies so ist, darüber streiten die Gelehrten noch immer. Fakt ist jedoch, daß sich die Theorie nicht immer mit der Praxis deckt und manche Dinge eben doch anders kommen, als man manchmal denkt! Grundsätzlich kann man davon ausgehen, daß Trimix- und Helioxmischungen etwa 3-5 Stunden bis zum vollständigen Durchmischen der Gase benötigen. Bei Nitrox-Gemischen vollzieht sich der Mischungsprozeß etwas schneller. Durch Rollieren der Flaschen kann der Mischprozeß der Gase beschleunigt werden. Am Ende unserer Gasherstellung ist es erforderlich, den Sauerstoffanteil unseres Gemisches mit einem O_2-

Analysegerät zu bestimmen. Hierbei ist darauf zu achten, daß die Gasgemische eine entsprechende Ruhezeit zum Vermischen hatten und die Temperatur der Tauchflasche sich wieder auf Umgebungsniveau befindet. Durch mehrere O_2-Gehaltmessungen in längeren Zeitabständen läßt sich der Durchmischungsgrad des Gasgemisches in der Tauchflasche bestimmen. Entstehen bei 2-3 Messungen keine Abweichungen in der Sauerstoffkonzentration, können wir davon ausgehen, daß die Gasmischung nun ebenfalls stabil ist.

Continuous Flow-Methode (Beimischungsprinzip)

Diese Methode wird in erster Linie bei der Herstellung von Nitrox-Gemischen eingesetzt, doch andere Gasgemische lassen sich in gleicher Arbeitsweise herstellen. Bei der typischen Nitrox-Herstellung nach dem Prinzip der Beimischmethode wird eine für das Gemisch errechnete Sauerstoffmenge über eine Einspritzdüse in den Luftansaugstrom des Atemluftkompressors eingespritzt. Anschließend wird das Luft-Sauerstoffgemisch über mehrere Spiralen des Ansaugtraktes des Kompressors bei Umgebungsdruck verwirbelt, um eine optimale Mischung der beiden Gase zu erzielen. Mit dem Kompressor wird das so entstandene Nitrox-Gemisch nun in Gasflaschen gedrückt, oder es kann direkt in das Atemgassystem eines von der Oberfläche versorgten Tauchers eingespeist werden. Das vom Kompressor hergestellte Gemisch wird in regelmäßigen Abständen durch Sauerstoffanalyse auf die richtige Sauerstoffkonzentration überprüft. Konzentrationsänderungen des Gemisches können durch Korrektur des eingespeisten Sauerstoffes jederzeit vorgenommen werden. Ein solches Mischsystem ist aus Sicherheitsgründen üblicherweise mit einer Warneinrichtung versehen, die bei zu niedrigem oder zu hohem Sauerstoffgehalt Alarm auslöst.

Der Hauptvorteil dieser Mischmethode besteht darin, daß der Umgang mit Sauerstoff unter hohem Druck entfällt, da er von der Speicherflasche in den Ansaugtrakt des Kompressors bei Umgebungsdruck eingespeist wird. Hierdurch reduzieren sich die Risiken einer Sauerstoffentzündung aufgrund hoher Wärmereibwerte bei hohem Druck. Ein weiterer Vorteil des Mischens bei geringen Drücken liegt darin, daß aufgrund der geringen Gaserwärmung die Mischung wesentlich genauer durchgeführt werden kann.

Das Mischen nach Gewicht

Kennt man den benötigten Volumenanteil eines Gases für ein bestimmtes Gasgemisch, wird das Gewicht eines jeden Gases, welches für das Gemisch benötigt wird, errechnet. Anschließend wird das Leergewicht der zu füllenden Atemgasflasche ermittelt. Ist das Gewicht der Flasche bekannt, wird diese auf eine Präzisionswaage gestellt und die errechneten Gasmengen werden hinzugefügt, bis das Gesamtgewicht – also Flasche und Gasmenge – erreicht ist. Diese Füllmethode erfordert einige Rechenarbeit und präzise arbeitende Waagen. Im Bereich des Technischen Tauchens hat sich diese Methode jedoch bis heute noch nicht durchgesetzt und kommt daher nicht zum Einsatz.

Die Nitrox-Membran

Anders als bei der Methode des Partialdruckmischens, bei der reiner Sauerstoff eine der Grundkomponenten ist, erzeugt die stickstoffreduzierende Nitrox-Membran (DNAx) Nitrox aus gewöhnlicher Atemluft, indem sie einen Teil des Stickstoffes entfernt. Daher auch der Name DNAx, denn dieses Kürzel steht für »Denitrogenated Air« = Stickstoffreduzierte Luft. Mit einem solchen System lassen sich Nitrox-Gemische bis zu einem Sauerstoffanteil von 40 Prozent erzeugen. Die Nitrox-Membran wirkt praktisch wie ein molekulares Sieb, wenn es Stoffe anhand deren molekularer Eigenschaften trennt. Die besondere Membran, die für das DNAx-System ausgewählt wird, hat eine höhere Durchlässigkeit für Sauerstoffmoleküle als für die des Stickstoffs. Darum passieren alle Sauerstoffmoleküle die Membran innerhalb eines gegebenen Zeitraumes, während nur eine bestimmte Menge der in der Luft enthaltenen Stickstoffmoleküle durchgelassen werden. Die Anzahl der durchgelassenen Stickstoffmoleküle hängt vom Druck ab, mit dem die Luft durch das System gepumpt wird. Das System ermöglicht die gefahrlose Herstellung von Nitrox mit einer Abweichung von weniger als 0,1% vom gewünschten Stickstoff / Sauerstoffverhältnis.

Für die Herstellung von Nitroxgemischen wird die Luft von einem Niederdruckkompressor oder einer Speicherbank aus mehreren Druckluftflaschen durch ein Filtersystem gepumpt und von Kohlenwasserstoffen und anderen Verunreinigungen befreit. Nach dem Filtervorgang wird die Luft in die Membranpatrone weitergeleitet. Darin befinden sich Tausende von haarfeinen Hohlmembranen, die speziell dafür entworfen wurden, den Sauerstoffmolekülen eine höhere Diffusionsrate zu ermöglichen als den Stickstoffmolekülen. Diese Membran ist bei optimaler Handhabung nahezu unbegrenzt haltbar. Ein Nadelventil ermöglicht, das vom Systemdruck abhängige Verhältnis zwischen Sauerstoff und Stickstoff präzise zu wählen. Sobald das Sauerstoffanalysegerät das gewünschte Verhältnis anzeigt, wird das Nitrox mittels Ansaugschlauch des modifizierten Kompressors angesaugt und verdichtet. Das Ventil der Tauchflasche wird geöffnet und die Tauchflasche mit Nitrox gefüllt.

Da kein Umgang mit reinem Sauerstoff stattfindet, ist das mit dem Sauerstoffhandling verbundene Sicherheitsrisiko praktisch nicht vorhanden. Die Automatisierung des Herstellungsverfahrens läßt weniger Raum für Fehler. Es sind anders als bei der Partialdruckmethode keine aufwendigen Berechnungen mehr notwendig. Statt dessen wird nur noch der gewünschte Sauerstoffprozentsatz eingestellt.

Gasanalyse

Die Untersuchung und Bestimmung der Konzentration von Gasgemischen für das Technische Tauchen ist ein wesentlicher und sehr ernst zu nehmender Faktor, denn nur so kann sichergestellt werden, daß ein gemischtes Gas jene Voraussetzungen und Eigenschaften bietet, die für einen bestimmten Tauchgang vorgesehen sind. Die Gasanalyse wird daher während des Mischvorganges und nach der Beendigung und Fertigstellung des Gases durchgeführt. Zudem sollte eine erneute Messung vor Beginn eines jeden Tauchgangs durchgeführt werden, um sicherzustellen, daß sich das Gemisch durch Lagerung nicht verändert oder man nicht versehentlich eine Flasche mit einer völlig anderen Mischung für diesen Tauchgang eingepackt hat. Obwohl für eine Trimixmischung sowohl der Helium- als auch der Stickstoffgehalt in der Mischung eine entscheidende Rolle spielen, ist der durchschnittliche Technische Taucher nicht mit diesen teuren Geräten zur Bestimmung der Gase ausgestattet. Aus Kostengründen beschränkt er sich in fast allen Fällen

Die Kontrolle der Atemgase und ihres Sauerstoffgehaltes ist vor jedem Mischgastauchgang vom anwendenen Taucher durchzuführen.

lediglich auf die Bestimmung des Sauerstoffgehaltes in seiner Mischung, da die O_2-Konzentration der wichtigste Faktor für die Vermeidung einer Sauerstoffintoleranz und zur Anwendung von Dekompressionstabellen ist. Eine Abweichung von bis zu 5% in der Konzentration des Stickstoff- und Heliumgehaltes im Atemgas hat noch keinerlei Auswirkung auf die Sauerstoffintoleranz eines Tauchers, solange er den genauen Prozentsatz des Sauerstoffes im

Atemgemisch kennt. Weicht jedoch der Sauerstoffgehalt im Atemgas nur um etwa 2% von der Planung ab, so hat dies bereits Auswirkungen auf die Sauerstoffintoleranz sowie die Dekompressions-Planung des Anwenders.

Die Analyse eines hergestellten Atemgemischs sollte nicht nur nach dem Füllvorgang, sondern auch vor jedem Tauchgang durchgeführt werden, um den genauen Sauerstoffanteil eines Gemisches zu kennen. Hier die Analyse eines Deko-Gemisches. Angestrebt war hier ein EANx-80 Gemisch.
Foto: Andreas Wagenknecht

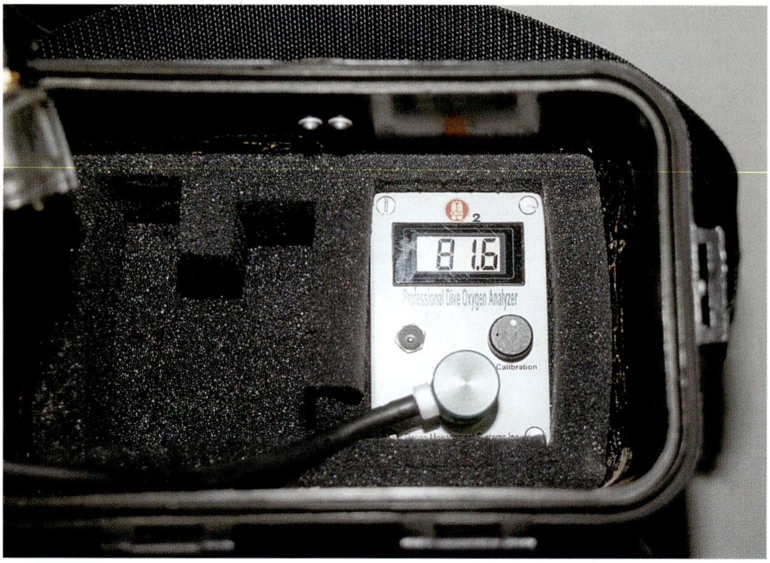

Sind die Bestandteile sowie der genaue Sauerstoffanteil eines Gasgemisches bekannt, können wir den prozentualen Anteil der anderen Gase im Gemisch daraus ableiten. Wenn ein EANx-Gemisch beispielsweise einen Sauerstoffanteil von 32% aufweist, ergibt sich daraus einen Stickstoffgehalt von 68%. Ähnliche Rückschlüsse können wir bezüglich des Gasanteils von Helium und Stickstoff bei Trimix-Gemischen ziehen. Wird der Sauerstoffgehalt eines Trimix-Gemisches mit 16% bestimmt, ergibt sich dadurch ein Luftanteil von 16/21=76 im Gemisch. Daraus ergibt sich der Heliumanteil wie folgt: 100-76 =24%. Der Stickstoffanteil errechnet sich aus der Restsumme: 100 - (24+16) =60%. Von großer Bedeutung in diesem Zusammenhang ist natürlich die Genauigkeit des Sauerstoff-Analysegerätes, das wir für unsere Messung verwenden. Bereits bei einer Ungenauigkeit des Analysegerätes von 1% schwankt der wirkliche Sauerstoffgehalt in unserem Gemisch von dem Minimum von 15% bis hin zum Maximalwert von 17%. Dies bedeutet natürlich, daß die restlichen Gasbestandteile der Mischung, Stickstoff und Helium, ebenfalls eine

Abweichung nach oben oder nach unten hin aufweisen. Es ist daher von größter Wichtigkeit, bei der Sauerstoffanalyse so genau wie möglich vorzugehen, um das Endprodukt der Gasmischung so exakt wie nur möglich bestimmen zu können. Gasanalysegeräte müssen deshalb auch in regelmäßigen Abständen kalibriert werden.

Kennzeichnung von Gasgemischen in Tauchflaschen

Ein weiterer wichtiger Punkt nach der genauen Gasanalyse ist das exakte Kennzeichnen unserer gefüllten Tauchflaschen. Alle Tauchflaschen mit Gasgemischen oder mit herkömmlicher Luft müssen deutlich mit dem Inhalt sowie der Gaskonzentration beschriftet werden, um spätere Verwechslungen auszuschließen. In einigen Tauchsportgeschäften, die sich auf die Bedürfnisse des Technischen Tauchens eingerichtet haben, sind spezielle Aufkleber für Nitrox, Trimix, Sauerstoff oder Argon erhältlich. Zusätzlich sollten an den Flaschen die genauen Mischdaten eines Gemisches, die maximale Einsatztiefe (MOD) sowie das Fülldatum vermerkt sein, damit jeder Anwender auf einen Blick die wichtigsten Eckdaten seiner Flaschenfüllung erkennt. Viele Technische Taucher versehen ihre Atemgasflaschen außerdem noch mit einem Warnhinweis »Achtung – anderes Atemgemisch als Luft!« um zu verdeutlichen, daß es sich bei dem Flascheninhalt nicht um herkömmliche Preßluft handelt.

Ein Kennzeichnungsaufkleber für Mischgas. Die Art des Gemisches und dessen Volumenanteile sowie die maximale Einsatztiefe und das Fülldatum sollten stets darauf vermerkt sein.

INTERNATIONAL ASSOCIATION OF
NITROX & TECHNICAL DIVERS

NITROX NOAA____/________

Dieses Gemisch enthält % Sauerstoff
in Stickstoff (O2/N2) als Sollwert !
Fülldatum:______________
Abfüller:______________
Dieses Gemisch wurde von ________
analysiert und enthält _____% Sauerstoff

____
Unterschrift des Benutzers
Kl. 2 Ziffer 2a GGVS/ADR
Flasche nicht vollständig entleeren!
* Unterstützt die Verbrennung kräftig
* Behälter an gut gelüftetem Ort aufbewahren
* Vor brennbaren Stoffen fernhalten
* Kein Öl oder Fett verwenden

CAUTION! BREATHING MEDIA OTHER THAN AIR
Maximum — **M**
Operating — **I**
Depth ________ **X** ________
Date ___/___/___ IANTD, Inc. Initials ______

Ohne fachgerechte Ausbildung, Hände weg von eigenen Gasmischversuchen!

Zum Schluß dieses Kapitels noch eine ernstzunehmende Warnung: die in diesem Buch beschriebenen Mischmethoden stellen lediglich eine Übersicht der im Technischen Tauchen eingesetzten Gasmischverfahren dar. Dieses Kapitel ist daher nicht als Anleitung zur eigenen Herstellung von Gasgemischen gedacht, sondern soll lediglich die unterschiedlichsten Techniken etwas anschaulicher beschreiben. Ich rate dringend davon ab, ohne eine entsprechende fachgerechte Ausbildung und Einweisung in die Gefahrenbestimmungen den Versuch zu wagen, Gasgemische in Eigenregie herzustellen. Die Technik des Gasmischens ist eine nicht ungefährliche Tätigkeit, die präzise Fachkenntnisse voraussetzt. Leider gibt es immer wieder Taucher, die der Meinung sind, man könne Mischgastauchen sowie das Herstellen von Gasgemischen in einem einstündigen Selbststudium erlernen. In der Vergangenheit habe ich die verrücktesten (und dümmsten) Aussagen zu diesem Fachgebiet von sogenannten »wissenden« Tauchern gehört. Um nur ein Beispiel zu nennen: Nicht nur einmal hörte ich von unerfahrenen Tauchern die Theorie, Nitroxgemische herstellen zu können, indem man reinen Sauerstoff zu einem bestimmten Anteil aus einer Speicherflasche über den Ansaugtrakt eines (herkömmlichen) Atemluftkompressors ansaugt und verdichtet. Von sauerstoffgereinigten Komponenten oder dem großen Risiko einer Explosion durch die Reaktion des Sauerstoffes unter hohen Drücken mit einem nicht sauerstoffkompatiblen Kompressor hatten diese selbsternannten Fachleute noch nie etwas gehört! Versuche dieser Art sind nicht nur lebensgefährlich, sondern auch äußerst dumm!

In diesem Zusammenhang möchte ich auch vor der in den siebziger Jahren in Amerika weitverbreiteten Methode des »home brew« waren. Am besten läßt sich dieser englische Ausdruck mit »Hausgebräu« übersetzen, wobei durch diese Methode nicht nur das eigene Leben, sondern auch das von Unbeteiligten grob fahrlässig aufs Spiel gesetzt wird! Die home brew-Methode ist nichts anderes, als daß mit einem geringen finanziellen Aufwand, ohne die hohen Kosten eines geeigneten Atemluftkompressors, Gasgemische hergestellt werden sollen. Hierbei wird durch die Partialdruckmethode beispielsweise Sauerstoff in herkömmliche Preßluftflaschen gefüllt, mit denen dann zum nächsten Tauchshop spaziert wird, um die Flaschen auf Betriebsdruck aufzufüllen. Der gutgläubige Tauchshopbesitzer ist der Meinung, es handle sich um eine herkömmliche Preßluftflasche mit Restdruck, da der Taucher sie grob fahrlässig gegen die Bestimmungen nicht als EANx-Flasche gekennzeichnet hat, schließt die Flasche an seinen nicht für den Einsatz mit Sauerstoff vorgesehenen, ungereinigten Kompressor an und schon fliegt der ganze Laden in die Luft! Wie gesagt, durch eine solche unprofessionelle Verhaltensweise verstößt man nicht nur gegen gesetzliche Bestimmungen, sondern man setzt auch sein eigenes und – was wesentlich schlimmer ist – auch das Leben unbeteiligter Dritter aufs Spiel. Also noch einmal: Ohne fachgerechte Ausbildung, Finger weg von allen Mischversuchen! Entsprechende Kurse, bei denen die Herstellung von Atemgasen unter fachlicher Aufsicht erlernt werden kann, werden mittlerweile von allen Ausbildungsverbänden des Technischen Tauchens angeboten. Auch ohne diese Lehrgänge können Atemgemische wie beispielsweise Nitrox – eine entsprechende Qualifikation vorausgesetzt – von speziellen technischen Tauchshops erworben werden. Betrachtet man den hohen finanziellen Aufwand einer eigenen Mischgaseinheit, die für das Mischen notwendigen Kurse sowie die Preise für Industrie- und Medizinische Gase, ist es oftmals billiger, wenn ein interessierter Taucher seine EANx-Gemische im Fachhandel bezieht. Viele Technische Taucher überlassen daher aus wirtschaftlichen sowie aus Vernunftgründen das Mischen ihrer Atemgasgemische speziell geschulten und erfahrenen Fachleuten. Diese sind meist ohnehin mit technisch wesentlich besseren und genaueren Mischgerätschaften ausgestattet und daher in der Lage, Atemgemische exakt ohne großes Experimentieren herzustellen.

Anhang 1

International Association of Nitrox & Technical Divers

Zusammenfassung der wichtigsten Kursstandards und Kursinhalte im Technischen Tauchen (Auszug):

IANTD Einführungskurs Höhlentauchen (Standards und Verfahren)

A. Zweck:

1. Dieses Ausbildungsprogramm wurde für Sporttaucher entwickelt, die eine einfache Einführung in das Höhlentauchen bekommen möchten.

B. Kursvoraussetzungen:

1. Zertifikation als IANTD Overhead Environment Diver oder Äquivalente Brevetierung (NSS/CDS, NACD oder CDAA Cavern Diver).
2. Nachweis von 15 Freiwassertauchgängen.
3. Der Kandidat muß 15 Jahre alt sein und die schriftliche Einverständniserklärung der Eltern oder der Erziehungsberechtigten muß vorliegen; oder 18 Jahre ohne Beschränkung.

C. Literatur

1. IANTD Introductory Cave Diver Lehr- und Arbeitsbuch oder ein gleichwertiges, durch den Vorstand schriftlich genehmigtes Lehrbuch. Schriftliche Genehmigung wird von der IANTD, Inc. World Headquarters auf Anfrage erteilt.

D. Kursinhalte:

1. Alle Anforderungen und Inhalte, wie sie im genehmigten Lehr- und Arbeitsbuch aufgeführt sind.
2. Eine schriftliche Abschlußprüfung muß mit einem Ergebnis von mindestens 80 Prozent erfolgreich absolviert werden.
3. Die Fertigkeiten, wie sie unter der Rubrik Leistungsanforderungen beschrieben sind, müssen vor der Zertifizierung erfolgreich demonstriert werden. Diese Fertigkeiten dürfen als Kombination von Freiwassertauchgängen und im begrenzten Freiwasser, ebenso wie im Schwimmbad für die Übungen der Grundfertigkeiten und der

Streßbewältigung durchgeführt werden. Diese Übungen spiegeln das Minimum der gestellten Leistungsanforderungen wider.
4. Landübungen: Benutzen der Leinen, Benutzung der Leinen mit geschlossenen Augen, Verfahren bei »Verlieren des Tauchpartners«.
5. Höhlentauchgänge: Eine Grundzeit von 80 Minuten ist notwendig. Diese muß während 4-6 Freiwassertauchgängen absolviert werden. Es kann keine Zeitgutschrift erteilt werden. In sehr seltenen Ausnahmefällen kann vom Instruktor die Gesamtgrundzeit dennoch verkürzt werden, falls der Schüler durch ausgezeichnete Wasserfertigkeiten und Tauchdisziplin dies zuläßt.

E. Ausrüstung:
1. Eine ausreichende Menge an Atemluftvorrat für die Durchführung der geplanten Grundzeit, unter Beachtung der 1/3 Luftverbrauchsregeln (d.h. der Taucher beginnt mit dem Rückweg, wenn er noch 2/3 des Luftvorrates zur Verfügung hat), muß bei jedem Tauchgang mitgeführt werden. Zusätzlich wird dem Schüler das Verfahren zur Anpassung des Luftvorrates der Tauchpartner erklärt.
2. Die Benutzung von einem Tauchgerät mit zwei getrennt absperrbaren Ventilen ist vorgeschrieben.
3. Einer der Lungenautomaten muß mindestens einen Niederdruckschlauch von 1,5 Meter Länge zur zweiten Stufe aufweisen. Besser ist ein noch längerer Schlauch.
4. Eine Auftriebskontrolle (Jacket, Kragenweste, Wing etc.) ist vorgeschrieben.
5. Schreibtafel und Bleistift.
6. Eine Hauptseilrolle (Primary Reel) und eine Sicherheitsrolle (Safety Reel).
7. Ein angemessener Wärmeschutz für die Tauchbedingungen.
8. Ein Finimeter.
9. Drei Taucherlampen, eine Hauptlampe und zwei Reservelampen.
10. Pro Taucher mindestens ein Satz Instrumente für die Tiefen- und Zeitbestimmung und zur Kontrolle der Aufstiegsgeschwindigkeit oder ein Tauchcomputer.
11. Wasserfeste Tauchtabellen zur Tauchgangsplanung oder als »Backup« für den Tauchcomputer.
12. Tauchermesser oder medizinische Verbandsschere.
13. Haken und Verschlüsse zur optimalen, stromlinienförmigen Befestigung der Tauchausrüstung.

Beachte:
Tauchgeräte und Lungenautomaten, die mit einem Sauerstoffanteil von mehr als 21% verwendet werden, müssen gemäß der nationalen Gesetzgebung für die Benutzung von reinem Sauerstoff unter hohem Druck zugelassen sein.

F. Beschränkungen:

1. Keine Tauchgänge tiefer als 39 Meter (+/– 3 Meter).
2. Keine Tauchgänge dürfen mit weniger als 1700 Liter Atemgasvorrat begonnen werden.
3. Die notwendigen Sicherheitsstops oder Dekompressionsstops müssen eingehalten werden.
4. Es dürfen nicht mehr als 3 Schüler pro Instruktor in die Höhle genommen werden.
5. EANx zertifizierte Taucher dürfen bei allen Tauchgängen EANx benutzen.

G. Leistungsanforderungen:

1. Zwei in einer Entfernung von 12 Metern auseinander befindliche Taucher sollen mit geschlossenen Augen an der Führungsleine und ohne zu atmen aufeinander zuschwimmen. Dort sollen sie aus einer einzigen Luftquelle atmen und für 3 Atemzüge auf der Stelle verweilen, wonach sie unter ständigem Kontakt zur Führungsleine bis zu deren Ende schwimmen.
2. Simulation »Luftversorgungsstörung« durch Schließen der Ventile. Hauptautomat zuerst, dann Zweitautomat. Die gesamte Übung muß unter einer Minute abgeschlossen sein.
3. Ab- und Aufdrehen der Luftversorgung während des Schwimmens ohne merkliche Veränderung der Schwimmgeschwindigkeit.
4. Benutzung der Seilrollen und Leinen.
5. Tauchen unter Benutzung der alternativen Luftversorgung des Tauchpartners für eine angemessene Strecke innerhalb der Höhle.
6. Schwimme mit geschlossenen Augen und Kontakt zur Leine und zum Tauchpartner, eine angemessene Strecke innerhalb der Höhle.
7. Schwimme, unter Verwendung der alternativen Luftversorgung des Tauchpartners, mit geschlossenen Augen und Kontakt zur Leine und zum Tauchpartner, eine angemessene Strecke innerhalb der Höhle.
8. Führe die angemessene Sicherheitsüberprüfung vor jedem Tauchgang durch.

9. Demonstriere gekonnte Fortbewegungstechniken während des Kurses.
10. Mit drei Körperlängen Abstand zum führenden Tauchpartner, ergreife die alternative Luftversorgung des Tauchpartners. Der hintere Taucher versucht die Aufmerksamkeit des Vordermanns zu erregen und schwimmt nach erfolgreichem Ergreifen des Zweitautomaten für eine angemessene Strecke unter Wasser.

Overhead Environment Diver / EANx Overhead Environment Diver Kurs

A. Zweck:

Dieses Kursprogramm wurde zur Durchführung von Wrack- oder Grottentauchgängen innerhalb der Tageslichtzone entwickelt. Der Taucher soll sich über die Selbstverantwortung und das Risikoverhalten beim Tauchen in »nach oben hin abgeschlossenen Räumen« bewußt werden. Innerhalb des Kurses kann Preßluft oder EANx verwendet werden.
2. Falls dieser Kurs mit dem IANTD EANx Diver kombiniert wird oder der Schüler bereits als IANTD EANx Diver zertifiziert ist, dann können EANx-Mischungen zwischen 28% O_2 und 36% O_2 verwendet werden.
3. Falls dieser Kurs mit dem IANTD Advanced EANx Diver Programm kombiniert wird oder der Schüler bereits als IANTD Advanced EANx Diver zertifiziert ist, dann können EANx Mischungen zwischen 21% O_2 und 40% O_2 verwendet werden. Für die Sicherheits- oder notwendigen Dekompressionsstops können EANx-Mischungen mit bis zu 50% O_2 verwendet werden.

B. Kursvoraussetzungen:

1. Schüler muß als Advanced Open Water Diver zertifiziert sein, oder Kenntnis einer äquivalenten Erfahrung und Wissensstand zur Zufriedenheit des Instruktors. Um die Anerkennung einer äquivalenten Erfahrung zu erhalten, muß der Kandidat die Leistungsüberprüfung aller Wasserfertigkeiten der vorherigen Zertifikationskurse und den dazugehörigen schriftlichen Test mit mindestens 80% richtig beantworteten Fragen bestanden haben. Erst danach kann er nach Erfüllung der entsprechenden Leistungsanforderungen als

IANTD (EANx) Overhead Environment Diver zertifiziert werden.
2. Nachweis von mindestens 10 Freiwassertauchgängen.
3. Der Kandidat muß 15 Jahre alt sein und die schriftliche Einverständniserklärung der Eltern oder der Erziehungsberechtigten muß vorliegen. 12 Jahre für das Junior Brevet oder 18 Jahre ohne Beschränkung.

C. Literatur:
1. Das IANTD EANx Overhead Environment Diver Lehr- und Arbeitsbuch oder ein gleichwertiges, durch den Vorstand schriftlich genehmigtes Lehrbuch. Falls es sich um einen EANx Overhead Environment Kurs handelt, muß zusätzlich das IANTD EANx Diver Lehr- und Arbeitsbuch oder ein gleichwertiges, durch den Vorstand schriftlich genehmigtes Lehrbuch verwendet werden.

D. Kursinhalte:
Der Schüler muß nicht als EANx Diver zertifiziert sein. Der Teil, der sich mit der Handhabung von Sauerstoff befaßt, kann bei reinen Overhead Environment Diver Zertifikationen (kein EANx) ausgelassen werden.
1. Alle Anforderungen und Inhalte, wie sie im genehmigten Lehr- und Arbeitsbuch aufgeführt sind.
2. Eine schriftliche Abschlußprüfung muß mit dem Ergebnis von mindestens 80% richtiger Antworten erfolgreich absolviert werden.
3. Die Fertigkeiten, wie sie unter der Rubrik Leistungsanforderungen beschrieben sind, müssen vor der Zertifizierung erfolgreich demonstriert werden. Diese Fertigkeiten dürfen als Kombination von Freiwassertauchgängen und im begrenzten Freiwasser, ebenso wie im Schwimmbad für die Übungen der Grundfertigkeiten und der Streßbewältigung durchgeführt werden. Diese Übungen spiegeln das Minimum der gestellten Leistungsanforderungen wider.
4. Freiwassertauchgänge: Eine Gesamtgrundzeit von 80 Minuten wird empfohlen. Diese muß »in nach oben hin abgeschlossenen Räumen« innerhalb von 4-6 Freiwassertauchgängen absolviert werden.
5. Landübungen:
a. Benutzung von Führungsleinen (Seilrollen)
b. Unter freier Sicht und ohne Sicht der Führungsleine folgen.
c. Simulation einer vollständigen Wassertrübung (silt out), etc.

E. Ausrüstung:

1. Eine ausreichende Menge an Atemluftvorrat für die Durchführung der geplanten Grundzeit, unter Beachtung der 1/3 Luftverbrauchsregeln (d.h. der Taucher beginnt mit dem Rückweg zum Ausgangspunkt, wenn er noch 2/3 des Luftvorrates zur Verfügung hat), muß bei jedem Tauchgang mitgeführt werden.
2. Empfohlen wird ein Tauchgerät mit zwei getrennt absperrbaren Ventilen.
3. Einer der Lungenautomaten muß mindestens einen Niederdruckschlauch von 1 Meter Länge zur zweiten Stufe aufweisen. Es wird jedoch eine Mindestschlauchlänge von 1,5 Metern für die »ohne Luft-Situation« empfohlen, besser noch eine Schlauchlänge von etwa 2 Meter.
4. Eine Auftriebskontrolle (Jacket, Kragenweste, Wings etc.) ist vorgeschrieben.
5. Schreibtafel mit Bleistift.
6. Eine Hauptseilrolle (Primary Reel). Für Wracktauchgänge, einen Hebesack mit einem Auftriebsvolumen von 50 lbs. (22 Liter) und eine Seilrolle, um den Hebesack zu entfalten.
7. Ein angemessener Wärmeschutz für die Tauchbedingungen.
8. Ein Finimeter.
9. Zwei Taucherlampen.
10. Ein akustischer Warngeber oder Pfeife.
11. Pro Taucher mindestens ein Satz Instrumente für die Tiefen- und Zeitbestimmung und zur Kontrolle der Aufstiegsgeschwindigkeit oder ein Tauchcomputer.
12. Wasserfeste Tauchtabellen zur Tauchgangsplanung oder als »Backup« für den Tauchcomputer.
13. Tauchermesser oder medizinische Verbandsschere.
14. Haken und Verschlüsse zur optimalen, stromlinienförmigen Befestigung der Tauchausrüstung.

Beachte:
Tauchgeräte und Lungenautomaten, die mit einem Sauerstoffanteil von mehr als 21% verwendet werden, müssen gemäß der nationalen Gesetzgebung für die Benutzung von reinem Sauerstoff unter hohem Druck zugelassen werden.

F. Beschränkungen:

1. Unversperrte Ausgänge/Oberflächenlicht müssen immer sichtbar sein.
2. Keine Tauchgänge tiefer als 39 Meter (+/– 3 Meter).
3. Angemessene Sicherheits- bzw. Dekompressionsstops sind einzuhalten.
4. Die »Drittelregelung« findet, vom Zeitpunkt des Einstieges, bis zum sicheren Erreichen des Ausstieges aus der Umgebung ohne direkte Aufstiegsmöglichkeit, Anwendung.
5. Das maximale Schüler/Instruktor-Verhältnis ist 4 zu 1 innerhalb der nach oben abgeschlossenen Umgebung.

G. Leistungsanforderungen:

1. Übe und beherrsche folgende Fortbewegungsmethoden: Modifizierter Kraulbeinschlag, modifizierter »Frosch«- Beinschlag und modifizierter »Delphin«-Beinschlag etc.
2. Schwimme unter Wasser etwa 23 Meter ohne Maske.
3. Lege unter Wasser eine Strecke von 14 Meter ohne zu atmen zurück, um anschließend das Atmen aus einer einzigen Luftquelle des Tauchpartners zu beginnen. Während dieser Übung ist eine Strecke von 60 Metern mit einer Geschwindigkeit von 18 Meter/Minute unter Oktopus (Zweitautomat)-Atmung zurückzulegen.
4. Bestimme den Oberflächenluftverbrauch / SAC (bar/Minute) und das Atemminutenvolumen / RMV (Liter/Minute).
5. Benutze die Seilrolle.
6. Verlege die Leine und übe Seilbefestigungen in den nach oben abgeschlossenen Räumen.
7. Folge mit geschlossenen Augen der Führungsleine innerhalb des nach oben hin abgeschlossenen Raumes.
8. Atme aus der alternativen Luftversorgung des Tauchpartners mit geschlossenen Augen, während der Führungsleine gefolgt wird.
9. Vor sämtlichen Tauchgängen wird eine gegenseitige Sicherheitsüberprüfung durchgeführt.

Nitrox (EANx)-Kurs

A. Zweck:

1. Dieses Ausbildungsprogramm wurde für Sporttaucher geschaffen, die mit Hilfe eines sicheren Atemmediums genußvolle Tauch-

gänge von 12 bis 39 Meter durchführen wollen. Der Taucher hat die Wahl, diesen Tauchgang mit den EANx-Tabellen oder konservativ mit seinem Luft-Tauchcomputer oder Lufttabellen mit zusätzlichen Sicherheitsreserven durchzuführen. Der IANTD EANx Diver-Kurs kann als Einzelausbildungsprogramm oder in Verbindung mit einer Auswahl an fortgeschrittenen oder Spezialtauchprogrammen unterrichtet werden.
2. Der Kurs befaßt sich mit Nitrox-Mischungen (EANx) im Bereich von 21% bis maximal 40% Sauerstoffanteil.

B. Kursvoraussetzungen:
1. Nachweis einer Zertifizierung als Advanced Open Water oder Nachweis von äquivalentem praktischem und theoretischem Können, nach kritischer Beurteilung des Tauchlehrers.
2. Nachweis von wenigstens 10 Freiwassertauchgängen.
3. Der Kandidat muß 15 Jahre alt sein, bzw. 12 Jahre für den Junior Nitrox Diver, und die schriftliche Einverständniserklärung der Eltern oder der Erziehungsberechtigten muß vorliegen, oder 18 Jahre ohne Beschränkung.

C. Literatur:
1. IANTD Enriched Air Nitrox Lehr und Arbeitsbuch oder ein gleichwertiges, durch den Vorstand schriftlich genehmigen Lehrbuch.

D. Kursinhalte:
1. Alle Anforderungen und Inhalte, wie sie im genehmigten Lehr- und Arbeitsbuch aufgeführt sind.
2. Der Kurs befaßt sich mit Nitrox-Mischungen (EANx) im Bereich von 21% bis maximal 40% Sauerstoffanteil, allerdings wird die Benutzung von EANx 32 oder EANx 36 bevorzugt.
3. Eine schriftliche Abschlußprüfung muß mit dem Ergebnis von mindestens 80% erfolgreich absolviert werden.
4. Alle Taucher müssen 2 Tauchgänge mit einem EANx-Gemisch zwischen 29% und 40% absolvieren.

E. Ausrüstung:
1. Eine ausreichende Menge an Atemluftvorrat für die Durchführung des Tauchganges, unter Beachtung der Luftverbrauchsregeln (Hälfte plus 15 bar), muß bei jedem Tauchgang mitgeführt werden.
2. Eine Auftriebskontrolle (Jacket, Kragenweste, Wings, etc.) ist vorgeschrieben.

3. Ein Lungenautomat mit einer alternativen Luftversorgung, oder eine unabhängige Luftversorgung mit mindestens 370 Liter entspannter Luft.
4. Ein Finimeter.
5. Ein angemessener Wärmeschutz.
6. Tauchtabellen oder Tauchcomputer.

Beachte:
Tauchgeräte und Lungenautomaten, die mit einem Sauerstoffanteil von mehr als 21% verwendet werden, müssen gemäß der nationalen Gesetzgebung für die Benutzung von reinem Sauerstoff unter hohem Druck zugelassen sein.

F. Beschränkungen:
1. Keine Tauchgänge tiefer, als die Tauchqualifikation des Schülers zuläßt oder maximal 39 Meter (+/- 3 Meter).
2. Keine Tauchgänge, die einen wirklichen Dekompressionsstop nötig machen, allerdings müssen die angemessenen Sicherheitsstops eingehalten werden.

G. Leistungsanforderungen:
1. Während der Freiwassertauchgänge kann der Instruktor die Verwendung von entsprechenden EANx-Tabellen oder der Verwendung von Lufttabellen, unter Berücksichtigung der maximalen physiologischen Sicherheitsfaktoren, befürworten.
2. Die Schüler müssen selbständig eine Tauchgangsplanung erstellen, welche die für die beiden Tauchgänge verwendeten EANx-Gemische berücksichtigt.
3. Die Tauchgänge können entweder von einem EANx-Instruktor oder einem Divemaster direkt (im Wasser) überwacht werden. Wenn der Tauchplatz zu keinem Zeitpunkt das Überschreiten der maximalen Einsatztiefe des jeweiligen Gemisches möglich macht, kann auch eine indirekte Supervision des Tauchgangs erfolgen. Sollte diese Bedingung nicht gegeben sein, muß der Tauchgang direkt überwacht werden.
4. Beim Freiwassertauchgang Nr. 1 kann ein Gemisch zwischen EANx 28 und EANx 40 gewählt werden.
5. Beim Freiwassertauchgang Nr. 2 kann ebenfalls ein Gemisch zwischen EANx 28 und EANx 40 gewählt werden.
6. Beide Tauchgänge müssen mit EANx durchgeführt werden.

Advanced EANx Diver (Fortgeschrittener Nitrox-Kurs)

A. Zweck

1. Dieses Ausbildungsprogramm wurde zur Erweiterung des Wissensstandes bezüglich der Verwendung von EANx zum Sporttauchen entwickelt. Weiterhin werden die Tauchfertigkeiten und das Verständnis des EANx-Konzeptes vervollständigt.
2. Innerhalb des Kurses werden EANx-Mischungen zwischen 21% O_2 und 50% O_2 verwendet.
3. Während des Tauchganges darf eine EANx-Mischung mit maximal 40% O_2 und für die Dekompressionsstops bis maximal 50% O_2 verwendet werden.

B. Kursvoraussetzungen:

Entweder
1. Mindestens 16 Freiwassertauchgänge nachweisen können und als IANTD EANx Diver und IANTD Deep Air Diver zertifiziert sein, oder:
2. mindestens 50 Freiwassertauchgänge nachweisen können und über einen äquivalenten Erfahrungsnachweis im Tieftauchen verfügen. Äquivalente Erfahrung im Vergleich zum IANTD Air Diver bedeutet, daß der Taucher 10 der 50 Tauchgänge auf einer Tiefe zwischen 30 und 39 Meter absolvierte und zusätzlich die IANTD Deep Air Diver-Übungen im begrenzten Freiwasser oder im Schwimmbad erfolgreich abgeschlossen hat. Ferner muß er die schriftliche Prüfung des IANTD Deep Air Diver-Kurses mit mindestens 80% richtiger Antworten bestanden haben.
3. Der Kandidat muß 15 Jahre alt sein und die schriftliche Einverständniserklärung der Eltern oder der Erziehungsberechtigten muß vorliegen, oder 18 Jahre ohne Beschränkung.

C. Literatur:

IANTD Advanced EANx Diver Lehr- und Arbeitsbuch oder ein gleichwertiges, durch den Vorstand schriftlich genehmigtes Lehrbuch.

D. Kursinhalte:

1. Alle Anforderungen und Inhalte, wie sie im genehmigten Lehr- und Arbeitsbuch aufgeführt sind.

2. Schriftliche Abschlußprüfung muß mit einem Ergebnis von mindestens 80% erfolgreich absolviert werden.
3. Die Fertigkeiten, wie sie unter der Rubrik Leistungsanforderungen beschrieben sind, müssen vor der Zertifizierung erfolgreich demonstriert werden. Diese Fertigkeiten dürfen als Kombination von Freiwassertauchgängen und im begrenzten Freiwasser, ebenso wie im Schwimmbad für die Übungen der Grundfertigkeiten und der Streßbewältigung durchgeführt werden. Diese Übungen spiegeln das Minimum der gestellten Leistungsanforderungen wider.
4. Freiwassertauchgänge: Eine Grundzeit von 120 Minuten ist notwendig. Diese muß während 4 bis 6 Freiwassertauchgängen absolviert werden, wovon 2 Tauchgänge auf eine Tiefe zwischen 30 und 39 Meter führen müssen. Falls dieser Kurs mit einem IANTD Deep Air Diver Kurs kombiniert wird, genügen ebenfalls 4-6 Tauchgänge mit einer Gesamtgrundzeit von 160 Minuten, wobei mindestens 4 Tauchgänge zwischen 30 und 39 Meter durchgeführt werden müssen. Sollte die Gesamtgrundzeit (120 bzw. 160 Minuten) auch schon früher erreicht werden, dann müssen dennoch mindestens 4 Tauchgänge absolviert werden.
5. Den Schülern soll die Verwendung von EANx-Gemischen zwischen 21% O_2 und 40% O_2 gelehrt werden, wobei die Einhaltung der MOD (Maximale Einsatztiefe) unbedingt zu beachten ist. EANx-Mischungen zwischen 41% O_2 und 50% O_2 werden nur zum Grundverständnis von Sicherheitsstops bzw. Dekompressionsstops verwendet.

E. Ausrüstung:

Es wird die gleiche Ausrüstungskonfiguration wie im IANTD Deep Air Kurs vorgeschrieben, jedoch muß ein Zusatztauchgerät entweder als Ponyflasche oder als Stage Tank mitgeführt werden.

Beachte:

Tauchgeräte und Lungenautomaten, die mit einem Sauerstoffanteil von mehr als 21% verwendet werden, müssen gemäß der nationalen Gesetzgebung für die Benutzung von reinem Sauerstoff unter hohem Druck zugelassen sein.

F. Beschränkungen:

1. Keine Tauchgänge tiefer als 39 Meter (+/– 3 Meter).
2. Die notwendigen Sicherheitsstops oder Dekompressionsstops müssen eingehalten werden.

3. Es dürfen nicht mehr als 4 Schüler pro Instruktor ins Wasser. Zusätzliche Schüler dürfen im Verhältnis von 2 Schülern pro Divemaster bis zu einem maximalen Verhältnis von 8 Schülern betreut werden.
4. Alle Tauchgänge müssen mit EANx (bis zu EANx 40) durchgeführt werden. Für Dekompressions- oder Sicherheitsstops darf bis zu EANx 50 verwendet werden.

G. Leistungsanforderungen:
1. Demonstriere die Beherrschung von verschiedenen Tauchtechniken unter Beibehaltung exakter Tarierung.
2. Schwimme unter Wasser 15 Meter ohne Maske und ohne zu atmen. Leite das Atmen aus einer einzigen Luftquelle ein und tauche so für 3 Minuten. Anschließend wird die Maske wieder aufgesetzt und vollständig entleert.
3. Plane einen Freiwassertauchgang unter Berücksichtigung des ZNS Expositionsrisikos.
4. Führe einen Aufstieg unter Verwendung der alternativen Luftversorgung durch.
5. Übe das Schließen und Öffnen der Flaschenventile bei jedem Tauchgang.
6. Verwende den Hebesack mindestens 2 mal als »Aufstiegsplattform«.
7. Demonstriere eine angemessene Einstellung und Bewußtsein zur Zufriedenstellung des Instruktors.
8. Führe in einer Tiefe größer als 6 Meter das Aus- und Anziehen der Tauchausrüstung durch.
9. An der Oberfläche die Tauchausrüstung aus- und wieder anziehen.
10. Beweise die Fähigkeit zur Orientierung und Navigation unter Wasser.
11. Bei Tauchplätzen, an denen die maximale Tiefe jenseits der geplanten Tauchtiefe ist, bewerte den Schüler bezüglich seiner Disziplin, den Tauchplan nicht zu überschreiten.
12. Demonstriere angemessene Techniken der Kontrolle und des Unfallmanagements, wie sie im Lehrbuch beschrieben sind.
13. Wenn der Kurs basierend auf Erfahrung (Punkt 2 der Kursvoraussetzungen) begonnen wurde, müssen alle Leistungsanforderungen aus dem Deep Air Kurs zusätzlich demonstriert werden.

Aufbau eines Trimix Diver Kurses nach IANTD:

Kursgebühr: DM 1300.–

Enthaltende Leistungen:
Theoretischer und praktischer Unterricht, Flaschenfüllungen (Preßluft), Tauchgerätemiete, Lungenautomatenmiete, Miete für Sauerstoffflasche mit Lungenautomat, Transport, Zertifikationsgebühr.

Nicht enthaltende Leistungen:
Nitrox-Tauchgerät/Füllung inkl. Nitrox-Lungenautomat (DM 40,- Stk.), Trimix-Arbeitsbuch (DM 48,-) Sauerstoff-Tauchgerät/Füllung (ca. DM 30,-/Stk.), Trimixfüllungen im Doppelgerät (ca. DM 300,-), Tabellen.

Voraussetzungen:
Der Kursteilnehmer muß als IANTD Advanced Deep AirDiver (oder äquivalent) und als Technical EANx Diver (oder äquivalent) 200 Tauchgänge absolviert haben, davon mind. 75 Tauchgänge unterhalb von 30 Meter und 12 Tauchgänge unterhalb von 48 Meter und alle IANTD Advanced Deep Air und IANTD Technical EANx Übungen und die Examen mit mind. 80% richtig bestanden haben, zertifiziert sein und 100 geloggte Tauchgänge nachweisen können, wobei davon 25 Tauchgänge unterhalb von 27 Meter und 10 Tauchgänge unterhalb von 42 Meter stattgefunden haben müssen. Eine tauchsportärztliche Untersuchung, die bei Kursabschluß nicht älter als 12 Monate sein darf, ist ebenso Voraussetzung zur Teilnahme am Kurs.

Kursdauer: Mindestens 4 Tage

Kursinhalt:

A. Theoretischer Kursinhalt:
8 Stunden Vermittlung der theoretischen Grundlagen der Dekompressionstheorie in bezug auf andere Inertgase (Helium, Neon, etc.), besondere Umstände des Tauchens mit Helium (HPNS, Hypothermie), Tauchgangsplanung mit Gasmanagement, Berechnung der Dekompressionszeiten, Verwendung von unterschiedlichen Nitroxgemischen und Sauerstoff zur Dekompression, Grenzen der verschiedenen Gemische bezüglich PO_2/OTU/ZNS, Runtime-Tables, besondere Ausrüstungskonfiguration, Verwendung von Argon.

B. Praktischer Kursinhalt:

Mindestens 4 Tauchgänge, davon 2 Tauchgänge zwischen 48 und 90 Meter mit Trimix, Simulation der »ohne Luft«-Situation, Überlebensübungen, Hebesackbenutzung zur Dekompression, Planung der Tauchgänge und entsprechenden Dekompressionsberechnung, Gasmanagement, Verwendung von Stage-Flaschen, besondere Ausrüstungskonfigurationen, Runtime-Tauchgänge, Bailout-Verfahren (Notfallsysteme/Reserveauotmaten).

C. Zielsetzung des Kurses:

Der Kursteilnehmer soll nach erfolgreichem Abschluß dieses Kurses in der Lage sein, Tauchgänge unter Verwendung von Trimix, Preßluft und Nitrox sicher bis zu einer Tiefe von maximal 90 Meter durchführen können. Dabei wird insbesondere auf Selbstdisziplin, taucherische Unabhängigkeit und die perfekte Beherrschung und Optimierung der Tauchtechnik Wert gelegt. Trimixtauchen soll dem Teilnehmer ermöglichen, größere Tiefen mit klarem Kopf aufsuchen zu können, wobei die theoretischen und praktischen Fertigkeiten sich auf höchstem Niveau bewegen müssen.

D. Theoretische Abschlußprüfung (mindestens 80% richtig!).

EANx Gas Blender (Gasmischkurs)

A. Zweck

1. Dieses Programm wurde entwickelt, um die entsprechende Kompetenz in der Herstellung von EANx-Gemischen und den sicheren Umgang mit Sauerstoff zu erlangen.

B. Kursvoraussetzungen:

1. Als IANTD EANx Diver oder höher qualifiziert sein (EANx Instruktor empfohlen).
2. Der Kandidat muß den Nachweis erbringen, daß diese Ausbildung für ihn notwendig ist, wie z.B. Mitarbeiter einer IANTD Nitrox Training Facility, oder daß der Teilnehmer an einem sehr entlegenen Ort beheimatet ist.
3. Der Kandidat muß von einem IANTD-Instruktor oder einer Training Facilty empfohlen werden.

C. Literatur:

1. IANTD Blending and Partial Pressure Methods of Mixing EANx. Druckbehälterverordnung, Technische Richtlinien Gase (TRG), UVV Sauerstoff, CEN Normen bzw. äquivalente landesspezifische Literatur.

D. Kursinhalte:

1. Beinhaltet alle Themen, wie sie im genehmigten Lehrbuch aufgeführt sind.
2. Praxis: Mindestens 2 Stunden praktische Mitarbeit bei der Herstellung bzw. Abfüllen von Nitrox-Tauchgeräten.
3. Eine schriftliche Abschlußprüfung mit mindestens 80% richtig beantworteter Fragen und Fähigkeitsnachweis, fachgerecht EANx-Tauchgeräte zu befüllen.

E. Ausrüstung:

1. IANTD Füllstation entsprechend gesetzlicher Auflagen.
2. Sauerstoffanalysator.

Beachte:
Tauchgeräte und Lungenautomaten, die mit einem Sauerstoffanteil von mehr als 21% verwendet werden, müssen gemäß der nationalen Gesetzgebung für die Benutzung von reinem Sauerstoff unter hohem Druck zugelassen sein.

F. Beschränkungen:

1. Sämtliche für diesen Kurs verwendete Ausrüstung muß entsprechend der Füllmethode und den gesetzlichen Bestimmungen für den Umgang mit diesen Gasgemischen geeignet sein (sauerstoffkompatibel).
2. Alle Ventile und Lungenautomaten müssen den gesetzlichen Vorschriften für die Verwendung dieser Gasgemische entsprechen.
3. Absolventen dieses Kurses sind nicht dazu berechtigt, die Tauchausrüstung gemäß gesetzlicher Bestimmungen für den Gebrauch von angereicherten Gasgemischen vorzubereiten bzw. zu verändern, es sei denn, sie können den Nachweis einer speziellen Ausbildung für diese Tätigkeiten erbringen.

(Änderungen vorbehalten)

Anhang 2

Adressen von Ausbildungsorganisationen des Technischen Tauchens:

IANTD – International Association of Nitrox & Technical Divers
Tauchschulen in Deutschland, Österreich und der Schweiz

Deutschland:

Argonautic Unterwasserservice
Heideweg 7
D-63263 Neu-Isenburg (Zeppelinheim)
Kontakt: Andreas Wagenknecht
Tel.: 069-69590316
Fax.: 069-69590317

Nitrox Nord
Falkensteiner Weg 15
D-22587 Hamburg
Kontakt: Gerhard Kubetschek
Tel.: 040-860285
Fax.: 040-8664464

Tauchschule Delphin
Bismarkstraße 4
Kontakt: Gerhard Raithel
D- 84034 Landshut
Tel.: 0871-25401
Fax.: 0871-33113

Rainbow Divers
Tannenweg 5
D-71134 Aidlingen
Kontakt: Hans Lauster
Tel.: 07034-60234
Fax.: 07034-60235

Profi Dive GmbH
Hildesheimer Str.1
D-26384 Wilhelmshaven
Kontakt: Rainer Sieberns
Tel.: 04421-303633
Fax.: 04421-304104

Tauch-& Reisewelt
Mönchengladbach
Kontakt.: Horst Dederichs
Tel.: 02161-35395-0
Fax.: 02161-35395-9

Tauchschule Wiking
Loisenhof
D-24791 Alt Duvenstedt
Kontakt: Dr. Hubert Stieve
Tel.: 04338-398
Fax.: 04338-605

Tauchschule Nautilus
Eichelstraße 21
D-88285 Bodegg
Kontakt.: Hans-Peter Fritz
Tel.: 07520-1380
Fax.: 07520-1380

Subadventures oHG
Arthur-Ladenbeck-Straße 115
D-33647 Bielefeld
Kontakt: Oliver Hecht
Tel.: 0521-142499
Fax.: 0521-142499

Submariner GmbH
Leopoldstraße 257
D-80807 München
Kontakt: Markus Frowein
Tel.: 089-3597878
Fax.: 089-3598152

Submariner GmbH
Heidelberger Landstraße 238c
D-64297 Darmstadt
Kontakt.: Alexander Böhm
Tel.: 06151-594500
Fax.: 06151-594373

TTS GmbH
Hartwichstraße 102-104
D-50733 Köln
Kontakt.: Michael Keimes
Tel.: 0221-724590
Fax.: 0221-735814

Österreich:

CD Line Ges.m.b.H.
Hubergasse 6
A-1160 Wien
Kontakt: Erich Altrichter
Tel.: 0043-01-4051287
Fax.: 0043-01-405128720

Schweiz:

Cernia Sub
Schaffhauserstraße 115a
CH-8400 Winterthur
Kontakt: Gody & Stephan Wittmer
Tel.: 0041-052-2131930
Fax.: 0041- 052-2134272

Anhang 3

Softwareanbieter für Tauchgangsplaner:

Bernd Aspacher
Schwarzklingenweg 3
D-73733 Esslingen
Tel.: 0711-350041
Fax.: 0711-350094

Deutsche Unterwasser AG
Ringstraße 45
D-64756 Mossautal
Tel.: 06062-943722
Fax.: 06062-943733

Jürgen Poniatowski
Düsseldorfer Straße 25
D-65428 Rüsselsheim
Tel.: 06142-998242
Fax.: 06142-998242

Anhang 4

Internationale Ausbildungsadressen für das Technische Tauchen:

International Association of Nitrox & Technical Divers (UK) Limited
42 Marsh Road, Thatcham, Berkshire RG13 4DR, UK

International Association of Nitrox & Technical Divers (USA)
1545 NE 104th Street, Miami Shores, Florida, Fl33138, USA

International Association of Nitrox & Technical Divers (Australien)
255 Stanmore Road, Stanmore, NSW 2048, Australia

American Nitrox Divers Incorporated (ANDI)
74 Woodcleft Avenue, Freeport, New York, NY 11520, USA

Technical Diving International
621 Cuda Lane, Key Largo, Florida, Fl-33037, USA

Technical Diving (Europe) Ltd.
Langlands Business Park, Uffculme, Cullompton, Devon EX15 3DA (UK)

NSS Cave Diving Section
PO Box 950, Branford, Florida, Fl-32008-0950, USA

National Association of Cave Divers
PO Box 14492, Gainesville, Florida, Fl 32604, USA